大明：天子守国门

张逸尘 编著

河海大学出版社
HOHAI UNIVERSITY PRESS
·南京·

图书在版编目（CIP）数据

大明：天子守国门 / 张逸尘编著. -- 南京：河海大学出版社，2021.1
ISBN 978-7-5630-6547-9

Ⅰ. ①大… Ⅱ. ①张… Ⅲ. ①中国历史－明代－通俗读物 Ⅳ. ①K248.09

中国版本图书馆CIP数据核字（2020）第216654号

书　　名 / 大明：天子守国门
DAMING：TIANZI SHOU GUOMEN
书　　号 / ISBN 978-7-5630-6547-9
责任编辑 / 毛积孝
特约校对 / 王春兰
装帧设计 / 刘昌凤
出版发行 / 河海大学出版社
地　　址 / 南京市西康路1号（邮编：210098）
电　　话 /（025）83737852（总编室）
　　　　　 （025）83722833（营销部）
经　　销 / 全国新华书店
印　　刷 / 三河市双峰印刷装订有限公司
开　　本 / 660毫米×960毫米　1/16
印　　张 / 16.75
字　　数 / 239千字
版　　次 / 2021年1月第1版
印　　次 / 2021年1月第1次印刷
定　　价 / 69.80元

总论

公元1368年，朱元璋在应天府称帝，建国号为明，建年号为洪武，自此拉开了大明王朝二百七十六年的序幕。

后世按照明代社会发展情况将这段历史分为明初、明中期和晚明三个阶段。

明初从太祖建国到英宗正统十四年（1449），即公元1368年到1449年，这一阶段是明建立后发展和逐步走向稳固时期。明初，虽然国家得到了统一，但是退出中原的蒙古贵族在北方草原虎视眈眈，随时都有南下的可能。这时的朱元璋和朱棣的主要任务就是在边境建立起一道强有力的防线，抵御这些草原部落。最初，朱元璋是将自己成年的儿子们分封到边境上，这条边境线从鸭绿江到嘉峪关，而这些守边的藩王被称为"九大塞王"。朱棣定都北京后，为防止其余藩王效仿他，将九边的藩王迁往内地，并在此基础上设置了一些军事重镇，分别是辽东镇、蓟州镇、宣府镇、大同镇、偏头关、延绥镇、宁夏镇、固原镇和甘肃镇九个边防重镇，后世经常称为"九边"。

这个从废墟上建立起来的国家在政治制度上与前朝有着截然不同的一面，那就是中央辅政机构的大变革。朱元璋作为明朝的统治者，深知前朝弊政，他精简机构，废除了丞相制度，直接将权力分给六部。同时，又设置了四辅官，能直接与皇帝沟通。这个机构在后期逐步演变为具有行政决策权的内阁，使得六部成为行政的执行机构。这一演变也开创了后世内阁辅政的制度。

又将元朝的行省制度废除，除围绕南京和北京的两处设置南北直隶外，其余地区均设置布政使司，并将地方权力拆分为行政、军事和刑罚，分给承宣布政使司、都指挥使司和提刑按察使司。每个布政使司下设直隶州、府，分管一定数量的属州、县。军事制度方面，则实行卫所制度，在全国设置若干卫所，归都司掌管，寓兵于农，此项措施使得明朝节省了一大笔军事开支。

明初为了达到监视臣民的目的，朱元璋还设置了锦衣卫，直接对皇帝负责。可以不经过程序，带着皇帝诏令直接入室抓人。还在锦衣卫的镇抚司设置诏狱，方便对羁押犯人进行秘密审问。到了永乐年间，朱棣又设置了东厂，其官员多由自己亲信的太监担任。他们与锦衣卫相辅相成，是有明一朝特有的特务机构。在明初朱元璋和朱棣清理贪腐和惩治官员的过程中，这两个机构发挥了很大的作用。

在恢复经济方面，明初的统治者除了安置流民、减轻徭役和赋税负担，鼓励农业生产外，还在全国建设了许多农田水利工程，并推广桑麻种植，大力发展手工业。同时为了解决边境粮草问题，朱元璋还在地方上实施"开中法"。这个方法主要是招募商人将粮草运到政府指定的边关地区，然后向相关机构换取盐引，凭盐引再到指定的盐场支盐，在指定的地区贩卖以获利。后来商人们长途跋涉，觉得耗费巨大，便干脆在各边地雇佣百姓耕种，以便随时换取盐引，这种方法被称为商屯，无形中加速了边境地区的开发，也减少了国家的军费开支。

这一时期经济的恢复和发展也支撑了明成祖朱棣的对外征战和几次大航海活动。对北方蒙古贵族的征伐稳固了北方边境的安定，而对南方地区安南的征伐则稳固了南方边境的稳定。郑和下西洋的壮举，宣扬了明朝的国威。郑和船队最远到达非洲东海岸，延长了海上丝绸之路。

仁宗、宣宗时期，明廷便停止了这种大规模的行动，继续与民休息，轻徭薄赋。社会经济得到长足发展，这一时期的南方地区种植出了双季稻，有的地方甚至有三季稻。农业技术和生产工具也得到了改良，生产力和农业产量大幅提高。

明中期是英宗正统十四年（1449）至万历十年（1582），这一时期明朝社会发展逐渐走到了下坡路，社会矛盾逐渐突显出来。为解决这一矛盾，在统治者的支持下，进行了一系列的从政治到经济方面的改革，影响了这一时期的社会发展，其中的一些经济改革措施对后世经济的发展产生了一定的影响。

隆庆初年，明朝统治者为解决边境和沿海的问题，先后在政策上做出了重大调整。首先面对北方的鞑靼部族，以和平的方式结束了长达几十年的对峙。北方边境的互市扩大，这一决定同时也结束了明廷在北方二百余年的边境战乱问题。其次，东南沿海开放海禁，解决了困扰沿海百姓多年的海盗问题，同时还促使大量白银流入中国，加速了明朝白银货币化的进程。

这一阶段海内外升平日久，农业发展逐渐迈向商品化，手工业生产逐步成熟化，一些集中生产的小作坊开始出现，商品货币经济在这种安定的环境下开始发展。这一时期商业也得到了进一步的发展，商人的流动性大大加强。从隆庆开关始，明朝商人的足迹还到了东南亚、日本等地。在将大量白银带回中国的同时，还促进了中西方的经济、文化的交流。

嘉靖时期，江南地区的中小城镇逐步走向商业化，以丝织业为代表的工商业市镇迅速发展，带动了江浙一带的经济腾飞。一些农村地区出现了定期的集市，商品经济和以白银为基础的货币经济发展均高于从前。

与社会经济大发展相对应的明朝社会矛盾却日益激化。土地兼并严重，百姓失去了土地所有权，而摊派在百姓头上的赋税却日益加重。民族矛盾也日趋严重，正统至嘉靖时期，蒙古部族的瓦剌、鞑靼不断南下，发生了"土木堡之变""庚戌之变"。北方少数民族直接南下，兵临北京，直接威胁皇城，甚至将皇帝掳走。嘉靖年间，东南沿海的倭寇也成为威胁明朝发展的一大祸患。

另一方面，这些不断增加的社会矛盾引起了在朝士大夫的警觉，从政治、经济、军事等多方面入手，这些人开始了一场场紧锣密鼓的变革。嘉靖时期，大学士桂萼针对赋役制度提出了自己的变革要求。他主张均平赋役，同时在全国范围内进行土地清丈。还提出将所有的赋役都摊派到土地上的"一条鞭法"，取消按照黄册轮年的方法摊派徭役，改由"一省丁粮均派一省徭役"。万历初年，更是在首辅张居正的主持下，在全国范围内推行了从军事到经济的全面改革，将清丈土地、按田土征收赋税的方法落实到全国执行。且针对军事训练的积弱，也进行了一系列的改革。这一时期，明朝的卫所制度失效，兵源不再由各卫所征发，而是改由从全国招募，再进行训练，大大提高了军队的作战能力，但也埋下了将领拥兵自重的祸根。

思想文化方面，随着新的生产方式的产生，传统的农业耕作模式遭到了破坏。新的思想也在挑战着过去旧的思想，以王阳明的心学为代表的一派士大夫，他们提出以人为中心的"致良知"和"知行合一"的思想，提出不应以孔子的是非为是非的主张，这些都挑战着传统礼制思想，打破了传统的程朱理学严重的尊孔体制。

而商业化城镇的发展也使得明中期的文化朝着底层文学的方向发展，这一时期涌现出许多优秀的通俗文化。小说类型丰富多样化，并不拘泥于一种形式，如《西游记》这样的神魔小说，《金瓶梅》这种类型的世情小说，还有"三言""二拍"这些公案小说。民间的出版行业也逐步发展壮大起来，这些民间书坊抛弃了官府只准刊刻经史子集的要求，专门刊刻一些民间话本、小说之类的书籍，其刻书量之多，都超越了先前的水平。

随着张居正被清算，中期以来施行的锐意改革戛然而止。明朝统治者要么沉溺酒色，要么贪图逸乐，丝毫没有进取之心，更没有拉这辆大车回正轨的想法。明朝的统治自此进入了后期，这一时期也通常被称为"晚明"。

神宗朱翊钧亲政后并没有延续张居正任首辅时进取的风气，而是长期沉溺于酒色，怠于处理政事。他派到各地的矿监税使在地方上疯狂敛财，加剧了地方百姓与政府的矛盾，激出了许多民变。由于神宗的怠政，中枢体制的运行出现了真空——官员奏疏被留中不发，定期的升迁考核也停滞下来。如此一来，中央对地方社会的控制力逐步下降。而地方官员还在不停盘剥百姓，这更激化了社会矛盾。

对外来说，日本统一后迅速对外扩张，在丰臣秀吉的率领下对朝鲜发动了两次入侵战争。明朝作为朝鲜的宗主国，先后两次出兵挽救朝鲜于战争的泥淖。而此时明朝自己的边境线也不太平，北部有宁夏总兵发动叛乱，南方有播州杨应龙的叛乱。这几次大的战争迅速掏空了明中期以来积累的国库，政治环境也日趋恶劣。与此同时，在明朝东北的建州女真迅速崛起，并趁明朝军事力量虚弱的时候，对辽东地区虎视眈眈。

万历末期，由于皇帝长期怠政，朝堂之内形成了多个党派，纷争不休，东林党争自此开始。围绕权力过度问题，又爆发了所谓的"三大案"。处理过程中都可以见到朝堂党争的影子，这些官员借助"三案"相互攻讦，作为扳倒对方的武器。到了天启、崇祯时期，熹宗朱由校爱玩，大权旁落于一宦官之手，这又引起了一批官员的不满，政治环境迅速恶化。到了崇祯皇帝朱由检登基，他虽然有心扭转朝堂政局，也处置了以魏忠贤为首的"阉党"，但朝堂长期派系相互斗争的风气并没有得到改善，反而愈演愈烈。

这一时期的自然环境也相当恶劣，从崇祯元年（1628）起，北方旱灾、涝灾、蝗灾轮番上演，河北及京师一带还出现了严重的瘟疫。灾难横行之际，朝堂争辩，对救灾毫无用处。地方官员也丝毫没有赈济灾民的想法，赋税盘剥依然严重。如此以来，各地民变演化成此起彼伏的农民起义军，其中最著名的要数李自成和张献忠的农民军，他们在明朝官军的围追堵截下横跨大江南北，甚至一度深入四川境内。

政治环境的恶化不仅导致朝廷官员腐化堕落，就连各个边镇的官员都在想尽办法盘剥压榨士兵的军饷，一度造成军队连续几个月不发军饷的情况。当时不仅边关有战事，内地还有农民起义军要镇压。这些士兵往往要饿着肚子来回奔波几百里地，于是心生不满，就有了边军哗变的情况。

与政治发展相反的是，飞速发展的商品货币经济。江南地区的经济更是达到了前所未有的高度，一度出现了资本主义的萌芽。全国性的商品市场也初步形成，出现了很多往来于各个地区的地方商人，他们带着从各地收购来的丝织品、茶叶等货物，再卖到其他地区以获利。同时为了保证货源，还在地方建立了小型工场，用来加工这些货物。

而晚明时期的文化可谓是百花齐放，各有异彩。这一时期，通俗文化的发展达到了一个新的高度。如果说在明中期小说、话本这样的文学只是在民间流行刊刻，那么到了晚明时期，就连官府也争相刊刻《西游记》《牡丹亭》这样的通俗小说。王阳明的心学也得到了进一步的发展，王艮在心学的基础上，发展为泰州学派。他们提倡遵从本心，反对人性的束缚，认为凡合乎百姓日用之道的才是"圣人之道"。李贽则更加"离经叛道"，他主张人性自由、行为解放。在当世儒生都侃侃而谈之时，他提倡经世致用，认为这样才是实现富国强兵之道。

晚明社会就是在这种经济与政治发展不匹配的畸形条件下向前发展的，这种发展已经脱离了正常的轨道。政治运行机关已经漏洞百出，并没有一双强有力的手能在它崩溃前将其拉回正轨。也没有一双慧眼高瞻远瞩，看到转折的时机，用先进的技术修补这些漏洞。于是大明王朝就像一架已经失控的机器，最终迎面撞上了"冰山"。公元1644年，随着崇祯皇帝朱由检的煤山自缢，明朝便彻底失去了对全国的控制，福王朱由崧在南京的登基开启了南明流亡几十年的政权。然而内里已坏，南明政权并没有抓住历史给的几次机遇，便迅速在清廷大军的绞杀下灭亡了，大明王朝正式画上了一个休止符。

目录

明初：废墟上建立的帝国

白手起家的乞丐皇帝 …… 003
『大脚』马皇后 …… 004
建号大明 …… 005
朱元璋的『左膀右臂』 …… 006
史上最严苛的『惩治贪官』 …… 008
胡蓝之狱：开国功臣的劫难 …… 009
因言获罪：文字狱的开端 …… 010
分藩封建：建文帝的头顶悬剑 …… 011
靖难之役 …… 013
方孝孺殉难 …… 015

目录

明朝的厂卫系统 016

明朝的卫所制度 017

宦官的兴起 019

郑和下西洋 020

剿灭朱高煦叛乱 021

仁宣之治 022

土木堡之变 023

北京保卫战 024

英宗受难记 026

夺门之变 027

曹石之变 029

目 录

明中期：改革中起起伏伏的『繁荣』

英宗的良善：人殉制度的废除	033
为爱痴狂的宪宗	034
厂公汪直：手握禁军大权的内臣	035
黑暗中长大的皇太子	037
一生一世一双人：孝宗的仁慈与专情	038
恣意堕落荒唐的皇帝	039
『立皇帝』刘瑾	040
一代大儒王阳明的传奇人生	042
宁王之乱	043

目录

宁王之乱后续：我就是要南巡	045
明世宗：『突然』来的皇位	047
大礼议之争	048
嘉靖中兴	049
沉迷修道不能自拔	050
来自宫女的愤怒：壬寅宫变	051
北部告急：突如其来的庚戌之变	053
汪直：向往自由贸易的『海盗』	054
戚继光：抗倭战场的中流砥柱	056
抗倭后续：戚继光北上练兵与防御	057
老来弄权的严嵩：『青词』误国	058

目录

徐阶：严嵩专政的『终结者』　060

海瑞：大明官场不一样的色彩　062

稀里糊涂『丢掉』的澳门　063

『一条鞭法』的提出　065

一代药圣李时珍　066

被『诅咒』的皇位：明穆宗的艰难登基　067

隆庆新政　068

隆庆开关　069

从俺答汗到顺义王：蒙古鞑靼问题的和平解决　071

没有童年的皇帝：万历帝临『危』受命　072

内阁制度：大明权力运行的中枢　074

目录

万历年间的内阁纷争	075
万历中兴的起点：张居正的政治改革	076
张居正的经济改革：「一条鞭法」的全国推行之路	078
潘季驯治理黄河	079
新政末路：身后凄凉的张居正	081

目 录

晚明：十辆马车也拉不回的『脱轨』

- 就是不上朝：万历帝突然来的『倔强』 085
- 就是不立长子：国本之争 086
- 立储后续：『妖书』现世 088
- 立储后续的后续：『妖书』疑云再起 089
- 万历三大征之播州之役（上） 091
- 万历三大征之播州之役（下） 092
- 萨尔浒之战上编：辽东动乱的发端 093
- 萨尔浒之战下编：一击即溃的大明军队 095
- 矿监税使：超支国库的最后『希望』 096

7

目录

徐光启：中国近代科学的先驱　098

宋应星和他的《天工开物》　099

明末三大案之梃击案　100

明末三大案之红丸案　102

明末三大案之移宫案　103

朱由校：被业余爱好耽误了的皇帝　104

魏忠贤：大明最后的『独裁者』　106

客氏：一个霸占后宫的乳母　107

难以经略的辽东　109

传首九边：辽东战败的牺牲品　110

宁远大捷：大明军民的一剂强心针　111

目录

宁锦之战：来自后金的报复性打击	113
宁锦之战后续：报复失败后金被打脸	115
澎湖海战：国土问题寸土必争	116
未解之谜：王恭厂大爆炸	117
众说纷纭：王恭厂大爆炸原因	118
明思宗：大明王朝最后的守护者	120
赐死魏忠贤：对阉党的一次大清洗	121
有心无力：勤政也挽救不了的大厦（上）	123
有心无力：勤政也挽救不了的大厦（下）	124
勉力支撑：朱由检苦苦推行的无果新政	125
东林党争：缠绕大明到灭亡的藤蔓（上）	127

目录

东林党争：缠绕大明到灭亡的藤蔓（中） 128

东林党争：缠绕大明到灭亡的藤蔓（下） 130

东林党狱案：从肉体上消灭东林党人 131

毛文龙：孤立无援的『海上战将』 133

督师袁崇焕：文臣起家的边关战将 135

宁远兵变：边军生计问题大爆发 136

己巳之变：打破袁崇焕誓言的危机 138

己巳之变后续：袁崇焕的悲情末路 139

加派『三饷』：经济崩溃的临门一脚 141

陕西民变兴起：边军逃卒王嘉胤 142

边军哗变：大规模农民起义的前奏（上） 143

目录

边军哗变：大规模农民起义的前奏（下）	145
李自成的身世：被裁员驿卒艰难的前半生	146
李自成起家：四处投奔的艰苦岁月	148
分道扬镳：李自成部队的独立	149
大凌河之战：完全被动的孤独防守	150
松山之战：压垮明军的最后一根稻草	152
松山之战后续：祖大寿的二次投降	154
毛文龙被杀后续：吴桥兵变	155
吴桥兵变后续：三将降后金	156
卷土重来：李自成的发展壮大	158
李自成的中原苦战	159

目录

建权大顺：李自成最初的锋芒（上）	161
建权大顺：李自成最初的锋芒（下）	163
攻陷北京：李自成最后的辉煌（上）	164
攻陷北京：李自成最后的辉煌（下）	165
甲申之变上编：崇祯帝之死	167
甲申之变下编：大顺政权的昙花一现	168
平西伯吴三桂：辽西世家出身的大将	170
平西伯吴三桂降清之谜（上）	171
平西伯吴三桂降清之谜（下）	173
张献忠：边军出身的『混世魔王』	174
投降不受降：张献忠的蛰伏时期	176

目录

张献忠的复叛 ... 177

以逸待劳：张献忠的「兜圈子」战术 ... 178

剑指襄阳：张献忠在湖广 ... 180

将与相：杨嗣昌与左良玉不得不说的故事 ... 182

建立政权：张献忠三入四川（上） ... 183

建立政权：张献忠三入四川（下） ... 185

抗击清军：张献忠最后的「忠心」 ... 186

目录

南明：小朝廷最后的挣扎

南明：大明政权流亡的开端	191
继统问题：『立嫡』还是『立贤』	192
一锤定音：嗣王是否真贤德？	194
大悲案：小朝廷的内讧	195
南明四镇：武将为靠山的开端	196
真假太子	198
童妃案	200
弘光一朝的党争	201
睢州之变：迈向深渊的一步	202

目录

左良玉东下：南京陷落前夕	204
弘光帝：风雨飘摇中的恣意淫乐	205
弘光政权的覆灭	206
双王并立：福建隆武政权和浙东的鲁王监国	208
梦里不知身是客：唐、鲁二王的身世	209
隆武政权的作为与矛盾	211
黄道周的出征与江西的失守	212
隆武政权的覆亡	214
不断流亡中的永历政权	215
"后院"起火：沙定洲之乱	217
借兵平叛：联合大西军的第一步	219
大西和南明的谈判：平定沙定洲叛乱	220

目录

「天子争夺战」：永历帝的入桂之行 … 222

突如其来的「翻盘」：东南降将的反清归明 … 223

突如其来的「翻盘」：江西降将的反清归明 … 224

突如其来的「翻盘」：李成栋的归明反清 … 226

私仇大于国难：何腾蛟的湖南战场 … 228

孙可望与李定国的永历帝争夺战（上） … 229

孙可望与李定国的永历帝争夺战（下） … 231

郑成功收复台湾 … 232

穷途末路：永历朝廷的覆灭 … 234

咒水之难：朱由榔被俘身亡 … 235

明朝大事纪年表 … 238

明初：废墟上建立的帝国

白手起家的乞丐皇帝

中国历代王朝的开国皇帝不是诸侯，就是割据一方的军阀势力，几乎没有从最底层起家成功的。就连秦末起义的刘邦，虽小也是一泗水亭长，而大明王朝的开创者则是地地道道的农民。

元朝末年，腐败的政治加上持续的天灾，导致农民颗粒无收，无法交租，甚至连最基本的生活都得不到保障。在这种情况下，好多农民为了逃租谋生活，离开了自己的家乡，开启了逃亡的模式——朱元璋一家也不例外，在全家几乎要死光的关头，朱元璋的父亲把年幼的朱元璋送去了皇觉寺，彼时朱元璋还顶着朱重八这个听起来一点也不霸气的名字。

岂料这寺庙生活也好不到哪儿去，因为灾年，农民收不到粮食，靠佃户交租的寺庙也收不到租税，便无法维持寺中众僧的日常生活。于是，这群小和尚便被打发出去化缘。说好听点是化缘，实则是沦为流浪的乞丐而已。

一路流浪的朱重八受到了当时江淮地区最大的农民军组织——红巾军的感召，加入了这支队伍。从此，年少漂泊的朱重八便有了依靠。他骁勇善战，屡立战功，很快得到了首领郭子兴的赏识。他的名字也就是在这时候改成朱元璋的。

此后，各地的农民起义此起彼伏，遭到元朝统治者的镇压。一些势力不大的起义军很快遭到剿灭，其部下则流亡投奔至红巾军中。如此一来，红巾军内部的和平局面被打破。郭子兴与其他势力的矛盾愈演愈烈，朱元璋无法忍受他们的内斗，借机带了自己的一票兄弟，脱离了郭子兴的部队，自己拉起大旗单干。

在随后的南征北战中朱元璋通过自己的努力，积累了很高的人望，为他最后建号大明打下了基础。

"大脚"马皇后

说了朱元璋就不能不说起他的皇后马秀英。马秀英是他刚投奔郭子兴的时候娶的。她本是郭子兴的养女，其父与郭子兴是至交好友。马秀英是被临终托孤给郭子兴的，因是故交之女，郭子兴待她如亲生一般。

嫁给朱元璋后，马秀英便对他一往情深。据史料记载，郭子兴听信谗言，将朱元璋囚禁起来不给饭吃。马秀英为了给丈夫送饭，将刚烙好的饼揣进怀中，偷偷送了进去。待拿出来时，胸口都烫伤了。

马皇后不仅品貌端正，而且在朱元璋的为政过程中起了很大的辅佐作用。她还从宋代的家法上摘录有关女子品德的字句，在后宫传播，让她们学习。而她自己也保持艰苦朴素的习惯，经常缝补衣服，并不铺张浪费。在她的管理下，后宫秩序井然。

朱元璋在治理贪腐时，往往牵连甚广，为防止其滥杀无辜，马皇后也时常婉言规劝他。当时胡惟庸案牵扯众多，宋濂的孙子被卷了进去，宋濂自己也难逃被株连的命运。宋濂是当时太子朱标的老师，马皇后知道后立即劝谏朱元璋，太傅不能杀，否则以后无人敢任太子太傅。如此，宋濂才躲过一劫。

说起马皇后外号"大脚"的由来，其实也只是因当时女子盛行裹脚，将足缠成三寸金莲的样子，而马皇后由于年幼丧失双亲，又生逢乱世，养父母宠爱她，不强迫她遵这旧习，故而没有缠脚。在那时的审美标准下就被视为"大脚"。后来的典故"露马脚"，便来源于这位马皇后的轶事。

据说马秀英被封为皇后以后便更加注意自己的言行举止，奈何脚大，每每见人，只得用宽大的裙摆盖住。某日，这位皇后乘轿游历南京城，在轿内的马皇后并未遮掩自己的大脚。忽然一阵大风刮来，她放在踏板上的脚便被街上的百姓看得清清楚楚。百姓们便打趣说："姓马的露出脚来了。"于是"露马脚"一词便被用到现在。

建号大明

话说朱元璋自从脱离红巾军以后，经过定远一战，确立了自己四方征伐的基础和威信。当时他麾下不仅有从红巾军带出来的徐达、汤和等人，经过定远之战后，还慧眼识珠，招募了帮助自己确定战略方向的李善长。从此，朱元璋便逐步展开了自己一统江山的大业。

然而这时比较有实力的起义军不止他一家，且朱元璋名义上还是归为红巾军，是红巾军的将领。除了红巾军外，还有张士诚、陈友谅等人虎视眈眈，妄图称霸天下。

郭子兴死后，红巾军陷入了无主的状态。元至正十五年（1355）二月，刘福通把以白莲教名义组织红巾军后牺牲的韩山童的遗孤韩林儿接到亳州，号"小明王"，建国号大宋。一来白莲教来源于明教，唐末便有"明王出世"的谶言，如此便迎合了这一预言，二来则寓意光明即将到来。

但此时一个"小明王"已经笼络不住朱元璋征伐天下的野心，尤其是他一路征伐，收服众多将领以后，压根没把这个名义上的统治者放在眼里。在他大败张士诚、解救了韩林儿后，便在应天称吴王。后命部将廖永忠迎韩林儿回应天时，"小明王"船沉，死在了江中。据说此事与朱元璋颇有渊源。

其后朱元璋便以吴王的名号南征北战，先统一了起义军的力量，后在南京称帝。在建立国号的时候，也许是想到了"小明王"，他建号大明，从此正式开启了北上推翻元朝统治的征途。

说起这个国号，很多人第一反应即是明教。的确，朱元璋建此年号，其中一层深意即在于此。因其许多属下均是红巾军旧部，多信奉明教。而追随他打天下的除了红巾军还有一些诸如刘基这样的儒生，建号大明，在他们看来，"明"拆开为日、月，乃是历代所祭祀的正统，也易于接受。

虽以"明"为国号，但朱元璋却明令禁止信奉一切邪教，包括他的旧部所信奉的明教在内。当然，这是后话。

朱元璋的"左膀右臂"

决胜千里之外，则需要运筹帷幄之中。朱元璋出身贫民，从小没有读书的机会，成为起义军将领后，需有人替他运筹帷幄。这便是他先后慧眼看上的李善长和刘基，号称是朱元璋的"萧何"与"张良"。

先说"萧何"李善长，他是朱元璋打滁州城时，一眼相中的。而李善长也颇有知人善任的名气，如此他便开启了帮朱元璋出谋划策的谋士生涯。

和阳伏击元军是李善长出师的第一战。当时，朱元璋要去攻打鸡笼山寨，驻扎和阳的守军极少，由李善长控制。元军便趁机来偷袭，却被埋伏好的守军打得大败而归。

从支持朱元璋渡江攻克采石，到拿下太平路，皆有李善长的谋略。每每拿下一些大的都邑，为约束军纪，李善长多事先写下榜文，以警告士兵。后攻下镇江，百姓皆不知有士兵来。

其后，朱元璋称吴王，需要建立新的秩序法度，这些都是交给李善长来斟酌设立推行的。而战时的粮饷、粮草等也多是李善长来负责的，更不必说朱元璋每打下一地，便命李善长来留守了。

建国后，国家制度与法令的裁定推广，朱元璋多依赖他，六部官制和郊社宗庙之礼皆在他的参与下得到确定。同时，朱元璋也给予了他很大的权力：在皇帝外出巡行时，凡大小事宜，留守的李善长可以不经上报灵活处理。

按功行封时，李善长受封宣国公，授为银青光禄大夫、上柱国。并在设置东宫官署后，命其兼任太子少师。可谓是荣莫大焉了。

相比李善长，刘基的出身就显得很"正统"。刘基，字伯温。出身官宦世家，且从小能力出众，二十三岁就高中进士。曾进入元朝做官，因不事权贵，并未得到重任，后直接请辞。农民起义爆发，刘基在被反复征召的过程中逐步对腐败的朝廷失去信心。后不再事元，回乡与好友清谈去了。

元至正二十年（1360），在天下大势逐步明朗的情况下，他接受了朱元璋的邀请，出山到应天，成为朱元璋的幕僚。这以后，刘伯温便将自己的一腔抱负投入到了这个没文化的农民身上，"开挂"人生由此展开。

可以说，朱元璋的灭元方案与大局统筹都是由刘基来出谋划策完成的。其中如对其他的农民军势力采取各个击破，避免两线作战的方案；脱离"小明王"，建号"大明"，以扩充自己的势力，招揽人心等。建都南京后，朱元璋着手制定法律政策。刘基认为宋、元的覆亡是因为法纪松弛造成的，应严明法纪，重整朝纲。这也暗合了朱元璋的想法。故，当时明廷大力整治贪腐，凡有过错的，一律按照新制定的明律严惩不贷。

刘基为人低调，从不邀功请赏。在论功行赏时，朱元璋多次赐予刘基丰厚的赏赐，要给他加官晋爵，刘基都不接受，并多次要求告老还乡。

史上最严苛的"惩治贪官"

出身底层的朱元璋在少年时深刻感受到了贪官污吏对百姓的盘剥和压榨，登上皇位后，便对全国的官吏展开了一场清扫风暴。

他在颁行的《大诰》中规定：凡贪银六十两以上者，皆受剥皮实草。且凡新官吏上任都要先去执行此刑罚的地方观看，并休息一晚，以此来震慑官员，防止他们贪污。到后期，为惩治日益增多的贪官，他直接规定，凡贪污者，不论多少、情节轻重，皆处以极刑。

为防止官员贪污，对地方每年的财政收支账目要求极严，必须与户部所审核的数目完全一致方可，否则便作报废处理。但在过去，交通极其不便，为了避免重报，地方负责财政的官员在进京汇报时都要带一本盖好地方审核印章的空白表，方便出错重填。

这种做法虽然便利了各级官吏，但被朱元璋知晓后，认定这是地方官员为造假账、徇私舞弊。一怒之下将地方各级的掌印官全部处死，佐贰官处以充军的流刑。这就是明初著名的"空印案"。

到后期，朱元璋惩治贪腐的手段越来越严苛，大有不杀灭天下贪官誓不休的志向，但这也造成了地方恐慌、政坛动荡的局面。洪武十八年（1385）的"郭桓"案即是这个开端。

此案发于洪武十八年（1385），御史举报户部官员郭桓利用职务便利，贪污赋税。经过层层查办，发现损失粮税较大，足有两千四百多万石。于是户部包括郭桓在内的高级官员全部被处死，受到株连的亦有几万人。

因此案牵连甚广，朱元璋怕激起民愤，便又下令处死了审查郭桓一案的官员，为郭"平反"。

胡蓝之狱：开国功臣的劫难

自古以来，历朝历代开国功臣得到善终的寥寥无几，他们无一例外都会遭到帝王的清洗。明朝也不例外，从胡惟庸到蓝玉，从洪武十三年（1380）到洪武二十六年（1393）的十四年间，朱元璋借胡、蓝之案，诛杀了一众随他起家的开国功臣，被牵连的就有四万余人。这就是史上有名的"胡蓝之狱"。

胡惟庸和蓝玉皆是当年随朱元璋起家的大臣，一文一武。胡惟庸早年并不得朱元璋的重用，虽资质平庸，但善于巴结。他与李善长交好，并在李善长的提携下进入了明朝开国以后的高层政坛，甚至在李善长被罢免丞相后，朱元璋曾提名他为丞相。

而后做了左丞相的胡惟庸大权独揽，到了生杀大事都可不奏报皇帝的地步。又因其极擅谄媚，深得朱元璋的宠信。此时，如日中天的胡惟庸想到了谋反，冒出了取大明而代之的想法。

为了这个想法，胡惟庸大张旗鼓，甚至要拉李善长加入，但遭拒绝。也许是心中有鬼，胡惟庸虽有想法，但未有周密布置，禁军军官也未被拉拢收买到。反而因几次"小事"，如未及时报告他国入贡，他的甩锅行为惹怒了皇帝；皇帝借查刘基死因处死汪广洋；其子因乘马车不幸遇险而死，他迁怒车夫，砍死了人，朱元璋闻之大为震怒。

　　加上未及时动手，被其拉拢的几个官吏深感夜长梦多，主动告发了胡惟庸。而他早先得罪的一些小官吏也落井下石，汇报了胡惟庸所做的一些见不得光的事。至此，朱元璋彻底爆发，命人逮捕与胡惟庸谋反相关的人员下狱审问。后牵连出一切与之有关的人员，以功臣居多，包括当时送过书画给胡惟庸的文人画家，皆遭扑杀。

　　胡惟庸案后，朱元璋也趁机废除了运行千年的丞相制度，改为权分六部，明朝后世，再未有丞相之名。

　　如果说胡惟庸案是咎由自取，那么蓝玉案就是被诬陷。蓝玉是武将出身，是常遇春的小舅子，早年也是南征北战，立下赫赫战功。但其跋扈的性格加上战功，不能不令朱元璋有所提防。

　　建国后，朱元璋论功行赏，蓝玉对自己的官衔表示不满。他觉得按照自己的功劳可以当太师，这引起了朱元璋的震动，他第一次对蓝玉动了杀心。

　　果不其然，洪武二十六年（1393），便有锦衣卫指挥上告蓝玉谋反。进了大牢后，为坐实蓝玉谋反一事，层层罗织的罪名便降临到了他的头上，写出了蓝玉与其他功臣密谋叛变的"口供"。借此口供，朱元璋又大杀了一批功臣。

　　据史书记载，被蓝玉案牵连，遭族灭的功臣有一公、十三侯、二伯，相关人员达一万余人。至此，开国功臣几乎被屠戮殆尽。

因言获罪：文字狱的开端

　　一切也许都要从朱元璋的农民身份说起，即使当了皇帝，还怕天下的文人对他的出身说三道四。他又是个略通文墨的，生怕文人欺负他看不懂文字的深层含义，借机讽刺。于是，天下文人遭了殃。

宫中一翰林编修作诗："小犬隔墙空吠影，夜深宫禁有谁来？"朱元璋以为是在讥讽自己是狗，该编修被腰斩。

一僧人作诗"见说炎州进翠衣，罗网一日遍东西""新筑西园小草堂，热时无处可乘凉"。被朱元璋怀疑是讥讽自己刑法严苛，遭斩杀。后朱元璋游幸一寺庙，有一面墙壁上题："毕竟有收还有散，放宽些子也何妨？"他又多想，认为是讽刺自己为政严苛，便将寺庙众僧全杀了。

更不要说那群地方官员进的表书了，凡涉及"则"字的，如浙江有位府学进表"作则垂宪"、桂林府学"建中作则"等，统统被朱元璋理解为这些文人是在讥讽自己"贼"的出身，不仅杀，且族灭。

非但本国文人遭殃，就连藩国上贡表都不能幸免。

据说当时凡是上表者皆遭到屠杀，有一人名叶巨伯的上表，书明了当时文人学士的境遇。即当时取士，一旦选中，就像逮捕重囚犯一样，押其上任。所选者学不能致用，但凡犯了小错者，便被扑杀，以至人人自危。

颇具讽刺的是，叶巨伯也因此言获罪，被下狱死。

此后大明的近三百年中，文字狱一直盛行，虽少于开国时期，但并未中断。不能不说，朱元璋开了个"好头"。

分藩封建：建文帝的头顶悬剑

朱元璋称帝建国后，除了大封功臣，并未忘记自己的子侄们。他广封自己的儿子们，除了坐拥广大的土地，建藩为王外，还要受被划分到其封地的人民除了朝廷赋税外的专门供养。镇守边防的藩王甚至还有自己的士兵军队。

建藩封王的目的最初在于作为北边的屏障，抵御北方的部族。明初格局尚不稳定，北方蒙古遗族经常南下，烧杀抢掠边境百姓。为维持北方安定，不信任外族的朱元璋便把自己的儿子们分封出去，镇守边境。因此，一旦边塞有战事，这些藩王除了征调自己的军队外，还有征调国家其他军队的权力。

朱元璋在世时尚能镇住这些藩王，一旦去世，继任者是否能继续对他们产生震慑，实为疑问。不巧的是，太子朱标身体病弱，先皇帝而死，只留一少年皇孙朱允炆，被朱元璋封为太孙，以继任者的身份继续住在东宫。

但问题来了，皇孙年少，只有十四岁，且自小随其父学习儒学，满脑子都是仁义道德，丝毫不能敌他那些年少就上阵杀敌，且不把他放在眼里的皇叔们。皇爷已老，不知能继续替他震慑藩王几年。

洪武三十一年（1398），朱元璋薨逝，朱允炆继位，改元建文。他担心的第一件事就是自己的皇叔起兵造反，于是经常咨询身边的臣子，如何能解除藩王诸镇的危机。他的侍读黄子澄便将汉朝时如何削藩的政策讲给年轻的皇帝听，这位丝毫没有从政经验的少年便觉得削藩可操作，并未想到一旦削藩，他如何应对各路藩王的精兵来袭。

他与黄子澄、齐泰等大臣商议削藩策略与步骤，就先拿谁开刀这件事，诸位大臣产生了分歧。齐泰认为应先削弱手握重兵的燕王，而黄子澄则认为燕王实力雄厚，不能一下解决，应"柿子捡软的捏"，拿其他藩王开刀。

建文帝考虑再三后，听取了黄子澄的建议。先拿下势力最弱的周王，将其废为庶人，并发配至云南之地。其后又接二连三解决了代王、岷王、湘王、齐王等藩王。

期间也有大臣上书建议，可以把诸王封地分割成小块继续分封给已婚的藩王王子们，形成相互牵制的局面，这样也不会因为强行削藩而伤了皇室感情。但这条建议并未被兴致勃勃、大刀阔斧进行削藩的建文帝所采纳。

果然，削了很多藩王，导致皇室震动，也给了一直蛰伏的燕王朱棣以起兵的借口。其后，燕王便打着"清君侧"的名义大举南下，直逼南京而来。

靖难之役

前已有言，燕王起兵最直接的原因就是建文帝削藩。但若要深究起来，则是燕王朱棣自己兵强马壮，且自负有大志向，对于年少继位的侄子心怀不满，早想取而代之。

为了掩盖自己的野心，一方面朱棣在周王被捕后加紧了招兵买马的步伐，另一方面通过装疯装病来麻痹在燕王府监视他的眼线，迷惑朝廷。

建文元年（1399）三月，朱棣拜谒新帝归燕后即开始了自己的装病"大业"，对外声称业已病危。甚至在五月朱元璋的忌日时，他都没有去陵墓拜祭，自称病甚重，只派了三个儿子进京参加祭礼。只为打消建文帝与一班大臣对自己的疑虑。

但建文帝及那班臣子也不是瞎的太厉害，七月时，建文帝派人入燕地逮捕燕王属官，并下诏谴责燕王朱棣，算是试探。

而朱棣也知时机未到，继续装疯卖傻。据说燕地百姓经常见其在北平市中高声叫嚷，说胡话，甚至在地上打滚撒泼。这些都不算什么，当建文帝的眼线进入王府探病时，朱棣直接在大暑天裹着厚被子，还命人架起火炉在旁烤火，口呼"冻死我了"。这些都成功地骗过了眼线，令建文帝信以为真。

就在此时，燕王身边一亲信北平都指挥使张信"实名举报"燕王确实准备造反。这令建文帝诸臣大惊，立即调兵前往北平，秘密令在北平的眼线张昺、谢贵等配合行事，并秘密敕令张信亲至燕王府逮捕朱棣。

但事情如果就这么发展了，燕王朱棣可能也就此束手就擒了。偏偏历史在此刻拐了个大弯——张信突然变成了"双面间谍"，他向朱棣和盘托出了朝廷的计划。

知晓了建文帝计划的朱棣便开始安心策划应对方案，首先是将张昺和谢贵诓骗进府内擒杀，而后又杀了北平都指挥使。在这种迅雷不及掩耳的快攻下，朱棣只用了三日左右的时间便控制了北平城，前来驰援的朝廷将领因惧怕骁勇的燕王军队而不敢迎战，朝廷防线不攻自破。

随后朱棣抬出《皇明祖训》中所言："朝无正臣，内有奸逆，必举兵诛讨，以清君侧之恶。"打出诛新帝身边佞臣黄子澄、齐泰之名，自名"靖难之师"，正式起兵。

燕军一路挥师，用了三年时间，打到了南京城下，逼迫城内诸臣开城投降，这就是著名的"靖难之役"。这次兵变除了江山易主外，还造成了另一件历史上有名的悬案——"建文帝的下落之谜"。

史书记载，"宫中火起，帝不知所终"，而朱棣为了自己皇位的稳固，只说建文帝被火烧死。后有说建文帝其实被一太监救下，为自保而落发，云游四方。也有人说他实际上经云南逃入东南亚诸国，而朱棣先后命郑和多次下西洋只为寻找小皇帝的踪迹。一时间众说纷纭，然而建文帝真正的下落，至今也未有确切证据来证明某个说法就是事实，仍是一个谜案。

方孝孺殉难

方孝孺也是一个少年成名的天才，自幼便随父亲研读儒学经典，史书言他聪敏好学。长大后便拜当时的大儒宋濂为师，颇为同辈所敬仰，朱棣身边的谋士姚广孝称其为天下"读书种子"。

建文帝登基后，即诏命方孝孺入京，出任翰林侍讲，同时授予其翰林学士一职。方孝孺也尽力辅佐建文帝，在朱棣举兵造反后，不仅为小皇帝出谋划策，就连建文帝多次北伐的檄文都是出自方孝孺之手。

朱棣入京后，许多文臣见风使舵，倒向朱棣一边，唯有方孝孺宁死不从。除了不为朱棣写继位诏书外，更是不跪他，这位建文朝的股肱之臣一身缟素只哭旧主。

入京前，姚广孝曾对朱棣说，方孝孺是天下"读书种子"，虽不投降也不可杀他，朱棣便想劝降他为自己所用。无奈例子从周公辅成王举到"帝王家事，外臣不能管"，方孝孺依然不肯投降。

朱棣大怒，在下令处死方孝孺的同时，还族灭他的家族亲人，牵连甚广，甚至蔓延到方孝孺的门生好友，将他们依次在方孝孺面前处以极刑，试图动摇他坚定忠贞的心。然，无果。最后，方孝孺作绝命诗，慷慨赴死。

诗曰："天降乱离兮，孰知其由？奸臣得计兮，谋国用犹。忠臣发愤兮，血泪交流。以此殉君兮，抑又何求！呜呼哀哉，庶不我尤！"

除方孝孺外，建文一朝还有不为朱棣淫威所动，拒绝投降的文臣，多落得自身惨死，灭三族的下场，受牵连人众达万余人。

据史书记载，因方孝孺本族皆被族灭，唯有方孝孺叔叔家的一子方孝复，洪武年间因上书获罪遭贬黜至庆远卫，编入军籍逃过一劫。万历年间，明廷下令释放因方孝孺案获罪的族人，方孝复一族得以重回民籍。

明朝的厂卫系统

厂卫系统指的是明初由朱元璋设立的东厂、锦衣卫的合称,其设立的目的都是监督在朝官员、收集军政方面的情报。

锦衣卫是由朱元璋最初设立的"拱卫司"演变而来的,后改名为"亲军都尉府"。负责皇帝的随身仪仗和侍卫工作,其下属部门为"仪鸾司"。到洪武十五年(1382),仪鸾司被裁撤,剩下的军队被改名为锦衣卫,除了仍担任皇帝的随身侍卫外,还增加了巡查缉捕的任务,并设置了隶属于锦衣卫的诏狱。而掌管锦衣卫的官员一般由皇帝亲信的武将担任,直接对皇帝负责。朝廷官员无论品阶皆可逮捕,并且不进行公开的审讯。

而东厂则是朱棣于永乐十八年(1420)设立的,全名叫东缉事厂。设立这个机构最初的目的是监控锦衣卫,其官员直接对皇帝负责,可以不经过各官、司,直接缉拿臣民。这起源于朱棣在推翻建文朝后,对建文一朝的臣子萌生的不信任,加上他起兵时身边跟了很多可靠的太监,于是他便以这些太监为班底,建立了东厂,作为监视朝臣的另一重机构。明成化年间,宪宗还建立过一个西厂,用来分化东厂的权力,但到了正德年间就被取缔了。到了明中后期,锦衣卫和东厂基本上权力是并列的,所以后世常将二者合称为"厂卫"。

明初,锦衣卫权力较大,尤其是洪武年间,朱元璋的许多审查贪腐、谋反的大案均是交由锦衣卫在诏狱审问处理的。但到了正德年间,宦官刘瑾把控朝政,锦衣卫式微,当时的锦衣卫指挥使石文义都不得不巴结刘瑾,锦衣卫是依附于东厂而存在的。而到了嘉靖年间,东厂和锦衣卫的格局又发生了变化。这一时期可谓是锦衣卫权力的巅峰时期,陆炳执掌锦衣卫时,锦衣卫的权力甚至要高于东厂,东厂从监视锦衣卫到了要向锦衣卫低头的地步。

到了明后期,万历年间神宗皇帝长久不朝,给了厂卫两个系统把持权力的机会。非法羁押和长期拘禁的情况屡见不鲜，锦衣卫和东厂两方相互勾结，替对方做遮羞布。天启年间，魏忠贤大权独揽，锦衣卫彻底沦为东厂的附庸。当时出任锦衣卫镇抚司指挥的是刘侨，他是锦衣卫中少数不拍魏忠贤马屁的官员，因此被魏忠贤抓住错处，趁机免职。而田尔耕因甘愿侍奉魏忠贤，而被升为锦衣卫都督。由此，这一时期锦衣卫和东厂的关系可见一斑。

不管这两者关系最终如何，无可否认的是锦衣卫和东厂是明朝历史上较为重要的特务系统，其所掌握的权力可谓是前无古人后无来者。除了负责监视臣民外，在战争时期，锦衣卫的一些机构还肩负收集敌人情报、参与策反敌将的任务。比如在万历朝朝鲜战争时期，锦衣卫就收集了许多日军的情报。

明朝的卫所制度

明太祖朱元璋南征北战数年，其麾下的将领越来越多，相应的，士兵也就越来越多。为防止这些士兵与将领形成亲密关系，造成他们拥兵自重、割据一方的事态，朱元璋与其手下一帮"军师联盟"商议后，决定在全国推行卫所制度。

所谓"卫所"，即是将全国分成若干卫，下属若干千户所和百户所。这些卫所在地方上归各都司管辖，在两京则归属五军都督府管辖。这些卫所的兵士来源皆是固定的，被称为军户，与普通民户有所区别的是，他们是世袭的军人，户籍不归地方而归地方都司所辖卫所。其最大的责任就是出一名男丁入卫所当兵，同时家族还要有另一名男丁随行。当兵的这名男丁称为正军，而随行者和其他男丁则称为军余。如果军户本家绝后，还要同族人来递补。明初军户的来源主要有二：一是元末时期加入进来的军户，二是当时的现役军人的家族。同时还在地方上拨出一部分土地供这些军户耕种，这种方式被称为屯田。

有明一代，对卫所的军户管理十分严格。军户大概率一生都不能脱籍，凡在册的军户，不能参与其他活动，如参加科举、经商等。这样一来，军户的社会地位实际上很低，且日久承平，虽承诺每位服役的军户都给房屋、田地，但实际上多有分配不足的情况，到后期更是有卫所军官强占士兵屯田的情况出现。如此一来，卫所便产生了大量的逃军。洪武初年即有四万余逃军，到了正统年间，逃军的数量多达十几万。

况且，就战斗力来说，在边塞的卫所要经常面对边境危机，士兵经常操练，可能还有一定的战斗力，且这些地方多没有像内地那样的行政区划，为都司统一管理，这些卫所被称为"实土卫所"。而身处内地的卫所，尤其是江浙一带，甚少经历战事，且久事劳作，战斗力几乎为零。边疆有战事，临时调度起来，根本经受不住。如此安排，虽然为大明省下了军费开支，但却严重削弱了明军的战斗力。

到了嘉靖年间，边关战事吃紧，卫所又没有数量充足且具有战斗力的士兵，于是便宣布用募兵制。这样一来，是招募到了许多具有战斗力的生员，但是却打破了早年将兵分离的局面。到了明中后期，由中央统一管理的军权逐步放手给了地方将领，卫所的军队成了个别将领的私兵。如此一来，一遇大的战事，这些将领只为保存实力，基本不会动用自己的私兵，中央根本调不动这些有战斗力的士兵。这就造成了后期这些将领拥兵自重，不听中央调令的情况，卫所制度也变得名存实亡了。

宦官的兴起

提起宦官，大家多会想起明代最有名的大太监魏忠贤，弄臣当政，权倾朝野。殊不知，在明朝初年，尤其是朱元璋时期，对于宦官的限制是相当严格的。他规定：内臣的官阶不得超过四品，一个月供给粮米一石，其他用品一律由官家给予。且宦官不得看书识字，为防止宦官干政，朱元璋还在宫内设置一铁牌，上书：内臣不得干预政事，犯者斩。

但这些对宦官的条条框框在明成祖朱棣时被逐渐打破，内臣得到了朱棣的重用，宦官权势开始发展，最终一发不可收拾，宫内那张严禁宦官干政的铁牌也成了摆设。

追述其兴起的根本，则得益于朱棣在起兵时得到建文帝手下太监的通风报信，才得以一举攻下南京城。故，从明成祖朱棣开始，宦官们被委以重任。前有郑和被派下西洋，后有李兴、马靖等人充当出国的使节和镇守边关的将领等。并设东厂，专门负责监视、刺探情报。自此，朱元璋时期对宦官的各种限制彻底被打破。宦官不仅可以自由看书识字，更是一度大权在握。到明宣宗朱瞻基时期，这些内臣更是可以受到大学士们的教导，学习文化知识。

正是有了朱棣时期的铺垫，到了明中后期，一旦有皇帝怠政或者年幼无法把控政事的情况，一些饱读诗书且有野心的宦官就会出来把持朝政，与六部分庭抗礼，甚至到了六部群臣都要"听命"于内臣的地步。可以说，都是在明成祖时期打下的基础，才筑成了后期无法拆除的宦官专权的"烂尾楼"。

郑和下西洋

明永乐三年（1405）至宣德八年（1433）间，郑和曾奉命先后七次出海航行，远航到达西太平洋和印度洋附近，访问了周边的国家。在明代，以婆罗洲，即今天的加里曼丹岛为界限，所谓"西洋"就是这么来的。

担任使团正使的郑和，人称三宝太监。他原本姓马，回族人，是出生于云南的贵族之后，其父是元朝云南行省的最高行政长官。明朝统一云南时，郑和被俘，因年岁较小便被阉入宫当了内臣，随后被分给了燕王朱棣。他的姓名是朱棣所赐，其贵族出身给了他很高的文化水平，从而受到朱棣的重用。

航海不易，到达之后的交流更是不容易。由于一些交流问题，郑和船队曾遭到误杀、埋伏甚至海盗打劫的情况都有。在某次出海访问锡兰国时，其国王更是表现出对郑和船队的不尊，依仗数倍于船队人员的兵力妄图阻止郑和船队回国。郑和则趁其倾巢而出，国内空虚的情况，一举拿下其王城，并俘虏了国王的亲眷家属。

而关于郑和下西洋的目的，流传最广的则是朱棣为了寻找据说流落至东南亚的建文帝朱允炆的下落，也有人说是朱棣为了以武力征服海外诸国，学界目前支持的观点是，郑和下西洋是为了宣扬明朝国威，并构建海外诸国臣属大明的上贡体系。

郑和出使海外的二十余年，先后到达南洋群岛的一些国家，第四次航海则突破印度半岛到达阿拉伯半岛，访问了三十多个国家。是中国历史上最大规模的航海活动。扩大了明朝的外交范围，大大提高了当时明朝的国威。并开辟了一条新的"海上丝绸之路"，中国的外交途径自此转向了海路。此后，很多亚非国家皆派使者来朝进贡，以图贸易交流。对于民间来说，则是打开了东西方贸易的新渠道，推动了商业贸易的繁盛，明朝后期很多人"下南洋"谋生活即从此开始。

剿灭朱高煦叛乱

朱棣死后，其子朱高炽继位，是为仁宗。虽参与过其父的"靖难"，但仁宗并不好武，自他登基开始便将重点变为治理内政，但未来得及大展宏图，在位仅十个月就去世了。

洪熙元年（1425），朱瞻基继位，他除了继续施行其父的文政以外，面临的首要任务就是解决叔父朱高煦的威胁。而朱高煦也在兄长死后觉得侄子尚年轻，对皇位虎视眈眈，准备随时取而代之。

早年，朱棣立朱高炽为太子以后，便册封了朱高煦为汉王，封地在云南，但这位对皇位有野心的皇子以路途遥远为由，拒不就封。最后改封于山东乐安州。他的勃勃野心在朱棣死后就显露了出来，据史书记载，在明仁宗驾崩时，朱瞻基不在北京，朱高煦曾想于朱瞻基回京途中伏击。只因事发突然，谋杀未果。其后，朱高煦为了试探这位年少的皇帝，多次表现出嚣张态度，并派自己的儿子窥探朝廷武装力量。他还联络山东指挥使合谋围攻北京，并暗中派人联络张辅为内应。岂料张辅忠贞，当即就把朱高煦的人绑了送到朱瞻基面前。

朱瞻基也立马决定御驾亲征，并不断给朱高煦传递信息，若投降则赦免。一路来到乐安城，将城围如铁桶一般，并给朱高煦下了最后通牒。

这位嚣张的皇叔都没来得及反抗，只得束手就擒。而明宣宗也对他网开一面，仅仅是将他安置在西安门内软禁起来，这场荒唐的叛变就此画上了句号。

仁宣之治

自明成祖朱棣定都北京后，明朝政治重心逐步向北移动，格局在不停变换。朱棣在位期间主要是加强对蒙古、辽东等边境的防备，建立了都司体系。不仅如此，他还在鞑靼来进犯时，亲征大漠，以巩固北方边境的防线，真正亲身做到了"天子守国门"。其后，明朝的格局逐步稳定下来。

仁宗朱高炽宅心仁厚，不喜武力。在位的十个月里下令停止一系列开支巨大的活动，包括采买珠宝、下西洋、北伐鞑靼等在内的活动都不再进行。还平反初年的一系列连坐冤案。这些措施都使得百姓可以休养生息，安心耕种。

朱瞻基继位后，延续其父休养生息的政策，施行了一系列扶助农耕的政策，赈济灾民、兴修水利，并令边军及内地军户屯田，发展农业。这些举措保持了当时的社会稳定，经济得到了空前发展，一时间民间一派太平景色。

文化方面，仁宗和宣宗在位期间，中国的传统文化得到了长足的发展。仁宗设置弘文馆，召集天下儒生，还与他们讨论经史子集。明朝仍沿用科举取士，但当时南方人多于北方人。为了能兼顾到北方学子，保持科举取士的平衡性。仁宗便制定取士比例为"南六十、北四十"，这一制度一直被沿用至科举被废。在这种情况下，宣宗一朝人才济济，不仅有杨士奇、杨荣、杨溥辅政，还有张辅、于谦这样的武将镇守四方。

永乐年间，官修了一部《永乐大典》，成为我国历史上最大的一部类书。但仁宣时期却是当时图书文化事业发展的鼎盛时期。这期间，明宣宗建造了许多文阁以收藏古籍档案，据说内阁藏书达到两万余册，史称"当是之时，典籍最盛"。民间的图书印刷事业也在此盛况下得到长足发展。

土木堡之变

明宣宗虽然励精图治，但其后期纵欲过度，最终染上不明病症，撒手人寰。彼时，继位太子朱祁镇年方九岁。

因继任者还是孩子，不能处理军国大事。虽有遗诏说所有军国大事需经由太后孙氏决定，当时外有"三杨"（杨士奇、杨荣、杨溥）主持。张太后身后并无外戚支持，故所有政事还是"三杨"处理。但随着"三杨"的逐渐退出，内无外戚依靠的张太后与小皇帝便将信任放到了内臣王振的身上。

王振入宫的时候是东宫的一个下级陪侍，日常就是陪玩。朱祁镇登基后由于年龄小，依然是由王振服侍，故朱祁镇与他最为亲近，并称呼他为"先生"。王振就这样一路陪玩，深受英宗信任，并被提拔为司礼监太监。从此王振手握大权，一时权倾朝野。如此以来，忠臣良将全遭贬黜，不受待见，朝堂之上全是溜须拍马之辈。

而这时，北方一向因朝贡与明朝维持和平关系的瓦剌部族因朝贡数量问题，与边将发生冲突，双方未达成和解。

瓦剌首领也先大怒，于正统十四年（1449）八月联合一批塞外部族大举进犯明朝边境。此时军中已无可以指挥全局的大将，监军太监一通瞎指挥，明军大败。老弱病残的兵员根本抵挡不住草原铁骑，瓦剌联军几乎一路畅通无阻，攻下了永宁城，打到了北京城边。

王振却把这场危机当成了自己再进一步的机遇，他极力怂恿正统皇帝亲征。并且在没有考虑双方形势的情况下命兵部短期内召集五十万人马，就这样携裹着只有一腔热血而没有实战经验的小皇帝奔赴大同。

就这样，五十万临时凑来的兵马急慌慌地到达了大同。但是大同战场一片惨烈景象，从未上过战场的王振和正统皇帝哪见过这种阵仗，第二日便决意回撤。就在后撤的时候，王振还想着邀请皇帝至自己老家的府邸，想光宗耀祖一下。但五十万大军对田间庄稼的毁坏程度可想而知，就这样向蔚州进发了一段后，又改道宣府。

如此以来，大军很快被瓦剌部队追上，疲惫不堪的明军哪有还手之力，一路溃败至怀来的土木堡时，被也先率军包围。土木堡并不是军事重地，不仅无城墙，就连水源也没有，稍近的水源都被瓦剌军队控制了。几日下来，士兵皆饥渴难耐。掌控全局的也先早已料到这种情况，于是佯装退军。王振果然命令拔营换地，就在明军纷纷取水的时候，也先部队杀了个回马枪。明军毫无招架之力，军队乱作一团。只两日，随军大员包括英国公张辅在内的五十多名大臣皆战死，正统皇帝被俘，王振本人则被乱军砍死。

这场仓促开场却以悲剧收场的闹剧即被后世称为土木堡之变。

北京保卫战

土木堡之变带来的最直接的危机除了正统皇帝被俘外，还有北京的守卫、社稷的存亡问题。当时正统皇帝亲征，不仅带走了大量的兵力，还带走了朝堂三分之二的官员。只留皇弟郕王朱祁钰坐镇北京，这位王爷实际上没有什么威信力，更没有什么决策能力。

正统皇帝被俘的消息传来的时候，皇太后和皇后首先想起的就是搜罗财宝给也先送去，想赎回英宗，但遭拒绝。这下剩余群臣更不知道怎么办了，突然有人站出来主张迁都回南京，其他官员随声附和，这位"代理皇帝"都不知道怎么下决定。这时只有于谦站出来主张应聚集最后兵力，跟也先正面对抗，保卫北京。

于是他被授予兵部尚书（兵部的最高长官）一职，总理保卫事宜。这时，群臣平时被宦官压的那口气终于在此时爆发，一致认为正统皇帝被俘全赖王振等一众宦官，要求族灭王振。遭到王振党羽马顺的呵斥，结果群情激奋，当即把马顺殴死在朝堂之上。朝堂变成了群臣泄愤的场所，在监国郕王未发命令的前提下，殴死了两名太监。

这种场面使得从未处理过政事的郕王愣在当场，这时在于谦的劝谏下，他才宣布马顺等人有罪，赦免群臣杀人之罪。同时派人清查王振家产，并对其党徒进行抄家，以平息众怒，朝廷运行方回归了正轨。

但此时也先部队在京郊虎视眈眈，一国之君也在外敌手中作为人质。即使有郕王监国，还是缺少政治核心，且易受也先的威胁，处处掣肘。于是在于谦等人的劝谏下，郕王登基称帝（景帝），改年号为景泰，遥尊正统皇帝为太上皇。

如此，在新皇帝的指挥下，明军集结于北京城下，并与来犯的也先部队激战多日，顽强抵抗，并未使瓦剌占到什么便宜。与此同时各地的勤王部队正快马加鞭救急。这给了也先很大的心理压力，他担心勤王部队一旦到达，自己后路被切断。加上天气逐渐转冷，物资消耗不起，他便决定撤退，并于十一月初将部队退至塞外。至此，北京保卫战取得了初步胜利。

其后，于谦对防守京城的五大营做了改革，将固有的营盘改为团营，并与外部卫所军队联合操练，一改往日京军只操练不适应征战戍边的模式。如此一来，京城卫所军队从以往的涣散无主摇身一变，成为一支有战斗力的军队。

英宗受难记

明英宗朱祁镇应该是中国历史上第三位被草原少数民族俘虏的皇帝。如果说宋徽宗和宋钦宗是被打到家门口的金军掳走,那么明英宗就是主动送上门去被人俘虏的。被掳走的日子并不好过,尤其是对于从小生长于锦衣玉食环境中的朱祁镇来说。

瓦剌首领也先最初俘虏他,因他是大明天子,是一可居的奇货,是可以用来与大明朝谈价的筹码。在这位蛮族首领看来,简直就是可以交换许多有实际利益的筹码,比如土地,比如经济利益。所以他根本没把最初送来的那八车金银珠宝放在眼里,试图继续与大明朝谈判。所以在最开始的时候,也算对这位大明天子以礼相待,虽没有好吃好喝的供着,也没饿着冻着。

孰料大明朝廷一看财物换不成,立马转了风向,新立了一位皇帝。并且坚壁清野,召集天下兵马进军勤王。那架势就是:你尽管带着"太上皇",能要挟到大明算你赢。

加上也先又久攻北京城不下,朱祁镇就像一件附属物品一样被挟持来挟持去。昔日的天子威严早已没了踪影,日常穿戴颇像普通的蒙古人,而外出只有牛车可以乘。身边只剩了袁彬和一个蒙古人哈铭照顾起居,保护他的安危。

适逢寒冬,塞外营帐并无可以取暖的炭火,袁彬和哈铭二人就把朱祁镇的脚放进怀里,轮流为其暖脚。而为了御寒,三人经常挤在一起睡觉。如此的朝夕相处,这位落魄皇帝与二人渐渐生出了感情。哈铭是蒙古人,能与瓦剌将领说话,便时常让他们劝说也先把朱祁镇放回去。

但彼时也先还想再以自己的兵力赌一把,所以不愿意把这张牌随便打出。直至景泰元年(1450),也先方正式向明廷求和,同时答应将朱祁镇送还。

朱祁镇此刻应该也想到了自己回去之后的两难尴尬处境，此时是弟弟在位，断无可能把皇位让给自己。于是进入北京城的时候并没有很大排场，只从偏门进入。随后便被安置在了南宫，开始了漫长的幽禁岁月。也许是怕朱祁镇东山再起，景帝规定，只允许孙太后探望，其他群臣等一概被禁止靠近南宫。

夺门之变

土木堡之变过了一年左右，也先遣使议和，表示愿意送回朱祁镇，并答应以后继续朝贡明朝，维持经济方面的关系。

而此时，明廷朝局已经基本稳定，且正在走上正轨。景帝做了一年有余的皇帝后，不再是那个畏畏缩缩的郕王，想继续在这个皇位上长久下去。本来一个由皇太后立的太子朱见深就已经让他很为难了——为了皇位的继承长久，他一直想立自己的儿子朱见济。如今突然要迎回朱祁镇，景帝朱祁钰更加为难，且表现在了脸上。

但为了边境的稳定和朝廷的脸面，并且有于谦在旁为他开解："你已经坐在这个位置上了，怎么还会有他（朱祁镇）的事。万一瓦剌耍手段，我们就有拒绝的说辞了。"这才使景帝释怀。于是"太上皇"朱祁镇被迎回了京城，被安置在南宫。名为尊贵，实则是变相软禁，不能自由出入行走，如囚徒一般。

这时景帝的心理在迎回哥哥后却没有像之前那样释怀，反而更加不自在。于是他加紧了废太子改立自己儿子为太子的计划，说是计划，其实简单粗暴：凡是赞同换太子的官员皆给好处，不赞同的则三天两头的折磨加挑刺。如此一来，再没有大臣敢上疏提意见，他便顺理成章地把自己的儿子朱见济立为太子。

也不知道是不是这种做法过损，遭了天谴。新太子于景泰四年（1453）过世，景帝亦无其他亲生子存在，继任者便出现了真空。群臣开始纷纷上疏要求复立朱见深为太子，这使得景帝很是上火，他发了一通脾气，杖杀了一些上疏的朝臣，自己也积郁成疾，于景泰八年年初（1457）一病不起。

当时居于南宫的朱祁镇身体尚健康，且在群臣眼里，朱见深又是"天命所归"。在景帝重病的时候，一些野心家看到了权力更迭的机遇。

这些投机者中就包括当时瓦剌入侵时主张南迁的徐珵，这时他叫徐有贞，还有因巴结于谦反被甩脸的石亨以及被于谦打压过的以曹吉祥为首的一众宦官。说来讽刺，一向群臣莫入、戒备森严的南宫就这样被这三人闯了进去，将被囚禁了七年之久的朱祁镇接了出来，宣布"太上皇"复辟，而已经病入膏肓的景帝听闻此事后更是无可奈何，只得任由他去了。这就是著名的"夺门之变"，亦称"南宫复辟"。

朱祁镇再次登基后，还在病中的景帝就没人管了。一个月后，朱祁钰驾崩，被以亲王之礼草草安葬于皇陵之外。而当时临危受命的于谦等一众景泰朝重臣被杀、被剐、被抄家，下场极其凄惨。

曹石之变

复辟后的朱祁镇重掌大权，改元天顺。似乎是长久的囚禁生活消磨了他早期对王振的仇恨，朱祁镇此刻更多恨的是让自己过上囚徒生活的弟弟朱祁钰以及那班朝臣。

于是他在登基后，先是处死于谦等一批景泰朝的旧臣，后又废除了景泰朝颁行的政令，不论有无实际效果。也许是因为拥护他复辟的也有一班宦官内臣在，他在那一刻只记得了宦官的好。加上对弟弟单纯的仇恨，他一改景泰时期对宦官的打压政策，对曹吉祥等一众宦官内臣放纵无度。宦官势力再度死灰复燃，与文官势力相抗衡。再加上当时拥立朱祁镇复辟的石亨是个武将，一时间宦官、武将气焰冲天。

据说石亨被封为忠国公后，家族不少人都进入锦衣卫体系，达五十余人。其部下更是鸡犬升天，借着势力对文臣势力一通打压。除此以外，个人威严和架子也是摆到了极致，与其侄子石彪行事高调，丝毫不顾及皇帝感受，任由各卫所将领进出其家门，不仅如此，还在京城建造豪华的府邸，没有收敛的意思。

这引起了朱祁镇的警惕，但这位武将没有察觉。他在手握重兵的情况下仍想获得更多权力，他把目光放在了大同总兵这一职位上，并私下里命人上疏奏选他。这便导致了朱祁镇的爆发，将其打入诏狱拷问，并借由违制，命其闲居。

被闲居的石亨哪肯罢休，仗着自己兵多将广，竟然开始密谋起反叛来。他曾经与周围亲信说，如果据守紫荆关，京师无可奈何这类话，甚至说起陈桥驿兵变的事。这引起了锦衣卫的注意，被锦衣卫指挥逯杲告发。最终再次被下诏狱，连带其侄石彪也被以谋反罪双双处决。

石亨的死让曹吉祥很是慌乱，在这种慌乱中他萌生了一个大胆的想法：

干脆一不做二不休杀掉朱祁镇。于是他开始与京军将领及锦衣卫官员来往甚密，收买他们，企图再发动一次政变。其干儿子曹钦也是很积极地参与谋划，甚至想自己做皇帝。

天顺五年（1461）七月，曹吉祥与曹钦商定好里应外合的主意后，召集参与此事的将领宴饮。未曾想其中有一中途参与的军官向值宿朝房的吴瑾告发了曹钦谋反一事。

吴瑾收到后不敢怠慢，立即命人发急帖报告曹钦谋反一事。提前得知消息后，准备起事的曹钦与其弟等率领精锐卫士来到东长安门，只见一向在天亮时分开启的皇城门户仍紧锁不开。曹钦便知道谋反一事已经败露，直接率领士兵攻打东西两个长安门，却遭到准备西征边境的孙镗及其子的抵挡，两军杀至夕阳西下，曹钦一部逐渐支持不住，士兵散去。在这种情况下，曹钦只得自杀，而曹吉祥也被处以极刑，曹家遭到灭族。

曹吉祥和石亨的叛变就此遭到平息，有惊无险。但明朝的宦官势力并未从此遭到打压，只手遮天的宦官层出不穷，最终败坏了明朝的纲纪，使大明王朝走上了日薄西山的道路。

明中期：改革中起起伏伏的『繁荣』

英宗的良善：人殉制度的废除

英宗朱祁镇虽然在政事上显得糊涂，但在对待后宫上却是深明大义，显露出一丝人性之光。

我国古代的人殉制度虽然在汉朝时得到废止，但是明朝建立后，却有一条极为残酷的制度出现：前任皇帝去世后，后宫嫔妃未生育子女的，或者若干宫女都要为先皇帝殉葬。朱元璋死后，有后宫四十名嫔妃全部生殉，朱棣也有三十名左右的嫔妃为其殉葬。即使被后世称为仁厚的任、宣二宗也有至少十名以上的妃嫔、宫女殉葬。

《李朝实录》中就有对明朝后宫殉葬残酷过程的描写：明成祖朱棣驾崩的时候，从后宫挑选了三十多名宫女与未生育的妃嫔一起，让她们先在殿外吃饭，过后便将这些女子带进殿内，房梁上悬着已经准备好的绳子，下面摆着一个个小木凳子，等她们站好，把头伸进去撤去凳子，就这样完成了殉葬。

等到朱祁镇驾崩前夕，他召见朱见深，除了交代国事外，还交代这位未来的皇帝，自己死后不要后宫殉葬，而自他以后，再也不能有后宫殉葬制度。就这样，登基两次，一生庸碌的英宗闪耀了他最后的人性光辉后，溘然长逝，与他一起进入陵墓的还有残酷的人殉制度。

为爱痴狂的宪宗

如果说土木堡之变和夺门之变是折腾了两个皇帝，那么在这一场场的风波中还有第三个受害者：被立两次太子的朱见深。

朱见深是英宗朱祁镇的长子，如果朱祁镇平安执政，那么朱见深以后顺理成章就是皇太子。可惜在他两岁的时候发生了土木堡之变，父皇被抓生死未卜，后宫孤儿寡母，不知所措。这时，孙太后下了一纸诏书，册封朱见深为皇太子，这个两岁的皇长子就被推上了储君之位。

但彼时正是大明国都危亡之时，群臣建议此时国有长君，社稷才能长存。更有大臣直接上疏拥戴朱祁钰为帝，于是郕王朱祁钰临危受命，成了皇帝。朱见深这个皇太子便处于一种尴尬的境地了：自己贵为太子，皇帝却不是亲爹，俨然是新任皇帝的一大威胁。

果不其然，在政局稳定后，景帝朱祁钰就开始考虑更换皇太子了。之后，无依无靠还是幼童的朱见深就被换掉了，废为沂王，搬出宫殿，与世隔绝。但还是有人远远地关注这个皇太子的，那就是他的祖母孙太后，她派出了一个改变朱见深一生的女人——万贞儿。

万贞儿出身普通，父亲因罪被发配充军，家产也被查抄，家人则被送入官府为奴，万贞儿就这样被送到了孙太后的宫中，又机缘巧合被派到了朱见深的身边，从此照顾他的饮食起居。

明朝有规定，凡是被封为王的宗族十岁以后便必须搬离皇宫。朱见深也不例外，突然要离开熟悉的地方，身边的人大多跑路。此刻只有万贞儿陪伴在他的身边，给他幼小的心灵以依靠，以安全感。

就这样，朱见深在一个无人问津的地方默默长大，没有来自父母的疼爱，也没有皇子应当有的尊荣。这压抑的环境造就了他内向的性格，甚至还有口吃的毛病。但是万贞儿不嫌弃他，依然尽心尽力照顾他。

其后，朱祁镇复辟，他也被重新接回东宫。皇帝也尽力弥补这个孩子童年的缺失，但这都无法取代万贞儿在他心中的地位，他对万贞儿的依恋升华成了忠贞不渝的爱情。

以万贞儿的出身，是不可能被册封为皇后的，所以朱祁镇虽然看着朱见深对万贞儿一往情深，却丝毫不担心太子会对这个女人一往情深。在他们看来，朱见深长大后就会移情别恋，宠爱其他年轻的女子。但他们想不到的是，朱见深成人后依然对万贞儿宠爱有加，并加封她为妃。在她生下皇子后，又立即册封她为贵妃。

朱见深在位二十三年，对这位万贵妃的宠爱依然如最初一般，不改初心。册封的皇后吴氏只因对她"不敬"，便被她告状。朱见深也不问根本缘由，不争孰是孰非，便下令废了吴皇后。万贵妃的独宠地位，可见一斑。

厂公汪直：手握禁军大权的内臣

经过从王振到曹吉祥的"洗礼"，命运深受太监影响的宪宗皇帝朱见深在当政时依然信任这些太监，其中最受宠信的便是汪直。

汪直最初入宫时，是在万贵妃身边伺候，后来升到御马监太监。他的机遇来自一场私入大内的事件：当时有一人勾结太监私自闯入大内，用的是"巫术"，很快被诛杀。但被宪宗知晓，他心底很厌恶这种事，又非常想了解宫外的事。善于察言观色的汪直便被任命办此差事，出宫为皇帝侦查。后将所见所闻报告给皇帝，这使得宪宗皇帝很是高兴。

成化十三年（1477），宪宗皇帝成立西厂，便任命汪直为统领太监。这时西厂的人数要多于东厂，且刑罚也要严苛于东厂、锦衣卫的诏狱。并因其兴发的大狱屡次能讨得宪宗欢心，让宪宗皇帝认为他嫉恶如仇，而所受宠爱日渐隆盛。次年建州女真进犯边境，宪宗皇帝又命汪直前去处理辽东事宜，并给予他全权处理边疆事务的权力。

成化十五年（1479），建州女真部声言犯边。宪宗皇帝命朱永、陈钺去征讨建州三卫的同时，也派汪直前去监军。因平定建州反叛有功，而太监又没有官秩、爵位可加，因此宪宗皇帝给汪直加食米三十六石。又命他总督十二团营，打开了有明一代宦官掌禁军的先河。这一年是汪直命运的转折点，也是他势力得到最大发展的一年。

其后，汪直作为监军，被派随军先后配合兵部尚书王越、朱永等人抵抗鞑靼来犯。因功多次被加食米，其中有一次直接加了三百石，前所未有。汪直在朝中的权势也如日中天，朝中大臣稍有与其政见不合或令其不悦者，便被打入锦衣卫诏狱。因此极少有朝臣不奉承这位厂公的。这也引起了许多朝臣以及一些宦官的不满。有一名叫阿丑的内臣便演了一出讽刺汪直权势滔天的戏剧来提醒宪宗注意提防。

但汪直也不是那种仗势欺人的宦官，每次遇到耿直又能干的肱股之臣时，尽管对方看不惯自己，也会尽力举荐。比如敢与他分庭抗礼的河南巡抚秦纮和兵科给事中孙博等，他们虽然敢直言汪直与西厂的是非，但还是因为耿直的人品得到汪直的赏识。

成化十八年（1482）后，内阁上疏请求撤销西厂，宪宗应允。随后镇守大同多年的汪直，因与大同总兵许宁不和，被召回，从此便从政坛上销声匿迹了。

黑暗中长大的皇太子

也许是高龄产子的缘故,万贞儿的皇子出生后便夭折了,而她也丧失了生育能力,这让她心态彻底崩了。从此后宫不准有孩子出生,每当有嫔妃怀孕的消息,她便准时送上堕胎药,如果不愿意则立即赐死。故,成化皇帝的后宫常年无出。

而唯一一个幸免于难的皇子是朱见深偶尔宠幸宫女的意外,这个宫女便是纪氏。万贵妃不是没有注意到她,而是照旧送去打胎药,万幸的是,纪氏的好人缘给她的孩子留下一条活路。回去汇报的宫女说,纪氏不是怀孕只是肚子里长了瘤子而已。就这样,纪氏在惶恐中生下了一个皇子。

但还是被万贵妃知晓了,万贵妃便派宦官张敏去害死新出生的皇子,张敏见到这唯一的皇子时却心生不忍,帮助纪氏隐匿皇子,而后宫中被排挤的后妃也都多方帮助喂养这个孩子。就这样,在一片鸦雀无声中,幸存的皇子长到了六岁。

岁月流逝,在万贵妃的监视下,后宫依然无嗣子出。这让皇帝朱见深都意难平了,他对张敏说:"我都这么大年纪了,还没有儿子。"这句话让张敏心生惶恐,立即跪倒在地,将小皇子已经长大了的消息和盘托出。

当朱见深看到面黄肌瘦的小皇子时,不禁老泪纵横。当即抱住这个孩子,又哭又笑,跟周围的宫人说:"此子肖我。"这以后,小皇子便正式认祖归宗,有了一个正式的名字——朱祐樘,也理所当然地被封为皇太子。纪氏母凭子贵,被封为妃。但很快便在宫中暴毙,有传闻说是万贵妃下的毒手。而没过几天,当年留了朱祐樘一命的太监张敏也吞金自杀了。

这引起了周太后的恐慌,她把朱祐樘接到了仁寿宫亲自抚养,这才躲过了万贵妃多次谋害太子的计划。

成化二十三年(1487),万贵妃去世,而深爱她的朱见深也因悲伤过度郁郁而终。朱祐樘这位在黑暗中长大的皇太子登上大位,即是后来力挽狂澜,缔造了"弘治中兴"的明孝宗。

一生一世一双人：孝宗的仁慈与专情

宪宗朱见深时期,明朝政治风气腐化,后宫混乱无序。同时,又要面对鞑靼以及刚兴起的建州女真的边境威胁。可以说,留给明孝宗朱祐樘的是一个烂摊子。

年轻的孝宗皇帝立志要一改朝政,建一个清明的治世。他从当上皇帝即开始把勤勉作为自己的座右铭,有一定的自律性,做到亲贤臣,远小人。除了早朝外,还把废止已久的晚朝制度重新捡起来,只为能处理更多政事。

他杀伐果决,刚即位就开始修正成化朝的弊政,罢黜了以太监梁芳、侍郎李孜省、内阁首辅万安为首的一批奸佞之臣。这其中就包括手握大权的万贵妃的弟弟万喜。这位从小在深宫中饱受折磨的皇帝却不像他的父亲一样偏执,相反的,孝宗拥有一颗宽厚的心。当群臣都要求严惩万喜一党的时候,他拒绝了,只是把万家抄家,并没有像前朝那样牵连众多的人。

成化一朝,有传奉官把持着官员的选拔与进退,使得当时官官相护,正直的学子根本得不到重用。孝宗为了广开言路,下令罢免了千余名传奉官。自此,弘治一朝耳目一新,朱祐樘任命了一批正直清廉的官员,王恕、马文升、刘大夏、谢迁、李东阳等都是这时被拔擢至内阁的。在他们的共同努力下,大明有了"中兴"的迹象,后世称之为"弘治中兴"。

除了勤于政治、对朝臣仁慈外,孝宗朱祐樘还特别专情。这种专情体现在他这一生只有皇后张氏一人,并无妃嫔后宫。他不仅与张氏相敬如宾,恩爱有加,还如寻常百姓家的夫妻一样,每日都与皇后一同起居,开创了皇帝无后宫的纪录。后世常把这作为孝宗是一代明君的佐证之一,说明他的自律程度,而实际上,这更多的是孝宗专情的体现。

恣意堕落荒唐的皇帝

若推历史上自甘堕落、恣意荒唐的皇帝,那正德皇帝朱厚照说第二,没人敢说第一。朱厚照凭借他的爱玩和豹房臭名昭著于史册,民间戏剧还有一出《游龙戏凤》,专讲朱厚照到民间巡行,看上了一村妇李凤姐并强行带回京城的故事。

这出戏是不是真的不敢定论,但朱厚照在民间网罗美人倒是真的。由于年少就失去了父亲,缺乏管教的朱厚照成长期间完全释放了内心丑恶的欲望。聪明伶俐完全不用于学习而用于玩乐,为了摆脱朝臣对自己的监控,他在乾清宫外建立了一个豹房。后来更是把"家"搬到了宣府,建立镇国公府长期居住。里面既有办公场所又有娱乐场所,更重要的是没有一班大臣在他耳边叽叽喳喳。

如果说仅仅如此,朱厚照至多只能算个庸君。他最荒唐的事是一时图新鲜,命令宫人们在宫殿内仿照外面集市的样子,自己同宦官们一起扮成商人模样。还命令宦官在宫内开设杂耍集市,不仅有斗鸡杂耍者,还有宫女弹琴跳舞,一时间好不热闹。

正德十二年(1517),鞑靼军队再度来犯。这给了这位一心想亲征打仗的皇帝一次大好机会，虽然在群臣眼里这简直是恐惧无比的事，他们生怕"土木堡之变"重演，自然是百般劝谏。

然而劝谏无果，朱厚照最终以"大将军朱寿"的名义出征。经过几天的战斗，明军大败鞑靼小王子伯颜，打退了来犯的鞑靼军队。

还没有平静两年，宁王朱宸濠起兵作乱。这给了朱厚照再次亲征的理由，有了前车之鉴，群臣再不敢言语，于是朱厚照率领着明军浩浩荡荡从京师出发了。

然刚到涿州，便传来了宁王叛乱已被南赣巡抚王守仁平定。朱厚照觉得很没面子，对于递上来的捷报拒绝接受。直至王守仁把这次平叛的功劳均归到了"大将军朱寿"的身上，朱厚照这才受降。他率领一众人等往北折返，当然少不了一路的游山玩水。一日路过清江浦，朱厚照玩心大起，自己驾着小船撒网捕鱼。岂料鱼过多，他一人无法控制，船失去了平衡，导致朱厚照落入水中。他本人不会游泳，加上落水时连惊带吓，身体便落下病根，从此每况愈下了。

正德十六年（1521），朱厚照倒在了南郊大祀礼的祭坛上，再也没有起来。三月，这位极具个性的皇帝便驾崩于豹房。

"立皇帝"刘瑾

一个爱玩的皇帝背后必然有一个一路带他玩的宦官，正德一朝的这个因带皇帝玩"有功"的宦官便是刘瑾。

明武宗朱厚照在做太子时就沉迷玩乐，尤其爱好走狗斗鹰。刘瑾便投其所好，进献这些飞禽走兽。哄得太子甚是开心，在朱厚照看来，这位刘公公甚是善解人意。于是在入主乾清宫时，将他带了去，作为近侍宦官，须臾片刻不离。

得了权势与皇帝盛宠的刘瑾便开始大肆敛财，除了要求在外监军的宦官上交所谓"承包费"外，又在皇宫外面大肆掠夺农人土地，建立所谓"皇庄"，最多时达三百余所。

这些行为在朱厚照看来没有什么紧要问题，但是大臣们却屡次弹劾刘瑾侵害民财。最后因内阁大臣焦芳事先报告刘瑾，以刘健为首的内阁众臣准备面见皇帝，再次弹劾刘瑾等人。吓得刘瑾一众宦官慌忙进入内宫，围着皇帝哭泣。因为是自幼伴随自己长大的宦官，朱厚照大为感动，一场危机就此解除。而弹劾他们的大臣遭了殃，为首的众臣被追杀的追杀，被打断胳膊的打断胳膊。

此后，刘瑾盛宠在身，朱厚照又不理朝政。刘瑾摸清了皇帝的脾气，每次都趁皇帝玩乐的时候奏报朝事，惹得皇帝不悦。此后刘瑾便不再奏报，开启了自己独断专行的时期。他打着讨伐奸党的名义清除异己，召集群臣跪于金水桥下。名单涉及内阁、词臣、言官等，多是上疏弹劾过他及宦官势力的大臣。新换的兵部尚书、吏部尚书等人都是刘瑾的心腹。后来焦芳入阁后，内阁决断的权力也被架空，每次奏疏由刘瑾决断，内阁大臣只有点头的份儿。

在以后的朝事处理上，皆以刘瑾的是非为是非，开科取士的名额也以刘瑾的好恶为标准。余姚地区举人被禁止授给京官，原因只是焦芳讨厌彭华。刘瑾又擅自为焦芳将河南的名额增加到九名。

但就是这么一个权倾朝野的"九千岁"却因一场谋反案顷刻间倒台。事发于正德五年（1510），当时安化王造反，朱厚照派杨一清与监军张永前去平定叛乱。叛乱得到平息以后，杨一清便与张永谋划"倒刘"大业。

张永回京后便向朱厚照奏报刘瑾几大罪状，其中便有谋逆一罪，这使得朱厚照大惊。下令彻查刘瑾，不查则已，一经细查便在刘瑾府邸发现了盔甲、衣甲以及弓弩等武器。朱厚照除了将刘瑾下诏狱，还将刘瑾手握大权时颁布的一系列新法一律废止。

据说刘瑾被凌迟处死时，身上被剐了三千余刀。

一代大儒王阳明的传奇人生

提到王阳明，很多人应该只知道他的阳明心学。但很少有人知道，这位大儒却是行伍出身。晚年官至南京兵部尚书、都察院左都御史。

王阳明本名王守仁，父亲是成化年间的状元，官至南京吏部尚书。王守仁从小受的就是正统的儒家教育，他天资聪颖，且志向远大。英宗在土木堡被俘，给了他很大的刺激，从此立志学习兵法，为匡扶社稷而努力。

虽志存高远，但当时的官场是刘瑾把控，不容他这种一心为国出征的忠臣出现。因正德元年（1506）上疏得罪了刘瑾，除了被杖责四十外，被流放至贵州，任一驿丞。其父也受了牵连，被调离京城，任南京吏部尚书。

在此期间，王守仁并没有自暴自弃，反而在当地广泛讲学，教导当地的百姓，而自己也对儒学的领悟更加透彻了。其思想深受陆九渊的弟子湛若水的影响，继承了其"心即是理"的思想，将这种"心学"发扬光大，阐发了"知行合一"的思想。

正德十一年（1516）是王守仁命运的转折点，他匡扶社稷的理想得到了实现。因为兵部尚书王琼的赏识，他得以高升都察院左佥都御史，巡抚南、赣等地。当时南中一带闹盗匪，百姓深受其苦。王守仁一到，先是策反了盗贼在官府中的探子，后利用得到的情报，一举歼灭盗匪，打了他们一个措手不及。他巡抚南、赣期间，这附近的盗匪被清剿殆尽。并设置了县来管理这些地方，被当地百姓称为"神"。

真正让王守仁扬名立万的是平定宁王朱宸濠的反叛。此一战，他利用围魏救赵的计谋直接攻打宁王大营所在的南昌，逼迫宁王不得不回援，但此时王守仁的精兵皆聚集在鄱阳湖，宁王的精锐却留在安阳，自己仅带少部分兵卒，就这样与王守仁在鄱阳湖决战，最终仅仅三天时间，宁王战败被俘。

但这一不世之功并未得到武宗朱厚照的嘉奖，而王守仁也看清了朝中的局势。在将宁王交给朝廷后，便退出了政治舞台。直到世宗一朝，才重新得到重用。在平定思恩、田州的蛮苗之乱后，未及返回便病逝于途中。死后受赠新建侯，谥号文成。

宁王之乱

所谓宁王之乱，即是宁王朱宸濠于正德十四年（1519）发动的叛乱。但仅仅过了四十天左右，就被巡抚南、赣地区的王守仁给镇压了下去，历史上也叫宸濠之乱。

说起这位宁王，便要说一说他的祖上。最初受封的宁王是朱元璋的第十七个儿子朱权，其封地在喜峰口以外的大宁，故称"宁王"。朱棣素知自己这个弟弟骁勇善战，颇为忌惮他，便把朱权改封到了江西。并且严格限制他们的兵力发展，仅保留其王府护卫亲军。到天顺朝，这一任宁王在其封地为非作歹，威胁到了百姓，英宗干脆将其护卫亲军也收回了。

似乎历代宁王都挺有野心，到了朱宸濠这一代。他想方设法贿赂了刘瑾，恢复了护卫亲军。但好景不长，他在地方上的恶行被都察院的御史上告至明武宗处。

这种情况下，宁王生怕自己的武装再被收回，开始慢慢蓄养力量，在江西大量招募盗匪，养为王府亲军。当时在江西地区的巡抚、御史等都感受到了宁王的异动，包括宁王府中的官员都上疏明武宗朱厚照有关宁王的一些不法之事。但宁王通过贿赂朱厚照身边的宠信钱宁等人，反而诬告这些人是离间皇族。于是上奏的臣子皆被下狱，他府中的人则被族灭的族灭，发配的发配。

当时的江西巡抚孙燧担心宁王会有实质性举动，而朝廷又坐视不理。于是他以清剿盗匪为由，在江西一些军事重镇加紧设防，并捕杀一些流窜的盗匪。这让本打算等明武宗突然驾崩再造反的宁王颇为担心，加上上疏的人多了，也引起了武宗的疑虑，便派人携带敕书直奔南昌，要削减其王府护卫。

提前从耳目中知晓此事的宁王一下慌了神，便在没有详细计划的情况下提前举兵了。这年六月，他以明武宗荒淫无道为由，宣布要驱逐昏君，并表示革除正德年号。他挟持了江西地方的一些官员，并杀了江西巡抚孙燧、按察司副使许逵，一路挥师北上，准备直取安庆。

据守鄱阳湖的王守仁却早已有计策，他先是在通往南京和京师的要道上设置疑兵，随后又散播朝廷已经派兵的消息，自己却据守大营不出击。宁王以为王守仁是怕了自己，于是只留数千人守南昌，自己则率领大军浩浩荡荡攻打安庆。不日却传来了自己的大本营南昌被朝廷收复的消息，久攻安庆不下的宁王正准备取道南京，听闻此报只得转身回救。结果先头部队尽数被剿灭，此时宁王朱宸濠的部队已经军心溃散，刚到鄱阳湖便被包围，其部队拼死突围还是失败，最后宁王及其一众亲信被俘。

一场叛乱至此结束，但天性好玩的明武宗偏要"附送"一个彩蛋：他坚决拒绝在京城接受宁王等一众俘虏，表示要南下。而武宗身边的奸佞小人则怂恿他让王守仁把宁王放了，以便让他亲自把宁王打败一次，再论功行赏。这可把王守仁等吓坏了，幸而有张永等人劝阻，才作罢。

宁王之乱后续：我就是要南巡

早在正德十四年（1519）三月，宁王发动叛乱之前，明武宗朱厚照在亲信江彬的怂恿下，下诏要南巡。此话一出，当即遭到百官集体反对。放到后世，有人就不理解了，南巡这种事儿为什么会反对，清朝的乾隆皇帝南巡了不下六次，也没有人出来反对。这就要从明朝的祖制来说了。

明朝自太祖至武宗时期，已经有十一位皇帝，历经一百多年，除太祖朱元璋和惠帝朱允炆在南京外，自永乐迁都北京始，无一不是在北方，最远去过的地方也只有京郊，还是为了祭祀。只有两位皇帝带兵亲征北方鞑靼，一位是朱棣，成功平定鞑靼叛乱。一位是朱祁镇，落得被俘的下场。

这帮大臣之所以战战兢兢，就是怕这位不走寻常路的主子再在南巡路上闹出什么幺蛾子——上次的亲征鞑靼小王子伯颜就把他们吓得够呛，幸而武宗朱厚照勇武，大胜而归。于是在这位皇帝提出南巡的时候，自然是从上到下一片反对。

这群大臣的意见主要分为以下几类：一、南巡路上太危险，宗室中一些有野心的说不定会借此次南巡对皇帝不利，汉朝时的"七国之乱"可谓是殷鉴不远。皇帝不应该由着自己的性子肆意胡来，而应该考虑自己的安全为上，这才是社稷之福。持这种意见的主要是一些翰林院刚上来的庶吉士，他们甚至搬出成祖朱棣夺朱允炆帝位的例子来，让朱厚照注意宗室的不臣之心。二、现在国家刚刚处理完北部忧患和内部纷争，正是积极干正事的时候，比如广开言路、清除小人。还有不要再自称将军这种不伦不类的名号了，我们害怕。更不要提南巡戎猎这种事儿了，一来花费巨大，劳民伤财。二来南方老百姓饭都吃不起了，都开始互相蚕食了。皇帝却要游山玩水，这不是激起民变吗？这些意见来自兵部的一些官员，他们甚至要皇帝赶紧立太子，或是领养皇族中的贤德人。三、皇帝要以养生为主，南方又潮湿，皇帝是北方人，可能不适应那种气候，会生病的。还是要以社稷为重，不要过于劳累，保重身体才是王道。这是太医院徐鏊的上疏，主要是从养生的角度劝谏的。

朱厚照想到会有人上疏劝谏，但没想到会有这么多人，在读过这些奏章后。他十分生气，下令逮捕了夏良胜、万潮、陈九川、黄巩、陆震、徐鏊，并关到了锦衣卫诏狱。还处罚了一百多名大臣在午门外罚跪，一罚就是一天，还戴着枷锁。而随着上疏的大臣的增多，罚跪的大臣数目也增多了。这些朝臣仿佛一个个重刑犯一样戴着刑具，罚跪结束后还要被施以杖刑。有许多官员被杖毙在午门外，更多的是被流放了。

但这场上疏闹剧的结果就是朱厚照最后放弃了南巡计划，就在大臣们觉得自己的打挨得值的时候。七月宁王叛乱，这下跃跃欲试要亲征的朱厚照南下的脚步再也没人能拦得住了。即使宁王叛乱很快被平定了，朱厚照仍以"镇国公"的身份继续南行，最终八月开始了他的南巡游玩。

明世宗："突然"来的皇位

还没逍遥快活够的朱厚照在三十一岁的时候突然重病去世了，连个未成年的子嗣都没有。而其父一生专情，他又无亲兄弟，大明江山面临着后继无人的严重危机。而朱厚照显然没想到自己会英年早逝，会绝后，故而也没有想过继承人的事。现在这种事却真实地摆在了所有朝臣的面前，一时毫无头绪。

这时，主持朝事的内阁首辅杨廷和与群臣商议后，决定按照"兄终弟及"的祖训来选择继承人。如此一来，皇位就顺延到受封于安陆的兴献王之子朱厚熜，他的继承人身份也得到了皇太后的承认。

就这样，一直生活在地方旁支的藩王世子朱厚熜还没来得及继承其父的王爵，便被群臣"提溜"到了京师继承皇位。当时他只有十五岁，而且还没来得及适应从藩王到帝王的这种身份变化，便被群臣"请求"着下诏书，处理先帝的事宜，处理前朝弊政，为受冤枉的大臣洗去冤屈。

等这些事情告一段落，这位懵了一路的新帝终于反应过来了。在唯唯诺诺了一阵后，他开始觉得自己的皇室旁支身份被人看不起了，由于不是明武宗朱厚照钦定的继承人，他又觉得有些自卑，生怕朝臣因为自己的出身"不正"而轻慢了自己。在群臣拟定的诏书中有这么一句话狠狠扎了这个少年皇帝的心："皇兄大行皇帝之遗诏……入奉宗祧。"这句话指明他是以皇太子的身份继位的。

此后，为了尊崇自己的身份，除了迎接生母入宫外，朱厚熜开始了一场影响国家和社会风俗的"争名分"活动。

大礼议之争

所谓"大礼议"指的是皇帝应该祭祀谁，向谁行跪拜大礼的皇统问题，其核心问题说白了就是明世宗朱厚熜名义上的父亲到底应该是谁。

由于朱厚熜是旁支藩王入的皇室，继承宗祧，他总觉得群臣看不起他的出身，都在轻视他。而为了树立自己的威望，提高自信，他选择了尊崇父亲地位的方法。首先是令礼部官员以最高规格祭祀其父兴献王，其次便提出了自己应继承的是谁的宗祧的问题。

第二个问题实际上他自己已经有了答案，但是他却把问题抛给了群臣，让他们回答。群臣根据内阁首辅杨廷和的意见以明孝宗为皇考，兴献王及王妃为皇叔父母，在祭祀时只能自称侄子。这下可让朱厚熜炸了毛，当个皇帝连自己亲生父母都不能认了，这帮大臣转头就给自己换了父母。情理上过不去，但在宗法那里，他的情理又通不过群臣的支持，杨廷和也不同意更改自己的意见，这个争执一时陷入了僵局。

打开这个局面的新一轮争执起源于张璁上的一份奏疏，张璁此人是个投机分子，善于钻营。看到了新帝的为难，他便立即上了一道可以解决这个宗法的理论依据：他抬出了《孟子》中的说法，说孝子最重要的就是"尊亲"，肯定了朱厚熜追封圣考的做法。又认为朱厚熜继宗和继统应该是继承明宪宗的，而非是明孝宗的，且强行令有父母之人更改礼拜的父母是有违孝道的。他提出的解决方案是将嘉靖帝的生父宗庙移至京师，这样就可以让嘉靖帝得以祭拜生父，又完美避开了要尊明孝宗为父的"必经之路"。

最后依照这个"理论"，朱厚熜甚至提出尊其父为兴献皇帝、母为兴献皇后、祖母为康寿皇太后这个意见，自然是遭到了首辅杨廷和等人的驳斥。他们坚持原则，表示不会遵从这个说法，并对张璁奏疏和小皇帝本人的意见指责了一番。小皇帝也很是任性，对此后非如自己愿望的奏疏一概不听了事。

动不了皇帝可以动上疏的大臣,就这样主张尊生父的张璁、桂萼被贬到了南京,这场争执到此告一段落。

嘉靖三年(1524),这两位不甘心的臣子再次上疏提出这件事,言嘉靖帝应尊兴献帝为皇考,改称明孝宗为皇伯。此时,杨廷和已疲于争执这件事,便上书提出致仕。而嘉靖帝也厌倦了这位首辅的叨叨,批准了这个"退休申请"。这时,礼部尚书集合吏部尚书等人来了一次集体谏言,提出反对尊称兴献王为皇考。这时逐渐掌握实权的嘉靖帝干脆将这群上疏的大臣处以斥责、罚俸的责罚,严重者甚至被罢黜。

然而这群大臣似乎并不甘心,来了一场集体哭谏,朱厚熜在文华殿都听到了这群人的哭声。但是这种僵持似乎并没有取得皇帝的同情,更别说回心转意了。最后实在不耐烦的朱厚熜将这群哭谏的大臣全部下诏狱,四品以上停俸,五品以下当庭杖责。有许多身体虚弱的官员当场被杖毙,场面甚是可怕,从此不再有人对朱厚熜的决定提出异议。

嘉靖中兴

朱厚熜在继位初年为了稳定自己的地位,除了兴"大礼议"外,还做出了许多革除弊政的政治改革。这些改革都深切肌理,影响到以后大明的政局走向。

正德年间由于朱厚照宠信宦官,造成内阁权力中空的情况,一度有"纸糊三阁老,泥塑六尚书"的说法。朱厚熜首先做的就是扩大内阁处理事务的权力,杨廷和作为首辅更是权力甚大,一度开启了首辅专权的时代。也就是后世所说的"没有丞相之名,却有丞相之实"的内阁首辅。首辅权力的扩大,为后世由首辅主持的一系列改革铺垫了基础。

其次便是整顿监察制度。以往负责监察百官的都察院往往依附于有权势的官员,所谓监察名存实亡。朱厚熜继位后便裁汰都察院官吏,对都察院大加整顿,要求他们提高工作效率,加强对百官不法行为的纠察,同时还增加了自我纠察和互相审查的制度,令这些言官之间相互纠察。

最后为了革除正德时期遗留的宦官问题,朱厚熜命一律撤回各处镇守的太监,逐步革除这些动不动对军政大事横加干涉的镇守中官。截止到嘉靖四十年(1561),除了黄花镇一地保留外,所有镇守中官基本被革除完毕。除了革除宦官专政的弊政,嘉靖时还大规模裁撤冗官,并逐步革除外戚世封,裁减对宗室的禄米供给。同时允许这些宗室自行谋生,可以经商也可以参加科举入仕。

经过这一系列的整顿,嘉靖革除了正德朝的弊政,宦官势力得到抑制,愈发严重的外戚和宗亲问题也在这个时期得到了逐步的解决,节省了一笔开支,百姓也不用再交两份赋税。

从上到下基本一片清明,社会回归稳定,史书称为"嘉靖中兴"。

沉迷修道不能自拔

帝位逐渐稳定的嘉靖帝朱厚熜开始不再注意政治上的革新运动,对于群臣提出的政改意见也不再耐心听取,更不要说后续的还未施行的经济运动,一心沉迷修道,对方士们说的话很是信服。有传闻说有个叫崔文的太监,因自己信奉道教便拉着皇帝参与各种道教活动，引导他信奉道教，并言修道可长生不老。从此，皇帝便一发不可收拾，甚至到了连续数十年不上朝的地步。

其实际行动表现如下：平日在宫中建醮，跪拜祈祷，夜以继日，甚是虔诚。并且还诏命道士进宫教太监修习道术，除了赏赐道士的，还有赏赐这些修道太监的。

以往京师连月不下雨时，稍有仁德的皇帝便认为是自己的问题，轻则下罪己诏，有的为表诚心还会亲自去社稷坛或者农坛祈雨。而朱厚熜偏偏不走寻常路，他听说邵元节作法灵验，便将此人请入宫中，要他作法求雨。没想到过几天，京师果然下雨。这让朱厚熜更加信服道教了，他便大封这个道士，并花费大量银子为其修建道院。

修道的同时，明世宗还大肆打击佛教，借着"天灾"的由头拆毁众多寺院，强令和尚还俗，甚至还把宫内收藏的历代佛教造像以及"舍利"一类的尽数焚毁。在邵元节死后，他也没有停止自己的修道活动、从"长生不老"的迷梦中醒来，反而又招了另一位方士入宫。

为了所谓长生不老术，朱厚熜每年在修斋醮、建道场上面的花费就有二三百万两银子。这种巨额开支导致宗庙或者宫殿需要修缮时，工部根本拿不出银子，还需要臣民"捐助"，捐助不够的情况下还要向百姓勒索，搞得民怨载道，史书有言："视武宗过之。"

来自宫女的愤怒：壬寅宫变

历朝历代皇宫中的宫女肩负着服侍皇帝、服侍妃嫔的任务。明嘉靖年间的宫女尤其多，她们除了上述任务，还有一项任务就是"服侍"皇帝修长生不老术。

原来明世宗为了修习长生不老术，听信一群方士所言，认为每日"吸风饮露"方可成仙。于是，他就命人在后花园种植了许多芭蕉树，每天早晨命宫女们采集树叶上的露水。长此以往，累病了许多宫女不说，朱厚熜还以露水过少或者采集不及时而打骂她们，使得宫女们苦不堪言。

除了每天早晨喝露水，明世宗还命宫中豢养的方士为他炼制"长生不老"的丹药。其中需要一味药，名"天葵"，指的是少女初潮的经血。如果说每天去采露水的宫女付出的是劳累，那这些被养来提供"天葵"的宫女要付出的可能就是"血泪"了。因为要保持"洁净"，这些宫女被要求在经期不得进食，只能喝露水、吃桑叶。同时为了能大量采集"天葵"，方士会给她们吃一种紊乱她们经期的药，这个药还会导致这些少女血量过大，随时都有生命危险。

长此以往，一些不堪忍受的宫女觉得自己反正都要死，不如拉着狗皇帝一起死。于是经过一番策划和准备，嘉靖二十一年（1542），以杨金英为首的十几个宫女便趁着朱厚熜熟睡之际，把绳子套在了他的脖子上。有几个宫女还将黄绫抹布蒙在朱厚熜的脸上，剩下的宫女负责按住皇帝的手、胳膊、身体和腿，防止他挣扎。待朱厚熜不挣扎了，这些宫女以为他已经死了，便开始害怕起来。此时，一个胆小的宫女去报告了方皇后。

方皇后先是唤来御医抢救嘉靖帝，但面对昏死过去的皇帝，许多御医都不敢下手，生怕一个闪失被连带处死。只有许绅冒死调出药剂，给皇帝灌了下去，几个时辰后，嘉靖帝虽吐血不止，但好歹捡回了一条命。余下的日子自然是静心修养，无暇顾及惩治凶手。

于是方皇后问过事情真相后，下令把参与的宫女全部凌迟处死，为首的几个除了凌迟外，还被诛族，甚至连当日服侍皇帝的端妃曹氏和王宁嫔也被处死。这场宫变就这样草草发生，又草草以悲剧收场了。

北部告急：突如其来的庚戌之变

鞑靼各部族早年一直依靠向大明上贡求赏赐来改善艰苦的生活条件，发展经济。而在正德、嘉靖年间兴起的土默特部首领提出恢复边境互市，到大同通贡的请求都被大明朝廷严词拒绝。

这些部族首领自然是不甘心，在未经允许的情况下大肆带兵南下。导致明廷北方边境告急，这才开始在边境增强军事部署，紧急调拨边军和内地军卫进入京畿附近。尽管对蒙古部族如此防御，也没能抵挡住他们南下的势头。鞑靼部首领俺答汗于嘉靖二十九年（1550）突破宣大的防线，突然深入京畿，兵临北京城下，京城再次面临危机。由于这一年是庚戌年，故又称"庚戌之变"。

按说鞑靼部也不是一次两次南下，边境守军还能抵抗一二，不至于使其威胁到京畿地区。但问题就在于宣大总兵仇鸾根本没有意识到这次南下的严重性，他认为鞑靼部这次仍然是为了劫掠财富而来，并且劫掠够了自然就会离开。为了保住大同、宣府，仇鸾重金贿赂俺答汗请他攻打别处。这才有了鞑靼部纵深至京城的变故。

"土木堡之变"后，明朝已经近百年无兵事，京营士兵虽多，也只是字面上的数字，实际只有四万余人，大多是老弱病残。为抵抗鞑靼部族，明廷不得不急召京畿地区的应试武生守城。不日，援军即从四面八方为勤王而来，人数虽多，但多没有装备，且训练不足，根本不敢迎战。

这种情况下，严嵩命诸将领坚守大营不要应战，任凭俺答汗在京畿地区劫掠、屠戮百姓达八日之久，连京郊诸位先帝的陵寝、建筑都惨遭毁坏。随后俺答汗要求通贡，方可退兵。无奈之下，明廷答应了此项要求，才换取皇城的平安。但此时的俺答汗已经抢了数十万的贡赋，给京郊地区造成了极大的损失。

事后，明世宗追究责任，兵部尚书丁汝夔成了替罪羔羊，被族诛。但亡羊补牢，为时不晚，朱厚熜开始了对军事制度方面的重大改革。革除了京营制度，开始推行募兵制，同时调外卫士兵拱卫京城。而十二团营也改为三大营制度，同时修建北京外城，设置蓟辽总督。从此，明朝的防御中心由宣府、大同改为了蓟镇。

汪直：向往自由贸易的"海盗"

这个汪直却不是成化年间的那个汪直，这个汪直是一个从事海上贸易的商人。须知嘉靖朝的海禁是最为严苛的，沿海寻常百姓连三桅的大船都不能下海，甚至出海捕鱼都成了问题，那这个汪直又如何能够在如此环境下从事海上贸易呢？

汪直是徽州歙县人，同大多数徽商一样，汪直的起家也是靠商贸。早年和同乡徐惟学往来于广东海面上，与日本、暹罗等地商人进行贸易，他贸易的可不是一般的货物，都是些火药、丝绵制品等当时朝廷禁止贸易的违禁品。当时日本正值内战，各方势力都需要增加武力，与汪直贸易能收获大量新式武器。所以那些日本领主都开价颇高，汪直本人及他的商贸团队也颇受这些日本领主的欢迎。

有了资本的汪直开始不满足于只在这一小片地方贸易，也想扩大自己的贸易范围。于是他找上了当时在东亚范围内最大的走私港口——双屿港的话事人，加入了同乡许栋的商队。

就在汪直加入后不久，明廷开始了打击走私贸易和海盗的行动。双屿港的两位话事人，一位被剿灭，一位则逃至广东不敢出来。在这种情况下，汪直接管了残余集团旧部，并以金塘岛为据点，自立为船主，收拢剩余海盗、海商，组成新的海上贸易集团。

嘉靖三十年（1551），汪直觉得自己这样走私下去也会被官军当海盗剿灭，于是开始配合官军主动打击海盗，并趁机吞并其势力。第二年，借着这个协助关系，汪直与浙江等地的官员有了交往，并且在官府的默许下，汪直的商队呼吸了一阵自由贸易的空气，再也不用藏着掖着了。

好景不长，汪直的海上贸易团队引起了部分官员的不满，其手下的野心也越来越大，他也无力约束，更无法消灭那些海盗。在这种情况下，明廷认为汪直是这些进犯沿海行为的直接策划者，便直接把汪直的海上商队给一锅端了。就这样，汪直离开了明廷的海域范围，自称"徽王"。

明廷也就把他当作一个海上的隐患，不断派兵攻打的同时，还挟持了他在陆地的妻儿老母。浙江总督胡宗宪则一直认为此人可招降可重用，不断派人动之以情晓之以理，希望他能投降。不仅释放其家人，还许诺其通商条款。汪直受到感动，亲自至舟山群岛附近向胡宗宪投降。

但在此期间，汪直的许多旧部依然在不断地侵犯沿海地区，而待汪直上岸后，明廷也没有兑现其通商开关的诺言，反而将汪直处斩于杭州街头。

在倭患问题上，汪直可以说是看得很透彻。他曾经向明廷建议开放沿海港口，并设立关税。恢复与日本的朝贡贸易关系，那么沿海倭患就可解除。但当时死守海禁的明世宗并未理解，在汪直死后，果如他所言："死吾一人，恐苦两浙百姓。"海上群龙无首，倭患变得更加严重。

戚继光：抗倭战场的中流砥柱

　　戚继光出身于武将世家，其祖上曾经是朱元璋身边的亲兵，因打仗勇猛，被授予世袭明威将军，后戚继光承袭祖上职位，任登州卫指挥佥事。当时山东沿海也是深受倭寇侵扰的"重灾区"，看到很多百姓家被劫掠，戚继光便立志要杀光倭寇。

　　嘉靖三十二年（1553），戚继光被张居正推荐，管理山东沿海二十五个卫所，建立起山东抵御倭寇的防线。后被调往浙江，任参将，开始正式参与到对抗倭寇的最前线。

　　调任浙江后，戚继光发现浙江守军作战能力一般，根本无力抵抗进犯的倭寇。于是便按照平时训练山东卫所士兵的方式，招募当地人建立了一支精锐部队，号称"戚家军"。并按照当地的形势，给这支戚家军配备火器、战舰等先进武器。

　　后戚继光率领这支部队防守桃渚，抵御来犯的倭寇。并在龙山大破倭寇，并趁倭寇逃遁的间隙，袭击倭寇的据点台州。戚继光还手刃倭寇首领，并将余党及后续来犯的倭寇全部歼灭于台州。此一战役打出了戚家军的威风，从此"戚家军"名震天下。

　　台州大捷后的第二年，倭寇又从福建大举进犯沿海地区，并联合广东、南澳地区的倭寇，声势浩大。当地卫所的官军无力抵抗，于是当时的总督胡宗宪便调戚继光至福建，大破横屿倭寇，并乘胜追击，一路杀到福清，一举歼灭倭寇在沿海地区的大本营。正当歼灭福建地区倭寇的戚继光准备班师回浙江时，遇到在南澳登陆的小股倭寇，随即派兵攻击，斩首倭寇数百人。

　　嘉靖末年，倭寇余孽再度来犯，在福建的总兵俞大猷表示需要有大军跟自己来合围，方能歼灭这股倭寇。于是戚继光受命再度与俞大猷合作，戚继光到达福建后，福建都指挥谭纶立即展开对倭寇总攻的部署。

如此一来，谭纶、俞大猷、戚继光各率一路明军对倭寇形成合围之势，歼灭数千倭寇，其余倭寇逃窜，他们又追击，将剩余倭寇围困于巢中，并借风火攻，端掉了巢中倭寇，收复兴化城。

次年，戚继光又率军攻打倭寇于仙游、福宁等地，斩首无数，并与俞大猷联合清理了福建境内的倭寇。至此，福建、广东一带倭寇基本上被歼灭，沿海地区得到平静。

抗倭后续：戚继光北上练兵与防御

大多数人对戚继光的印象仅停留在他在海边练成一支所向披靡的"戚家军"，并率领这支军队横扫倭寇的程度。实际上，在南方倭患平定后，戚继光就被任命为神机营副将，训练蓟门的士兵，彼时是隆庆元年（1567）。刚好谭纶招募了辽东、蓟州一带的士兵大约有三万人，这些士兵与戚继光带来的浙江三千士兵一起接受戚继光的训练。

次年，因练兵有功，隆庆帝朱载垕升任戚继光为总理，负责训练蓟州、昌平等地士兵，总兵以下官员皆听其号令。这引起了蓟州总兵郭琥的不满，上疏称其无法统一号令。于是明廷将郭琥调走，任命戚继光为总兵，负责镇守蓟州、昌平一带。当时的练兵环境并不太平，北方鞑靼部经常来侵犯青山口，戚继光便时常要率军迎战，也多次将其击退至关外。

等到万历帝登基后，北方有部族小王子与董忽力合谋，在喜峰口一带抢掠，只因向明廷索求赏赐被拒。戚继光率兵抵御，平定了他们在该区的叛乱。后，董忽力联合其侄董长昂多次进犯北方边关，皆被戚继光平定。直到万历二年（1574），戚继光率领军队活捉了董长昂的叔父，董长昂便率领族人前来投降，请求释放其叔父，并表示自此不再进犯蓟门。戚继光接受了他们的投降，并要求董长昂释放被劫走的北方边民，方释放其叔父。他也因守御有功，被明廷升任为左都督。

万历十年（1582），张居正病死，而作为被张居正重用的戚继光也随之被调离北方边关。及至后来，被朝臣弹劾遭罢官，回乡后不久便病死了。一代名将还是卷入了朝臣的纷争中，进退皆不由己，甚是悲哀。

老来弄权的严嵩："青词"误国

嘉靖帝朱厚熜是个对道教十足信奉的皇帝，不仅迷恋于修长生不老术，还热衷于作青词，日日向上苍祝祷。所谓青词，即是在道教的斋醮活动中，道士们要将祝词用红色颜料写在青藤纸上，一般要求为辞藻华丽的骈文。

当时已为内阁首辅的严嵩自然是极力迎合嘉靖帝的这种喜好，花费工部大量银子为皇帝建造斋醮宫在他看来都是小事，更重要的是他还发挥自己的文采努力撰写青词，世宗很是欢喜，对他宠爱更盛了。当时，有不满于这种现状的大臣嘲讽他是"青词首辅"。

要说严嵩的发迹，那真的不是一朝登科就平步青云的。他是弘治十八年（1505）的进士，并以名列前茅的成绩准入翰林院。还没等他熟悉完新朝环境，祖父去世了，这一年是正德三年（1508），明朝有着严格的守孝规定，按照这些规定，严嵩需要回家守孝三年。就在他守孝第二年，母亲又去世了，只能接着守丧。或许是伤心过度，他自己也病倒了，只能退官回原籍。

而这段时间,刘瑾把持朝政,内阁外官权力皆被架空。

虽然刘瑾被灭后,严嵩回到了政坛上,但他却是一直在南京闲住。直到嘉靖帝朱厚熜继位,朝臣开始新一轮的"洗牌",他才有机会到京师来。当时正值"京察",严嵩赴京城接受考察。他的才华吸引了世宗,于是被留下,到礼部就职,任礼部尚书兼翰林院学士。

这时受宠的大臣正是张璁和夏言,尤其是夏言,因为赞同嘉靖帝搞"天地分祀",隆恩日盛。严嵩借着都是江西人的同乡情谊,很快就巴结上了这位小同乡。夏言对这位日常低眉顺眼的老同乡也甚感亲切,对严嵩很是提拔。在嘉靖帝面前也多有提点,严嵩也很快入了皇帝法眼。

夏言因与嘉靖帝政见不合,很快被嘉靖帝所弃,加上有这么一个时时对自己恭敬且又"信道"的人在,夏言很快就只能致仕了。在夏言死后,严嵩成为内阁首辅,小心侍奉嘉靖帝,并迎合他的喜好,在嘉靖帝面前保持着谦虚谨慎的态度,颇得嘉靖帝喜爱。其后嘉靖帝沉迷修道,无心处理朝政,严嵩成了大权独揽、说一不二的首辅。而能见上皇帝一面的,除了道士和他的近身侍卫,也就只有严嵩一人了。至此,严嵩一路平步青云。依靠自己的谄媚和青词博得皇帝的宠信长达二十年之久。

要知道严嵩此时已经是六十多岁的老人了,再小心谨慎也扛不住身体不行,于是他提携了自己的儿子严世蕃入阁。相比于严嵩,严世蕃则狂妄很多,他收买了皇帝左右的近侍来汇报皇帝的日常,甚至还说出朝廷都"富不过我家"的话。如果说当时大臣尊称严嵩为"阁老"是因为他是首辅,那对严世蕃"小阁老"的称呼真的是看在严嵩的权势威胁了,足见严家父子在朝野中的"地位"。

当然,让人畏惧着尊敬也不是件好事。更何况严嵩跟严世蕃居阁期间也没做出什么特别让人佩服的政绩,"庚戌之变"时严嵩的畏首畏尾,对军队和局势的判断不仅朝臣一片骂声,遭殃的百姓更是怨声载道。于是嘉靖四十一年(1562),后来居上的徐阶同样利用皇帝迷信道士扶乩,用"一句话"

扳倒了严嵩。严世蕃被判斩首，严嵩则被削去官职，家产尽数没官，回乡也没有家产。据说死的时候是在墓舍中，凄凉到没有棺木下葬的地步，更凄凉的是无人吊唁。

徐阶：严嵩专政的"终结者"

纵观嘉靖朝，皇帝打着"无为而治"旗号不上朝，而几乎大小事都由严嵩说了算的时期居多。当时，不阿附严嵩的官员几乎都被整到了边疆，再无回朝可能，要么就是被贬官回乡。所以，在朝官员争相拍严嵩的马屁。在这些溜须拍马的大军中，有一抹不一样的色彩，他叫徐阶。

徐阶是嘉靖二年（1523）的进士，史书说他颇为聪明谨慎，有一定的思想谋略，别人同他谈话的内容他从不轻易泄露出去，是个值得交往的朋友。且当时还与王守仁的学生往来甚密，在这群士绅中风评颇好。

他早年也是个"愤青"，逮谁怼谁的那种。据说最初在翰林院任编修时，有内阁大学士张孚敬上疏进言要求去掉孔子的王号，并降低孔子祭祀的标准。明世宗便交由群臣讨论，当时张孚敬大权独揽，同朝大臣皆畏惧而不敢提意见。唯有徐阶直言反对，惹得张孚敬一顿训斥，徐阶找到理由怼了回去。最后词穷的张孚敬怒道："你这是要背叛我。"徐阶则回敬他道："我并没有依附于你，何谈背叛？"嘉靖帝有没有采纳这个建议不知道，确定的是徐阶因此被贬到延平府当推官去了。

结果徐阶在任上政绩颇为出色，很快升迁到黄州府任同知，后来又升迁为江西按察副使。等他再次入阁时，大权在握的已经是严嵩了。起初，徐阶仍不改"愤青"本性，当着嘉靖帝的面便骂严嵩。但后来慢慢发现，明世宗很是倚重严嵩，信任到连他的儿子在朝中为非作歹都不太管的那种。

于是他便也成了给严嵩"舔鞋底"的一员，不再当众驳斥严嵩了。为了让严嵩相信自己，他还把自己的孙女嫁给严嵩的孙子，结为姻亲。但他做的这一切都不是为了迎合严嵩，而是为了迎合嘉靖帝。而且，同严嵩一样，他也写得一手好青词，这就是他与严嵩竞争的"筹码"。

除此之外，徐阶还擅长揣摩嘉靖帝的心理。某次嘉靖帝朱厚熜居住的永寿宫发生火灾，他暂时住在玉熙殿，但他嫌宫殿太小，想营造新的宫殿，又不方便自己说。便询问严嵩，严嵩建议他搬回内宫，这使得修仙的皇帝很不开心。徐阶这时提议，用大火过后剩余的材料加上一些新的材料营建新宫殿。明世宗对此颇为满意，于是命他主持新宫殿的修建，并加封他为少师，此后严嵩也渐渐被冷落了。

至嘉靖四十一年（1562），随着严嵩父子的不断失势，徐阶在阁中的地位也逐渐稳固。在他的暗示下，开始有官员上疏告发严嵩父子，引起嘉靖帝的反感，他下诏令革除了严嵩父子的官职，并逮捕了严世蕃。这时，徐阶取代严嵩成了内阁首辅。为打消嘉靖帝重新启用严嵩父子的念头，徐阶找来了山东有名的道士蓝道行，推荐给嘉靖帝。于是，在某日这方士扶乩的时候，说"今日有奸臣奏事"，刚好严嵩此时上奏。加上多方暗示，嘉靖帝最终决定杀掉严世蕃，并抄没严家财产，令严嵩革职还乡。

除了设计扳倒严嵩父子，徐阶还特别爱惜人才，后世有名的高拱、张居正等人都是在他的举荐下入阁的，这些人为后世明朝的改革贡献了不少的力量。

海瑞：大明官场不一样的色彩

嘉靖朝中后期，朝政已经不复最初那种河清海晏，处处都透露着腐朽的气息。早年鼎力革新的嘉靖帝早已在后宫修炼道术，多年不问朝政了。现下的朝政都是严阁老说了算，而这位严阁老也只有一味逢迎皇帝修道写青词的本事。除了排挤忠臣就是排除异己，对民间疾苦压根没有看过一眼。

于是，嘉靖四十五年（1566），一封来自户部的奏疏狠狠敲了一记嘉靖帝的脑袋。这封奏疏不仅直陈明王朝当时的弊政，更直书朱厚熜的个人品行问题，如：听信道士谗言，冷落自己的亲子，迷信修长生不老导致朝政懈怠，百姓积怨积苦，都是因为朱厚熜一个人，如果皇帝能振奋图强，大明也不至于沦落到这种地步。

放眼当时的朝廷，能这样上疏直言的，竟然是一个户部主事的小官，这个小官就是海瑞。

海瑞一生没有做过什么大官，自身也是相当清廉奉公。从淳安知县一路做到州金都御史，都只是地方官吏而已。尽管没什么大的权力，海瑞依然尽职尽责，在地方推行朝廷下派的革新政策，推行清丈土地、均平赋税等。并且平反了许多冤假错案，打击地方贪官污吏，在中央开始推行"一条鞭法"时，海瑞更是实施的得力干将，还强令那些占有民田的官吏还田于民。这些举措都让海瑞在地方甚得民心，百姓甚至称他为"海青天"。

其实这样一个"海青天"，年幼时身世坎坷，且只是中了举人而已。海瑞出生在遥远的海南，其父是海家五个兄弟中最没有作为的一个，只是一个廪生。明朝的廪生只是享受补助的学生而已，并无任何做官资格。而在海瑞四岁的时候，父亲去世，海瑞母子仅仅依靠祖上的一点田产度日，甚是艰难。

由于从小没有父亲，海瑞的母亲怕儿子长歪，就对他管教严苛。别的小朋友都在玩的时候，海瑞已经开始习读四书五经了。但自从嘉靖二十八年

（1549）考中举人以后，海瑞再也没有中过进士了。在地方做了十几年教员后，海瑞才做到知县。

众所周知，海瑞不仅清理贪官污吏，自身也是相当节俭。连当时的浙江总督胡宗宪都知道，他平素只吃粗粮，家里的菜都是自己种的。到了自己老母亲寿诞，才舍得买上二斤肉给母亲祝寿。

在地方上清廉惯了的海瑞自然是看不惯为了修道而铺张浪费的嘉靖帝朱厚熜，于是才有了嘉靖四十五年（1566）的那道名叫《治安策》的奏疏。海瑞本人也因为这条奏疏差点丢命，虽然他本人是不在乎的，铁了头要上疏。所幸嘉靖帝身边的太监劝谏，海瑞才保住性命，但还是入了大牢。

嘉靖帝驾崩后，海瑞重新得到任用。但由于其耿直的性格，多与官员不合，很快失去了皇帝的重用。但这不妨碍百姓拥戴他，据说他去世后，排队送别他灵柩的百姓站满了两岸，哭声不绝。

稀里糊涂"丢掉"的澳门

澳门在明朝时期被称为"濠镜"或者"香山澳"，最早只是一个临海的小渔村。当时葡萄牙人开始海上贸易，发现了大明这块巨大的市场还未被开发，于是便伺机而动，借着这个临海的小渔村登陆了，并接触到了当时明朝的一些官员。

但是当时外国使团来朝贡贸易需要有所谓的官方凭证，即戡合。这群葡萄牙人却拿不出他们所冒充的满剌加朝贡使节的凭证，广州的官员问他们要能证明他们身份的国书，这些人也没有。于是官员招待过他们之后便想驱逐他们出境，但这群葡萄牙人只想贸易精美的中国瓷器和茶叶回国。故先后仗着自己的火器和大船妄图强行入侵沿海地区，结果被驱逐倭寇的明朝军队打败，这是葡萄牙人觊觎中国的发端。

嘉靖三十二年（1553），一队葡萄牙人在澳门停靠，照旧以外国贡使做幌子，说自己的贡品由于海浪过大被打湿了，希望能借此地晾晒一下，晾完就走。当地官员得到贿赂，便允许这些葡萄牙人上岸。但是他们上岸后便开始搭建帐篷，随后慢慢将帐篷改为砖木结构，开始长期居住。

这期间，他们为了能"合法"贸易，甚至出卖了自己的海盗同伙，使得当地明朝官员认为这些葡萄牙人是能帮助自己打击海盗倭寇的，便也不再计较他们擅自留居在澳门的事情了。

嘉靖时期，这些葡萄牙人还想以"普丽都家"这个名字向明廷申请到朝贡贸易，但由于当时的明廷从未听说过这个国家，而葡萄牙人又没有敕合作为凭证，官方贸易告吹。从此葡萄牙人便窃据了澳门，作为自己进行海上贸易的据点。

万历年间，作为"海上马车夫"的荷兰崛起，对着澳门就是一通狂轰滥炸，并与居住在这里的葡萄牙人打了一仗。此战过后，葡萄牙人又以防御荷兰人为理由，在澳门建起炮台和墙垣，与澳门本地人隔绝开来。好似一独立于大明以外的"国家"。此后，澳门便成了游离于中国的"化外之地"，就这么莫名其妙的给"遗忘"了，直至19世纪中后期，澳门彻底落入葡萄牙人的手中。

"一条鞭法"的提出

明朝嘉靖年间，由于皇帝崇信道教，大肆建立斋醮，加上连年对倭寇作战和抵御北方鞑靼部，明廷的国库收入已经相当窘迫了。为了改善这种情况，嘉靖九年（1530），吏部尚书桂萼便提出了一系列针对经济改革的措施，其中就包括"量地计丁"和"一体出银"的方案。即将地方各种杂税、田赋、徭役等合并成一条税，按照丈量的土地大小折算银两，进行征收。被叫作"一条鞭法"则是始于御史傅汉臣。

除了为解决明廷的经济危机，"一条鞭法"必须执行的客观原因是，当时明朝的土地私有化严重，土地不再只是属于农民的物品，而是一种可以出租的商品。一些地主便利用这个空子，大量侵吞农民土地，并逃避赋役，使得明廷可以征收的赋税大量缩水，这也是财政拮据的原因之一。

可以执行的客观条件是，当时明朝的商品经济已经十分发达，土地对农民的人身束缚相当薄弱了，农民不仅可以从商，还可以从事手工业。这就大大促进了明朝商品手工业的发展，而商品经济的发展又带动了白银的流通，使得当时白银成为交易的硬通货。如此一来，折算粮、布赋役有了很直观的替代品，而不存在通货膨胀或者收缩的问题。

这种简便的折算成一条"鞭银"的赋税改革简化了当时繁琐的赋税政策，还可以杜绝一些官员从中加增其他杂税以中饱私囊的问题。但是由于涉及很多官吏的个人利益，在全国推行的阻力较大。嘉靖时期，这条"鞭法"只是在经济较为发达的江南地区和一些较为开明的地方官管辖的地区推行而已。

一代药圣李时珍

李时珍出生于湖北蕲春县的一个医生世家，祖父是专攻草药的医生，其父更是做过太医院的吏目。有这样的环境熏陶，李时珍从小就对医学感兴趣，尤其是在钻研草药方面。但从医已久的父亲深知行医的难处——不仅难以糊口，且社会地位也较低。他希望李时珍能经科举入仕，改变李家的困境。

李时珍虽乖乖听话，十四岁的时候跟随父亲去黄州府，初试便考中秀才，随后又去武昌应试，但他的内心是不向往科举入仕的。在考了三次都没上榜后，他便跟父亲言明，自己实在无入仕的志向，便专心研究医学了。到了嘉靖三十年（1551），富顺王朱厚焜的儿子久病不治，李时珍闻讯怀着治病救人之心，前去为其诊治。经过一番诊断用药，便治好了这个疑难病症，李时珍因此而闻名于楚地，后被楚王朱英裣看重，在王府中担任"奉祠正"一职，还负责打理良医所的事务。随后李时珍因医术高超被推荐至京城，在太医院内工作。

这一段时间内的工作，使李时珍可以大量阅读王府和皇家珍藏的医学类书籍。而皇家珍藏的草药种类也比较丰富，便于他实物和理论相对照，见到了许多民间难得一见的药草标本，丰富了他有关草药方面的知识储备。京城太医院虽好，李时珍却不习惯官场的钩心斗角，只待了一年便辞官回乡了。

但多年对药草的研究和医书的阅读使李时珍发现，当前刊行的有关古代的本草知识中有很多错误的解释，比如图文不对或者草药名和所治疗的疾病不符等问题。于是在嘉靖三十一年（1552），李时珍开始将编纂《本草纲目》的想法付诸行动。他在参考书籍的时候，深感头疼的问题是药名混杂导致的药物形状和疗效的混乱。而后人在参考时往往不实地考察，只是参考其他医书对其进行解释。如此一来，关于一个药草的形状的形容莫衷一是，往往有很多种说法。

阅览过当时本草书籍后的李时珍更加坚定了要实地考察的决心，自嘉靖四十四年（1565）起，李时珍便像神农氏一样，遍游湖广、江西以及南直隶等多地，亲自勘察对照，订正了许多本草书籍的错误。经过二十几年的编写与润色，李时珍终于在万历六年（1578）完成了《本草纲目》的初稿。这本书打破了我国古代一千多年简单地按照上、中、下三品把草药分类的方法，而是以纲目的方法系统地罗列出一味草药的所有知识，极大地丰富了本草学的内容，为中国药物学的发展做出了卓越的贡献。

被"诅咒"的皇位：明穆宗的艰难登基

嘉靖帝朱厚熜在"祸害"了大明四十五年以后，终于被丹药索了命。裕王朱载坖登基成为下一个大明王朝的守业者，这就是明穆宗。

说起明世宗的皇位继承人，可以说是被"诅咒的"。最初被立为太子的并不是裕王，而是朱载壡。朱载坖和弟弟朱载圳在这一年也同时受封为王，朱载坖为裕王，朱载圳为景王。

然而就在朱载壡被立为太子后的几个月时间，他就得病去世了。痛失长子的嘉靖帝听信了身边道士陶仲文的话，认为"二龙不可相见"。从此也不再提立太子的事，也不再待见这剩下的两兄弟。朝中一直不知下一任储君会是谁。于是便有了"拥裕派"和"拥景派"。

这两兄弟虽然一前一后，但是生母却是不同的。朱载坖的母亲是杜康妃，早年失宠，而景王的母亲却是宠爱正盛的卢靖妃，景王朱载圳也因此更受世宗宠爱。仗着这份宠爱，景王的野心也更旺盛一些，经常会跟左右谈话的时候表达想被立为太子的想法。相比之下，裕王这边可谓是无欲无求了。而且这位王爷平时待人也极为宽厚，朝中大臣对他颇为赞颂。

这样对比之下，裕王看似无论如何都不会被立为太子的。但巧的就是，朱载圳却先于嘉靖帝而去世了。如此以来，"拥景派"连竞争的筹码都没有了直接出局，嘉靖四十五年（1566），朱载坖总算登基，改元隆庆，开始了新朝的鼎力革新。

但这位沉默寡言的明穆宗却是位好色天子，据说长年服用春药，且纵欲过度，身体很快被掏空，在隆庆六年（1572）便病重卧床，很快便撒手人寰，终年只有三十六岁。

关于明穆宗的名讳，一直被人写作朱载垕。但据考证，这其实是晚明时，朱国桢在编写《皇明大政记》的时候误将"载坖"写成了"载垕"，而清朝在修明史时因参考了这本书，沿用了这一谬误，故后世一直认为明穆宗名朱载垕。实则，叫朱载垕的是衡府齐东安和王，明朝虽然避讳不严，但如果有皇帝和藩王的名字一样还是会被注意到的。

隆庆新政

新帝上任，一般都会做出一番有为之事，以彰显自己德才兼备，是一位明君。但这位新帝明穆宗却是一位"垂拱而治"的皇帝，所有政务都是由朝臣商量着来的。堂下吵吵得再凶，跟他也毫无关系，他只要负责在内阁的"票拟"上签名就行了，可以说这个皇帝当得太轻松了。幸而他新任命的阁臣都精明能干，且能识大体、顾大局。隆庆初年的改革还是取得了一系列成效的。

政治方面，他放手高拱进行吏治改革。首先就是严整官吏的考核制度，各级部门的官员都要将当月的情况进行汇总，待年终时统一考核。考核不过者，即严厉查办。而官员的升迁和提拔方面，除了重视进士出身的官员，还给非进士出身的官员以升迁考核的机会，提拔他们进各部任职。对于以往忽视的盐政、驿递问题，此时也开始重视起来，提高了相关吏员的待遇。并裁汰了地方上一部分年老体弱的官员，交由年轻人来担任。

军事方面，除了整顿边防官员的冗滥、消沉问题，还提拔一批精明强干的官员任职，加强对士兵的训练。这其中就包括从南方提拔上来的戚继光，他和俞大猷在北方的这段时间，北方边防得到大大的加固，军事战斗能力得到一定提升。

同时针对泛滥的黄河，在明穆宗的大胆任用下，由潘季驯主持对黄河的修浚工作。潘季驯针对黄河多泥沙的特点提出了"束水攻沙"的对策，在主张合流的情况下，还进行有计划的分流工作。这对明代及以后的黄河治理工作大有裨益，产生了深远的影响。

总之，新朝政治在明穆宗的统治下，有条不紊地进行，一度造就了一个承平的社会环境。但由于穆宗对于朝臣过于纵容，造成了阁臣权力过大，为后来的内阁党争埋下了伏笔。

隆庆开关

隆庆帝登基后所做的第一件革新之事便是驱逐宫中的道士、方士，停止一切斋醮活动。把嘉靖末年因言获罪的官员都释放出来，官复原职，有的甚至还升了官职，如海瑞，被释放出来后不久便拔擢为大理寺丞。

除了修正前朝弊政外，隆庆帝还积极听取朝臣意见。早在明世宗嘉靖年间，针对屡禁不止的"倭患"，就有官员指出这跟严格的海禁有关。一些官员就上疏开放海禁，谭纶便是其中之一。他请求允许福建沿海商民在近海与外国人通商，得到当时朝中很多大臣的赞同。但由于世宗不理朝政，又抱着祖宗规矩不放，所以并没有被通过。

等到隆庆帝继位，福建巡抚都御史继续上奏，请求开放沿海市舶司，允许民间出海贸易。隆庆帝当即批准，不仅开放了海禁，还准许民间百姓可至东、西二洋出海贸易，所谓东、西二洋指的是现在的东南亚一带海域，包括菲律宾诸国、南亚的交趾、暹罗等国家。这些地方也是海禁以前，明朝主要的朝贡贸易对象。后来又开放了福建漳州的月港，设立县所，还设一督饷馆，专门负责民间海外贸易的税务征收。当然，这时候合法贸易的地区和国家仍不包括日本。

月港的开放，标志着民间私人贸易终于被合法化。月港虽然小，但是足够这些海上商人前往东、西二洋进行贸易了，有些还涉险至日本进行贸易。从月港经过马尼拉再到阿卡普鲁科（在今天的墨西哥境内），这条航线成为当时最繁忙的一条商业航线。实际上，据相关史料记载，虽然官方准许的港口只有一个月港，但民间出海的港口不止月港。隆庆三年（1569），明廷批准了朝臣的奏请，开放澳门作为广州对外贸易的港口。此后，逐渐形成了从澳门至西洋以及欧洲诸国的商业贸易航线。

这时候的海外贸易不仅极大地缓解了明朝的经济危机，还推进了民间私人贸易的繁荣，拉近了中国与国际市场的联系，为日后"白银帝国"的发展奠定了一定的基础。

从俺答汗到顺义王：蒙古鞑靼问题的和平解决

嘉靖年间发生了庚戌之变，这使得明廷与鞑靼部的关系一直处于紧张僵持的状态。经过两次的鞑靼部兵临城下，明廷再不敢懈怠，到隆庆年间，不仅改变了军制，还将戚继光调至北方，任神机营副将，对蓟、辽边境新招募的士兵加以训练，同时加强京城团营训练，在北方形成一面坚厚的"城墙"，严阵以待。

而北方鞑靼部虽然有铁骑，但是北方草原经济薄弱，只能依靠与明朝进行朝贡贸易来缓解经济危机。庚戌之变后，虽然迫于压力，明廷答应开放朝贡市场进行贸易。但在后来要求扩大朝贡范围时，明廷严厉拒绝了，甚至一度关闭马市。这就使得北方的草原部族陷入了生存危机。而面对严阵以待的大明军队，俺答汗显然也没有信心再来一次远征北京城，但此时也没有很好的机会与明廷进行和谈解决。

然而，机会在隆庆初年来了，这次机会纯属偶然：把汉那吉投降大明了。说起这把汉那吉，他是俺答汗的嫡亲孙子，从小因为没了父亲，便在俺答汗夫妻身边长大，俺答汗对他疼爱有加。成年后，把汉那吉娶了两个老婆，一是比吉，二是三娘子。但俺答汗看上了三娘子，便据为己有。一向骄纵任性的把汉那吉便对祖父很有意见，他的亲信便怂恿他脱离祖父俺答汗，向明朝投降。于是把汉那吉就真的带着身边的亲信来到大同向明廷投降。

这时的大同巡抚是方逢时，得知此事后一边盛情款待来降的把汉那吉一行，一边报告宣大总督王崇古。这些官员久居边境，深知战争给边境百姓带来的痛苦和对国家重大的财政压力。于是王崇古他们对把汉那吉甚是欢迎，并在自己的权限内，先封他为一六品官员。

而爱孙心切的俺答汗生怕明廷一刀砍了把汉那吉，派使者一路尾随至大同。要求和谈，并请求明廷释放把汉那吉，同时也做好了带兵进犯，抢回孙子的准备。当使者将把汉那吉的情况通报了俺答汗时，他立即放弃了武力抢回孙子的决定，此时王崇古也提出了息兵和谈的意见。俺答汗对此事没有意见，但关于封贡一事双方产生了很大的分歧。

在高拱、张居正的努力下，明廷朝臣经过两轮投票，以同意封王并开放互市的票数居多，最终通过了王崇古提出的建议：对俺答汗既封王，又开放边疆互市。明穆宗对于这个结果也持支持态度。

最终，隆庆五年（1571），明廷正式敕封俺答汗为顺义王，其部将也按照在部落的职务受封为都督同知到千户、百户不等。同时还规定了朝贡的细节，如封贡的时间、额度以及道路问题，并在同年重新开放互市，互通有无。

没有童年的皇帝：万历帝临"危"受命

在朱翊钧登基之前，明朝最年幼登基的皇帝是明武宗朱厚照，他是十五岁做的皇帝。但是朱翊钧登基后，便刷新了这一记录——作为明穆宗最大的儿子，他十岁就开始做皇帝了。明穆宗撒手人寰的时候只有三十六岁，他的儿子们也年长不到哪里去。有的连字儿都认不全，即使继位也不能亲政。因此明穆宗在临终时，托孤于高拱、张居正等人，并命司礼监太监冯保向太子宣读遗诏，于是这个只有十岁的孩子担起了大明的万钧江山。

说起朱翊钧，可能稍微了解点历史的人都知道他三十几年不上朝的"政绩"。但很少有人知道他别样的童年。虽然贵为皇室胄裔，但朱翊钧出生后却没有被报告给嘉靖帝，不入宗族名册的他也就没有名字。这与迷信道教的嘉靖帝朱厚熜有很大关系：当时嘉靖帝听信方士的鬼话，不让人言说关于储君嗣君之事，谁敢提一个字就会被处死。平时对裕王、景王也很冷淡，更不要说日常问候了。所以谨小慎微的裕王不敢把这个孩子的出生报给皇帝，直到自己被立为太子，嘉靖帝驾崩，他才给这个孩子起名为"钧"。

朱翊钧虽然排行第三，但是他上面的两个哥哥均早夭。因此，从小就被寄予厚望，当作继承人来培养，年仅六岁就被立为太子。而朱翊钧的生母李氏对他要求也十分严格，除了日常督促他读书学习，但凡听说儿子有不认真学习的情况，便把他召到宫中罚跪，一跪就是很长时间。而到讲筵的时候，又会把负责讲经的官长召到宫中亲自讲给太子听。

隆庆六年（1572），朱载坖去世，朱翊钧正式登基，次年改元万历。即位后，因为年幼不能亲政，除了日常四书五经的学习，小皇帝还要学习一些处理政事和为皇帝的方法。教授他这些的，正是当朝内阁首辅张居正。

按照张居正的安排，朱翊钧要学习的有经筵、经传、史书等，这些都是太祖朱元璋时定下的储君需要学的内容。每天太阳刚出来的时候，小皇帝就要去文华殿，听那些殿阁大学士讲授经书，而后接着是讲席、史书等内容，到中午才能回宫休息。每个月除了三、六、九要上朝可以不讲读外，其余时间均要坚持到文华殿学习。

而朱翊钧毕竟还小，也有孩子爱玩的天性。有一次，他要一个内官唱歌，内官非常为难，只说自己不会唱，这惹得朱翊钧十分生气，他觉得这内官扫了兴，便拿起剑说要杀了他。最后在旁人的劝诫下，割发代首了事。这件事被太后李氏知道后，小皇帝被命长跪反省才作罢。

这就是小皇帝的别样童年，没有自由，更不能随心所欲地愉快玩耍。压抑的环境造就了他想要破除牢笼的叛逆性格，这也为他以后的懈怠朝政埋下了种子。

内阁制度：大明权力运行的中枢

内阁是明朝特有的一个处理政务的中枢机构，最初成立的时候，只作为皇帝的咨询服务机构。明太祖废除了丞相制度后，内阁的权力便逐渐加强，至成祖时期，决议权便分给了内阁，行政权归六部。

仁、宣二宗时期，杨士奇和杨荣以尚书身份加入内阁。以内阁为中心的政务处理形成了这样一个流程：奏章由通政司交由司礼监先由皇帝过目，再交到内阁草拟出一个意见由皇帝决定是否批准，最后交到六部执行。

到了嘉靖年间，内阁权力达到顶峰。就形式来看，阁臣的朝位班次被排在了六部尚书的前面。就实际的权力来看，内阁首辅除了票拟权力外，还有决策的权力。这时的内阁首辅虽无"宰相"之名，却有"宰相"之实了。再加上隆庆时，穆宗的"垂拱而治"，更是把内阁首辅的决策权大大加强了。而万历年间，经过张居正的一系列吏治改革，内阁已经成了实际的权力运行中枢。也正是借着内阁权力的扩大，张居正才能把握万历年间改革的大局，大刀阔斧地推行一系列政改措施。

随着内阁权力的增加，阁臣之间的纷争也愈演愈烈。最初还有皇帝决策可以弹压这帮党争的大臣，而到了万历年间，尤其是万历中后期，皇帝常年不理政事，甚至不上朝，内阁为了一事不惜相互倾轧，也无其他权力与其制衡，这一时期内阁党争成了此后党争的滥觞，也为明朝权力中心的腐坏与最终的灭亡埋下了一颗定时炸弹。到了明末，思宗虽有心削减阁臣权力，但国家被内忧外患所拖累，已然病入膏肓，此刻再下猛药也于事无补了。

万历年间的内阁纷争

前面说完了大明的内阁制度，这里说说万历初年的内阁纷争。内阁争执这种事本来是明初期内阁权力扩大的遗留问题，但是隆庆帝登基后，基本上没有行使过决策权，内阁票拟也多是看了就签。这就给了阁臣相当大的权力，嘉靖时期的积弊并没有得到彻底的改善，此后内阁纷争倾轧的情况更加严重了。

继位的万历帝朱翊钧那时只有十岁，并无亲政能力。因此，隆庆帝在临终时任命了三位大学士来辅政，他们是高拱、张居正和高仪。

高拱和张居正均是隆庆时期主政的股肱之臣，隆庆末年，高拱是内阁首辅，掌握着很大的权力。但他仗着才情和首辅的地位，恃才傲物，是一个相当自负的人。平时也没有什么能看得上的人，出言从来不三思，更不把自己的后辈张居正和太监冯保放在眼里。这冯保虽然是个太监，但他自小陪在朱翊钧身边，且知书达理，也有一定的才情，不仅受隆庆帝的重用，在隆庆末年受命成为顾命大臣之一，而且是小皇帝最依仗的内臣，朱翊钧亲切地叫他"大伴"。至于张居正，他表面上支持高拱，与冯保为敌，实际上却与冯保关系密切，也一心想取代高拱成为内阁首辅。

早在隆庆帝在位时，高拱与冯保便有嫌隙。当时司礼监掌印太监一职缺人，高拱先后推荐了陈洪、孟冲，就是不推荐隆庆帝看好的冯保，摆明了就是不想让冯保上位。但聪明的冯保还是凭借着隆庆帝的喜爱，最终得到了司礼监掌印太监的职位，并借助所谓遗诏，驱逐了陈洪和孟冲。

隆庆帝刚去世的时候，高拱有感而发，脱口而出一句"十岁太子如何治天下"。这句话后来被冯保歪曲，在小皇帝那里说，高拱说他不能治理天下。小皇帝便罢免了高拱的内阁首辅之职，改由张居正出任。这事儿一出，剩下的一个大学士高仪连惊带吓，不几日便呕血死了。于是内阁只剩张阁老一人独挑大梁。

万历初年，高拱与冯保的矛盾愈加明显。高拱授意都察院给事中先后弹劾冯保，但因小皇帝信任，这些弹劾似乎无甚效果。而冯保这边也没有闲着，他一直在找机会来搞大事情。果然，机会就来了。一天，有一个叫王大臣的男子冲撞了行走在上朝道路上的万历帝。被擒拿后，发现身上藏有刀、剑等凶器。押送到东厂后，冯保便让他说是高拱指使的。而事情发生后，因涉及皇帝，大部分朝臣都不敢替高拱申冤。只有都察院的一个御史和吏部尚书要求由三司会审此案，而不是由东厂来审结，于是"王大臣案件"得到重新审理，高拱的冤屈被洗刷。但高拱自此没了权势，只得回乡闲住。

至此，万历初年的阁臣纷争告一段落，但也成为此后阁臣党争的滥觞。

万历中兴的起点：张居正的政治改革

张居正，字叔大，号太岳。相对来说，当时他的号更出名，当时的人要么尊称他为张阁老，要么叫他张太岳。这都是因为他在万历年间鼎力进行的一场改革，历史上即以他的名字来命名这场改革为张居正改革。

说起张居正的发迹，是他中进士的几年以后。因其才学出众，被当时还是裕王的朱载垕看中，请他到裕王府当小王子们的老师。此后，张居正便得到了重用。朱载垕登基后，张居正也得以入阁，同当时的内阁首辅高拱相互配合，共同实施隆庆新政。

但在这个配合的过程中，两人的分歧也越来越明显，终于在朱载垕去世后爆发。看似不偏不倚、行事沉稳的张居正暗中联合冯保扳倒了高拱的势力，然后开始了自己大刀阔斧的一系列改革。

其实早在隆庆年间，张居正的一些改革措施就已经在慢慢推行了。当时明朝长年不经战争，又加之重文轻武的风气，武官的待遇及所能获得的权力都要低于文官。于是，张居正便上疏，提拔了一批武将。他们有在对倭战争中表现出色的戚继光、俞大猷，也有新锐将领如谭纶、王崇古、方逢时和李成梁等人。这些接受提拔的将领不仅得到了一定的职位，还得到了一定的实权，于是他们也在各个方面大力支持张居正后来的改革。

北部边境稳定后，张居正的政治改革便正式拉开了序幕。吏治改革是张居正特别看重的一项内容。在他看来，官员的懈怠、冗滥都是导致吏治腐败、纲纪废弛败坏的原因，因此他提出了考成法这一措施。所谓考成法，即六部和都察院要给下属官员办理的事情规定期限，并记在三本账簿上。一本留作底册，剩下两本送至六科和内阁作为参考和完成时注销的凭证。

如此一来，以六科监督六部和都察院，内阁则肩负起督查六科的责任。内阁的权力无形中得到了扩大，除了行政权力，还有了监督权，内阁首辅更是成为掌握各级官员升迁或罢免的"一把手"。考成的目的也是显而易见的，即提高官员的办事效率，好进行接下来的各项改革。

此举损害到一些官员的利益，招致他们的不满。于是这些官员寻衅滋事，向张居正表达愤怒，希望能暂缓或停止改革。但张居正这边有冯保的帮助，改革非但没有停止，反而借京察之机，裁汰了一批昏庸无能的官吏。

张居正对官吏的处罚到了严苛的地步，当时冯保的侄子殴打百姓，都被罢官。而云南黔国公府沐朝弼觉得自己的属地离朝廷远，朝廷的改革与自己无关，便仗势欺人。张居正知道后立马将沐朝弼绑到京城，并在南京关禁闭。

这下，许多官员再不敢懈怠，考成法也顺利地推行了下去。据后人评价：考成法施行以后，明廷官员"一切不敢饰非，政体为肃"。

张居正的经济改革：
"一条鞭法"的全国推行之路

早在嘉靖年间，"一条鞭法"的实施办法就被提出了，但由于嘉靖帝的消极怠政，这条改革措施仅仅由地方上一些开明官吏推行，实施范围较小。

到了万历时期，国家的财政困难进一步加剧，赋税收入一年少于一年。张居正认为这是由于土地分配不均造成的，因此要提高税收，首先要从土地改革入手。

为了开源节流，张居正借助吏治改革裁汰了一批官员，削减了一些不必要的支出。而开源方面，主要是清理大地主所欠的赋税，催他们缴清田赋。同时还逐步解决赋役征收中的不合理现象，将官员的清欠与官员考察相结合，以提高办事效率。

为了更好地节省开支，在张居正的劝告下，春节的皇宫宴会和元宵节的灯火等庆典都被取消。就连万历皇帝的母亲李氏因笃信佛教，想捐助一些寺庙的建设工程等，都被张居正劝止了。

然后是在全国范围内重新丈量土地。在当时的社会，土地不仅是农民赖以生存的资源，还是国家赋税征收来源的基础。但明中后期，严重的土地兼并导致土地的归属权混乱，赋税更是大片被隐匿。于是万历五年（1577），张居正提出了清丈土地的建议，并于万历八年（1580）在全国颁行了《清丈条例》。将丈量土地的方法和规定都清楚地列了出来，要求地方官员严格执行。这项清丈活动持续了三年，至万历十一年（1583），全国各地的土地田亩才基本清丈完毕。这次共清理出一百多万顷的隐匿田产，万历年间的田土面积也达到了历史最高水平，足有一千多万顷。

丈量完土地，张居正就开始着手在全国推行"一条鞭法"了。有了新的田土，简化税收的程序便可以推行。万历九年（1581），张居正颁行了"一条鞭法",根据嘉靖时期的"一条鞭法"的原则,简化赋税的征收方法,保证税负的公平,其主要内容可以概括为以下几点:一、将一省原有的丁、粮等所需要交的赋税、杂税等全部合为一条,按照各家田亩的大小来征收相应赋税。二、将以前强制服的力役改为由政府雇人服的徭役。三、将以前要缴纳实物的赋税,除了苏杭地区部分供给皇室的粮食外,其余改为折算银两来缴纳。除了改变征收办法以外,征收赋税以前多由地方里长、粮长征收,改革后均由当地各官长来征收。

以上改革卓有成效,国家财政收入大大增加,而征税中的一些不合理现象也得到了解决。赋税征收改由官方负责,简化了征收手续,还减少了地方官吏趁机剥削百姓的行为。赋税缴纳形式的转变,一方面减少了百姓运实物赋税如粮、布的辛苦,另一方面也促进了货币白银化的发展。

潘季驯治理黄河

说到张居正改革,首先被提及的就是政治和经济方面的改革。的确,这两个方面改动较大,收获的成效也是卓越的,且参与的官员人数众多。但从嘉靖末年到万历年间,潘季驯总理的治河大业也是不容忽视的。

历朝历代,黄河都是一个难以跨越的坎。为了治理它的洪水、泥沙沉积给黄河沿岸百姓造成的困扰。几乎每个朝代都在围绕黄河改道打转,但一味地围堵和改道并不能解决黄河泛滥的问题。至明朝时,黄河仍然是一年一决堤,两岸百姓苦不堪言。

潘季驯是嘉靖年间的进士,自嘉靖四十四年(1565)进入都察院,被派去总理河道后,便开始了治理黄河的生涯。潘季驯到任后,总是亲自到黄河堤坝查看,多次在黄河泛滥时到达治理黄河的第一线,参与指挥堵塞缺口、重新疏浚河道和建设水利工程的工作。

常年参与黄河的治理,潘季驯总结了黄河、淮河的特点。放弃了以往在下游做文章,开支流引洪水的方法,提出了著名的束水攻沙法:"以河治河,以水攻沙。"

这个方法是潘季驯多年实地考察的结果。在他看来,黄河最大的问题是进入中游的时候泥沙较多,水流湍急时泥沙会随着水流而流,当水流变缓时,则泥沙开始沉积,同时也导致了水流更加缓慢。于是,以迅猛的水势冲刷泥沙,可以将泥沙带走,而不是淤积在河道两岸。

在实施的过程中,筑堤坝成了治理黄河重要的一环。根据不同的河道的情况,潘季驯提出了不同的修筑河堤的方案,有遥堤、缕堤、格堤、月堤四种。这几种堤坝交错修建,相互配合。同时还制定了十分实用的筑造堤坝的措施和检验质量的方法,这些都在实际的治理中取得了一定成效。

除了束水攻沙法,潘季驯还提倡合流而不是一味分流分水。他认为黄河水因为带泥沙,所以特别混浊,不适合一味地分流,这样也会导致泥沙沉积。但当暴雨季的时候,为防止暴雨冲垮堤防,可以进行有计划的分流。

以上治理黄河的办法是行之有效的,通过潘季驯四次治理黄河,一年一垮的黄河堤坝再也没有崩溃过,截止到万历十六年(1588),这条"桀骜不驯"的黄河终于被驯服。

其后,潘季驯还总结了自己的治河经验,撰写了《宸断两河大工录》《两河管见》《河防一览》《两河经略》等治河理论,并绘制了《河防一览图》。给后人治理黄河提供了丰富的经验,颇得后世赞扬。

明中期：改革中起起伏伏的"繁荣" ▶▷

新政末路：身后凄凉的张居正

万历初年的新政改革，可以说是由张居正一手推进的，但是他发布实施新政的命令又都离不开万历帝朱翊钧最后在票拟上的签字。最初新政实施的时候，万历帝对张居正可以说是鼎力支持。而司礼监的掌印太监冯保又是跟张居正站在一起的，所以即使有反对的声音，在他们的支持下，为了新政能顺利推行，这些上疏反对新政的官员都被施加了严厉的处罚，如部分官员遭到革职、充军，有的遭到了下诏狱受严刑拷打的处罚。

在这些严刑峻法的高压下，改革能顺利进行，且取得了不错的效果。但这种大刀阔斧的加速前进也带来了不可忽视的负面影响：对官员一视同仁，一些小的差错即加以责骂，甚至到了革职的地步，朝廷官员乃至地方官员都人心惶惶。一些弊政虽然得到纠正，但因操之过急，治标不治本。加上全国无差别推行"一条鞭法"，没有顾忌当时南北发展的差异，反而给百姓带来了更多的压力，一时间民怨载道。这一切负面影响带来的反噬最直接的承担者便是张居正。

早在新政改革进入全面推进的关键时期，张居正出了一件事，引得朝臣一片反对。有人说他权势滔天，且恋权不肯放手。这件事就是震惊朝野的"夺情"事件。

当时是万历五年（1577），张居正的父亲因病去世了。按照明代的守丧制度，官员的亲人去世，该官员必须辞职回家为亲人守丧，称之为"丁忧"，守丧时间按照亲疏远近为三年到三个月不等。所以张居正应立即辞去首辅的职位，回老家为父守丧三年，再回来复职。但此时新政改革刚刚走上正轨，并朝着全面推行的方向发展。一方面张居正怕新政改革没有自己的监管，会被反对者迅速推倒。另一方面万历帝朱翊钧觉得自己离不开张居正的辅佐，也不愿意让张居正回家"丁忧"。

恰好祖宗制度中还有解决这一难题的一项规定：如果皇帝下诏书，可以不批准官员回家守丧的请求，强制令他继续处理政事，"剥夺"官员的这份孝心，即称之为"夺情"。于是万历帝朱翊钧按照祖制，下了这样一份诏书。君臣之间也就相互演戏，万历帝唱"黑脸"，张居正唱"白脸"，任凭这位张阁老"在朝丁忧"了。此事一出，可大大激怒了本就对新政持反对态度的人，他们纷纷上疏弹劾张居正不遵循礼制，父亲去世还不去守孝，简直就是"大不孝"。这惹怒了万历帝，那些反对的官员被处以杖刑，有的当场昏死过去，有的甚至落下了残疾的后遗症，还被发配充军。

张居正也就这样继续稳固了自己在新政中的核心地位，维持着新政向前推进。但张居正于万历十年（1582）去世后，新政的实施急转直下，有的甚至都不再施行。张居正本人虽然已死，他的家人却遭到了前所未有的清算。仅仅在他过世一年后，万历帝便下令收回了给张居正的一切荣誉。而后受过张居正处罚的朝臣开始各种举报张居正为政期间的过失，借着这些弹劾，万历帝朱翊钧又下令查抄张府。其家人全部下了诏狱，长子张敬修不堪忍受严刑拷打，在狱中自杀。

就此，曾经辉煌一时的新政改革被一脚踢进了垃圾箱，朝中官员恢复了往昔的懒惰散漫。加上后期万历帝的怠政，大明王朝也逐渐日薄西山，各种矛盾凸显出来，最终到了无法挽回的地步。

晚明：十辆马车也拉不回的『脱轨』

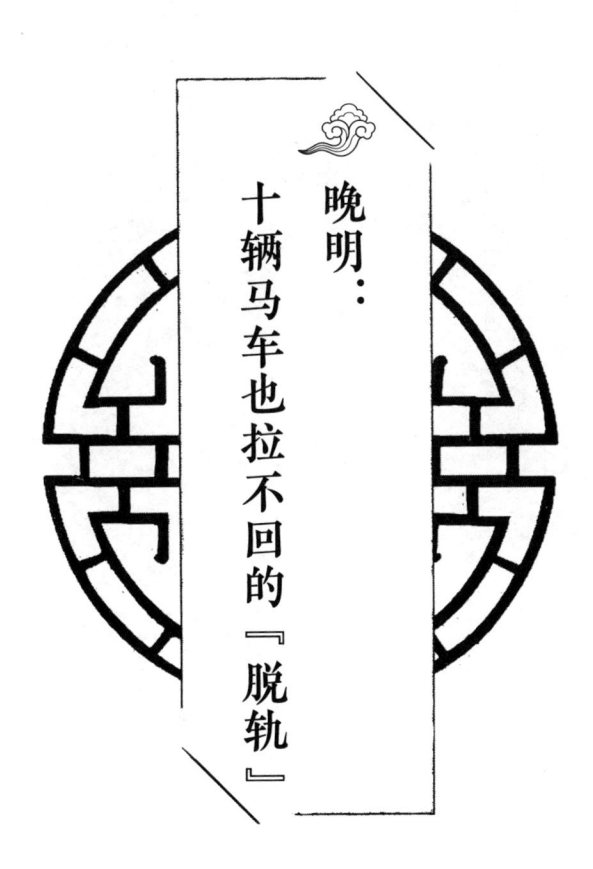

就是不上朝：万历帝突然来的"倔强"

处理完张居正的事，那个初期还励精图治的皇帝"突然"就懈怠了，不愿意处理政事了。从最开始的不愿意上朝，到最后的不愿意批复内阁的票拟、奏折，所有的大臣都想知道这位小皇帝经历了什么。

最初的征兆是，这位皇帝在万历十四年（1586）以头晕眼花、浑身乏力，需要在内宫吃药静养为理由开始辍朝。其后便是经常性的辍朝，仅仅以下谕旨的方式与朝臣维持着联系，更别说是召见朝臣了。再到后来，便是国家庆典、宗庙祭祀等活动也不出现，只是派遣官吏代为履行各项职责。坚持十几年的经筵也自万历十六年（1588）彻底停止了。长期的"与世隔绝"，导致许多大臣都忘记了皇帝长什么样子、声音如何。

这还不是最严重的后果。他不仅对一般的政事不闻不问，也不加批复，只做留中不发，而且连官员的更迭、升迁的批复都置若罔闻，以致官吏的缺失成为万历朝中后期的常态。官员缺失不补，升迁无望，导致许多机构由一人兼任多职，而到官员干得累死，自动离职，他连眼皮也不抬一下。这就使得整个政局处于一个半瘫痪的状态。虽然万历朝没有什么一手遮天的权臣、弄臣和太监，但是朝政日常停摆也给大明王朝的继续发展挖了一个巨大的坑。

这期间，万历帝参与了四场政治事件的决议：一、征讨平定宁夏哱拜叛乱。二、平定播州杨应龙叛乱。三、东征日本援助朝鲜。四、处理关于太子的梃击案。最后一次他居然亲自出来召集群臣，并宣布这件事的处理结果。

后世关于这位皇帝的"叛逆"，一般认为似乎跟以下几个事件有着密切的关系。一、首辅申时行的迁就。申时行是一个十分迁就朱翊钧的首辅，他遇事总是成朱翊钧之愿望。如朱翊钧不愿意受约束、章疏留中不发、讲筵永远停止都是他迁就的结果。二、万历皇帝疾病缠身。据了解，万历帝因长期纵欲、酗酒，把身体掏空了，导致他在万历中后期身体健康状况不断恶化。总结起来就是"非所不为，实不能也"。

万历帝经常以头晕眼黑、中暑而浑身软弱无力等为由不临朝，朝堂大臣对此是怨声载道。从万历二十二年（1594）起，这种对皇帝不临朝处理政事的批评奏折便源源不断递到了朱翊钧的桌上，但朱翊钧不为所动，依旧不临朝，并且怠政的情况一年甚于一年。

由此可见，明朝从不缺奇葩的皇帝，只有你想不到的更奇葩的皇帝。明世宗只是十年不上朝，日常政事并没有不批复。而明神宗朱翊钧则创造了一个朝廷差点停摆的"奇迹"，故后世有说，大明王朝，实际是亡于万历年间，说的就是神宗怠政带来的一系列消极后果。

就是不立长子：国本之争

所谓国本，指的是太子。中国古有"太子者，国之根本"一说，故关于太子的争立即被称为国本之争。

明朝在创立之初，为了杜绝类似前朝的太子之争，便立一祖制：太子只能立长子。除了绝后及朱棣的靖难之役，历代天子几乎都遵从了这个制度。因此，明朝大臣几乎没有因为立太子一事发生过什么党争。直到万历时期，关于立太子，万历帝与朝臣展开了长达二十几年的"冷战"。

争执的开端是这样的：万历帝朱翊钧在大婚的时候娶了王皇后，王皇后虽然美丽又贤惠，但无奈不入朱翊钧的青眼，因而，皇后没有生下长子。这个长子是由一个宫女生下的，这让朱翊钧感觉十分不爽。要不是有内臣记录以及太后在他耳朵边的唠叨，他甚至都不想承认这个孩子。

后来朱翊钧很快被能歌善舞、善于迎奉他的郑氏所吸引，对这个女子宠爱有加，封她为贵妃。万历十四年（1586），郑贵妃生下了三子朱常洵。这让朱翊钧很开心，除了封郑氏为皇贵妃外，他还动了立朱常洵为太子的念头。

但这时候，皇长子朱常洛已经六岁了，群臣请奏立皇长子为太子。朱翊钧心里有着其他盘算，自然不想立这个自己不待见的儿子。于是以皇长子年幼，不适宜过早立为储君为由，想打消群臣的念头。但这群老臣却以朱翊钧也是六岁当的太子给堵了回去，朱翊钧甚感没有面子。他只好同意，等两三年后一定册立皇长子为太子。

此后，群臣一直催促朱翊钧，让他赶紧立皇长子。朱翊钧为了躲避这个问题，开始时不时以自己身体不好为由不上朝。立太子一事也就一拖再拖。

到了万历二十一年（1593），朱翊钧居然提出了为皇长子朱常洛、皇三子朱常洵和皇五子朱常浩一起举行封王大典，然后再选择一个看起来贤能的当太子的方法。这事儿交给了当时的首辅王锡爵去办，搞得王锡爵是左右为难，最后上疏皇帝要不让皇后抚养皇长子，这样长子就是嫡子了，无可争议。显然，朱翊钧并不买账，并通过传谕旨的方法向群臣表示"三王并封"这种想法。朝臣一片哗然，根本不同意皇帝这种做法，还是继续要求立皇长子。

就这样一直僵持到万历二十九年（1601），在李太后的恩威并施下，朱翊钧不得不下诏，册立了朱常洛为太子。当时这位皇长子已经十三岁了，才开始出阁读书。被立为太子后，待遇也并没有得到改善，依然备受冷落。当时同被立为福王的朱常洵却没有像其他藩王那样立即就藩，而是继续待在京师。郑贵妃还在皇帝耳边喋喋不休，嚷着"易储"，朱常洛的太子之位看起来还是岌岌可危。

但是这十几年的争储事件导致了四位首辅的请辞,波及牵连的中央或地方官竟达三百多位,朝中力量可谓是"元气大伤"。

立储后续:"妖书"现世

所谓"妖书",指的是万历十八年(1590),一位叫吕坤的大臣在山西任职的时候,收集了历史上有贤德的妇女事迹,编撰成的《闺范图说》一书。当时只在山西境内流传,提督东厂的太监陈矩出宫,看到这本书觉得还不错,就买了一本回宫。

郑贵妃读了之后,便产生了用这种书抬高自己品格的想法。于是命人将此书重新编写,增加了二十几个故事,而且自己亲自作序,让自己的父兄再版了这本书,名字也叫《闺范图说》。

麻烦就此而来。万历二十六年(1598)的时候,吕坤已经是刑部侍郎了。当时的万历帝除了怠政,就是横征暴敛,一个矿监税弄的百姓苦不堪言。吕坤由此上了一道名为《天下安危疏》的奏折,劝谏朱翊钧要停止这些行为。本来无可非议,万历帝可能看到也会继续"留中不发",偏偏被一个叫戴士衡的吏科给事中非议了,上书弹劾吕坤,说他先是写了本《闺范图说》,献给郑贵妃,又来上《天下安危疏》,到底是何居心?

吕坤当然不能忍受这种不白之冤,立即上书为自己辩解,万历帝依然是装没看到。就在这件事快要过去的时候,围绕这事儿,有个以"燕山朱东吉"为名的人为《闺范图说》写了个跋文,并且在京师大肆印刷传播。这篇跋文名叫《忧危竑议》,以问答的形式将先前的"国本之争"再次讨论了一遍,并说吕坤这时给郑贵妃献上此书,就是想讨好郑贵妃,而郑贵妃大肆刊行此书也是有争夺储君的心思。这篇《忧危竑议》还将吕坤描述成了一个声东击西、结党营私的小人。

于是,吕坤就被卷入了是非的漩涡,不堪被戳脊梁骨的他选择了致仕回家。这本书传得太过广泛,最后传到了万历帝那里,他大为震怒,震怒的原因是郑贵妃的伯父和弟弟在这本书中被指名道姓的骂。但又不好大张旗鼓地追查作者,突然想起之前弹劾吕坤的戴士衡,还有一个樊姓知县,这两人都是积极支持皇长子、指责郑贵妃的。

就这样,二人成了此案的替罪羊,万历帝将此二人下狱,一番严刑拷打之后,以"结党造书,妄指宫禁,干扰大典,惑世诬人"的罪名将这两个人发配至烟瘴之地。而吕坤因已致仕,躲过一劫。

立储后续的后续:"妖书"疑云再起

第一次的"妖书案"就这么被万历帝给遮盖过去了,但这件事似乎并没有随着这种遮盖而销声匿迹。万历三十一年(1603)十一月的一天早晨,内阁大学士朱赓在自家门口发现了一本书,标题为"续忧危竑议"。翻了翻内容可把他吓了一跳,这本书依旧是问答形式,全篇都是指责郑贵妃的,并再次言明她想让自己儿子当太子的野心。并说,皇帝早晚有一天会把现在的太子废掉的。

这本书除了批评郑贵妃,还点名当时的内阁首辅沈一贯和三辅朱赓,说他们是郑贵妃的同党。如此内阁两位官员不得不避嫌在家,不敢上朝。"妖书"的再度出现让万历帝更加愤怒了，没想到自己的谨慎却给了别人胡说的自由。于是他下令，一定要逮捕写书的人。

因这"妖书"是以传单的形式散发的，书中也只有一个叫"郑福成"的化名，一听就不靠谱，所以写书的真人根本毫无线索。这就成了朝臣相互攻讦揭发的工具，从沈一贯诬陷沈鲤和郭正域开始，到锦衣卫都督王之祯揭发同僚与"妖书"有关。朝堂之上，一片乌烟瘴气，"妖书案"也变得更加扑朔迷离了。

就在此案发生十余日后，东厂突然来了一名为皦生彩的人举报其兄皦生光就是"妖书"的作者。于是东厂便派人去调查这个人，一查吓一跳。这个皦生光原来只是一个小小的生员，这人不好好读书求功名，反而专在歪门邪道上发财。比如他曾经坑了一个附庸风雅的乡绅，欺负他不懂诗词，故意在代他写的诗文里加了一句"郑主乘黄屋"。在这位乡绅刊刻了诗集后去敲诈他，这乡绅只得吃了哑巴亏，花钱了事。

原不是什么正人君子，于是负责此案的锦衣卫官员便将"妖书"扣到了他的头上，动用大刑，甚至连其妻儿都一并拷打，最终屈打成招。虽然有刑部官员想借皦生光的供词拉一些官员下水，但皦生光却没再咬出其他人，但生怕夜长梦多的万历帝急于结案，于是此案就这样草草结束了。

这之后，京城盛传其实皦生光并非真正的作者，真正的作者是一个叫赵士祯的中书舍人。但也没有足够的证据来证明，赵士祯只是因为耿直、喜与人争辩，人缘不太好罢了。"妖书"真正的作者是谁，已经成为一个千古之谜，任凭后人猜测。

万历三大征之播州之役（上）

说起万历中后期，可谓是战乱叛变此起彼伏。北方边境战火频燃时，南方地区的土司也举起反叛大旗。这个土司可不是一般的土司，而是唐朝末年就盘踞于此，历经宋、元两个时期，传至明朝万历时期的播州土司杨应龙。

今天的川、云、贵地区，地势十分险要，属于山区。由于当时交通不便，与中央王朝的联系甚是薄弱，一般靠封贡维持关系。即中央王朝册封当地首领为土司或者其他土官，然后他所管辖的地区定期向中央王朝上贡，便是承认接受中央王朝的领导。

播州即位于这个山区之间，其土司也不例外。自从唐朝时杨端打败盘踞南诏的势力以后，便接受中央王朝的册封，世袭播州官职。至明朝时，其首领杨铿投降明朝，仍旧出任这一地区的土司。大明在这里设立播州宣慰司，并任命杨铿为宣慰司使。至万历时期，为了稳固西南地区，明廷又册封当时的首领杨应龙任都指挥使。

但杨应龙并不领情，他在这一地区骄横跋扈，仗着朝廷的手一时无法伸到这里，便为所欲为。万历二十一年（1593），杨应龙与明廷官员发生了一次正面冲突，在此之前，他已经对明廷产生了不满，并表示要独立当"西南王"。这次冲突只是试水，没想到驻守西南地区的明军不堪一击。而当时明廷正疲于朝鲜之战，无暇再派大军来镇压西南叛乱，便以招安为主。杨应龙也担心明廷会派大军压境，便主动积极认罪。

没想到的是朝廷竟然免除了他的职务，还罚他再掏四万金赎罪。而当其子杨可栋在押往重庆府时意外死亡的消息传来，本来就不想负责的杨应龙大为愤怒，愈加对明廷不满，回到播州以后就加强了对周边军事防御的建设。

到了万历二十四年（1596），一切准备就绪，杨应龙正式起兵反叛大明，他还亲自书写榜文贴在各个关口，宣布独立。这时，全国的明军精锐都在朝鲜境内与倭寇作战，并没有多余的兵力可以南征播州，连当时负责招抚杨应龙的四川按察副使都被征调去了朝鲜前线。没有对手，杨应龙很快就在西南地区占了大片土地。

万历三大征之播州之役（下）

转眼到了万历二十七年（1599），朝鲜的仗已经打完，明廷终于能腾出手来平叛了。首先派了贵州都司的杨国柱和李廷栋率三千人马前去围剿，然而久未经战的西南卫所士兵根本没有应对措施，径直掉进了杨应龙军队的陷阱里，随后被全歼。

这让万历帝大为震怒，他马上换掉贵州巡抚江东之，命李化龙为主帅，总督四川、湖广、贵州的三省指挥权，并在全国范围内征调了大约二十万军队前往播州。

面对明廷大军压境，杨应龙率军退守綦江，在斩杀了綦江五千余守军后，便退至三溪。然后企图联合这一地区的苗蛮，利用险要的地势，建立武装来抵抗明军。并到处修缮关隘，声称要进攻四川。然而等到十月，李化龙驻守重庆府，调集湖广、四川的兵力，占据了通往贵州的交通要道，切断了杨应龙与当地苗蛮的联系，杨应龙军便成了"孤家寡人"。

到万历二十八年（1600），杨应龙将大军分成五路进攻龙泉司。李化龙此时早已做好了征讨播州的准备：他将大军分成几路，向播州奔来，一路直打到播州的最后关口——娄山关。三月份，此关被明军攻破，杨应龙只得退至早先建好的海龙屯。

五月，明军攻至海龙屯。杨应龙以滚木等简单工具阻挡明军攻城的脚步，最终还是敌不过明军的攻城大炮。他只好令人在屯城墙上竖起投降表文，明军以为是诈降，毫不理会继续猛攻。最后包围了海龙屯，断绝了叛军的水源和粮草。最后明军的火器轰开了海龙屯的城门，占领了海龙屯。杨应龙自知大势已去，仓皇之下与其亲眷自杀。

播州之战后，明廷收复了对此地的实际掌控权，播州杨氏的长期统治也至此告终。但对于明廷来说，连续作战消耗了大量的人力、财力、物力。加上征调军队，增加赋税，激化了社会矛盾，大明的最后一丝气数也被消耗殆尽。

萨尔浒之战上编：辽东动乱的发端

就在大明王朝刚从朝鲜之战的桎梏中解脱出来时，辽东边境的建州卫却出了问题。连年的朝鲜之战将大明朝北部边境的军事力量削弱到极致，加上后来西南又出叛变，有能力的将领被派到西南前线去平叛了，辽东边境的防线十分薄弱。而建州卫的努尔哈赤此时已经统一了女真各部，建立起一支体系完备的军队。对明朝的边境虎视眈眈，大有吞并辽东之野心。

在万历四十四年（1616），努尔哈赤将这种野心付诸行动，正式反叛明朝，并建立起自己的政权，名为"大金"，建年号为天命。并率领两万骑兵步卒攻打辽东边境，很快占领了抚顺、清河等地。

明廷极为震惊，万历帝立即派兵部左侍郎杨镐为辽东经略，前去辽东平叛，同时还通知辽东周边的叶赫部、朝鲜出兵参战。努尔哈赤本想继续进攻沈阳等地，但因参战兵力不足，加上听说有大批明军前来支援，便撤退了。

第二年，努尔哈赤卷土重来，首先重点攻打叶赫部，拿下了叶赫的部分寨子。这时明廷派出支援辽东的军队有八万余人，加上叶赫部及朝鲜的军队，大约有十一万余。杨镐其实并不想与后金开战，多次派使者前去议和，均被努尔哈赤回绝。明廷由于连年作战，国库财政已经十分紧张，难以供养如此多的军队在外，便催促杨镐速战速决。

杨镐将大军分成五路，开赴辽东。但由于大军进度不一致，杨镐又无力全部兼顾，导致由刘铤、杜松率领的明军主力突出速度过快，已经出了抚顺关东，而其后部队仍然行进缓慢，造成了明军主力孤立无援的情况。这一弱点被努尔哈赤发现，他按兵不动，静待大明军队孤军深入。

到了三月份，杜松一部已经深入到了萨尔浒地区，并未见到后金军队，于是他便将军队一分为二，主力驻守萨尔浒附近，而自己则率领一万余人进攻吉林崖。努尔哈赤得到战报后，利用杜松兵力分散，一时难以聚集的弱点，一方面率领大军约五万人进攻杜松留在萨尔浒的主力部队，一方面派兵增援吉林崖。两军交战至傍晚，由于天色阴暗，又起了大雾，火炮无法找准目标，明军点燃火炬照明，却被努尔哈赤的骑兵利用，在暗处用弩兵射杀众多明军火炮手。丧失了火力后，努尔哈赤趁着大雾攻占了萨尔浒明军主力的驻地。与此同时，吉林崖的守军在后金援军的帮助下，成功抵御了明军的进攻。而明军主将杜松、保定总兵王宣及赵梦麟等人皆阵亡，明军主力全军覆没。

明军与后金军的首次交锋便以后金军的出奇制胜，逆转了大明在边关的势头，也挫败了明军的锐气。

萨尔浒之战下编：一击即溃的大明军队

前已有言，几路大军的行进进度不一致，统帅杨镐也没有统筹兼顾，导致向辽东进发的各路大军互相并不知道对方的进度及其具体情况。于是连阵型都没有变动，依旧不疾不徐地向前进发。

主力杜松部覆灭好几天后，率领北路的马林知晓了这一消息，立马不敢前进了。一番深思熟虑后，他将部队分成三支，驻扎在不同的方向，以便灵活防御。除此之外，他还在大营周围挖了三层堑壕，并将火器抬出来放在堑壕周围，堑壕以后是骑兵扎营。

就这样过了一夜，马林军都准备拔营前进了，努尔哈赤的军队赶到了他的营地附近，于是马林就地展开防御，除了最前面的火炮、骑兵外，令其他步卒进入堑壕内做好防御冲锋的准备。就在他以为自己的防御已经万无一失的时候，殊不知努尔哈赤却打起了他营地东面一座山的主意。兵分两路的努尔哈赤正面与马林军队迎战的只有四五千人，而马林部大约有几万人，另一路大军正准备登上他营地东面的山上居高临下，静观其变。

面对少数的敌人，马林产生了轻敌的思想，他下令火枪队及骑兵出营开始进攻后金军。得到明军即将汇合的消息，努尔哈赤立即下令东面的后金军队停止登山，直接率军冲进大明的军队中。就这样，北路明军陷入了两面作战的困境中。马林的部队根本抵挡不住后金军进攻的势头，很快败下阵来，一番厮杀后，明军几乎全军覆没，马林仅带领亲军逃出重围。

再说东路大军，这一路是由刘铤率领的。由于他们走的是山路，前进速度并不如西、北两路军顺利，也没有按照约定日期到达赫图阿拉。刘铤并不知道前面两路大军已经被全歼，决定继续按照原定计划向北进发。

努尔哈赤在打败马林部后，朝着东路军的方向而来。为了达到全歼该部的目的，努尔哈赤令部分士兵作明军打扮，并拿着早已阵亡的杜松将令向刘铤传话,说主力部队已到赫图阿拉,命令他们迅速前去支援。就这样,消息闭塞的刘铤便抛弃了很多辎重火器,一路轻装简行,等其率领先头部队到达阿布达里岗时,迎接他们的不是友军,而是努尔哈赤事先埋伏好的军队。未及反应便遭全歼,后续部队群龙无首,慌乱中也被努尔哈赤率兵全歼。

　　主帅杨镐瞎子一样坐镇沈阳,等到主力部队杜松军和北路军溃退的消息传来后,方命令南路李如柏部班师回沈阳。但李如柏部比前面两部的进度都要缓慢,只到虎拦岗附近。撤退命令传来后,还被后金的暗探发现,这些暗探吹响冲锋的螺号,并制造很大的声响。此时的李如柏宛如惊弓之鸟,还没有看到任何兵马便慌乱起来,大军撤退时相互践踏,因此而丧命的有一千余人。

　　至此,明军出征辽东的战役全线失败。明廷丧失了在辽东的主动权,形势急转直下,使得后金在此发展壮大,从此明军对辽东地区转入战略防守。

矿监税使:超支国库的最后"希望"

　　从万历二十年(1592)开始,整个大明帝国像是一架被拖入战争泥潭的腐朽机器,为了保住国家的边境线,明廷不得不集结大军应战。但战争需要大量的兵马、火器、粮草,这些都是由大量的军费来填补的。明廷正常的赋税、关税等收入已经远远不够,而要增加税收,则需要通过内阁、六部层层批准,对于早已不朝的明神宗朱翊钧来说是一个"挑战",这意味着他要接见大臣,批阅票拟。

　　于是他想出了一个绕过朝廷,直接敛财的方法:派出内臣宦官奔赴全国各地,通过控制各地的官府,增加本月税收或者别的税务,来扩大所获得的收入。这些宦官就是所谓的税使。而明中后期，矿业采集成为获利最多的行业。但这一时期大部分矿场都被宦官所掌控，所以往往又称他们为矿监。这种敛财方式能短期内获得巨额财富，明廷的内库和国库很快充盈起来。有史料统计，有宦官五年内向内库进奉白银达五百多万两。但这种没有制度、程序控制的征税更容易成为个人中饱私囊的方式，这些宦官往往在地方上欺压官民，几乎是雁过拔毛式的横征暴敛。每次上缴国库约有二三百万两白银，但据说他们自己私自截留的往往是上缴的八九倍。

举一二例这些宦官中的代表来讲，最骄横的莫过于在山东征收店税的马堂。他的征收方式已经不能称之为"征"，而是像强盗那样公开抢劫。有敢反抗者直接严办，甚至当街扑杀。而这种抢劫式的征税导致山东半数以上的富户破产。

如果说马堂只是打活人的主意，那么在荆州的陈奉则是除了征收店税，还把主意打到了死人头上——他在荆州地区大肆挖坟掘墓。当地百姓甚为痛恨，激起不少民变。愤怒的民众蜂拥至陈奉的税监府，一把火怒烧了税监府。而陈奉本人也躲进了楚王府，数日不敢露面。

这种横征暴敛一直持续到万历末期，造成江南多家手工场、绸缎店、布店、杂货店关门，各地反对这种征税的民变此起彼伏，到后期不仅是百姓参与，更有同情民众的地方官员也参与。社会矛盾已经被大大激化，几乎到了不可调和的地步。

徐光启：中国近代科学的先驱

说起中国与近代科学的接触，很多人往往会想到清朝康熙时期的一系列从西方引进的先进事物。实际上，早在明朝万历年间，中国与近代科学就有接触了。

一切都要从一个叫利玛窦的意大利传教士说起。这个传教士不远万里来到中国，踏上大明的土地，虽然他的第一目的是传教。但如何与中国人交流并将自己想要推广的东西传出去，是他面临的首要问题。他一边学习中国的语言文字，一边将自己掌握的天文、数学等方面的科学知识推广给自己结识的中国士大夫，徐光启是第二个对这些西方科学知识感兴趣的人。

徐光启是上海人，祖籍苏州。他的前半生是一个老老实实的读书人，从万历十六年（1588）到万历二十六年（1598），他一直在应试。在最后一次应试不中时，他暂时放弃了这条路开始回家教书。随后，他与利玛窦在南京相遇了，并且接触到了更多西方先进的科学知识。作为一个传统的读书人，他又比其他的士人大胆许多。万历三十一年（1603），他在南京通过罗如望，受洗成为一名天主教徒，并获得一个教名——Paul。但这没妨碍他进入仕途，他在受洗后的第二年便中了进士，并如愿进了翰林馆。就在他准备进入官场之时，父亲去世了。按照规定，徐光启必须回乡丁忧。

这个时期是他潜心治学的一个阶段。在翻译完《几何原本》后他只来得及将《测量法义》粗略翻译出来，守制的时候，他将这本书整理好之后定稿，并与《九章算术》等书相互参照，整理出《测量异同》，并作出《勾股义》，来探讨商高定理。同时还自己开辟了一个农庄，种植甘薯、棉花等作物，将这些农作物引进到北方来耕种。并结合自己的试验写出《甘薯疏》、《芜菁疏》、《吉贝疏》、《种棉花法》和《代园种竹图说》等理论书籍。

后来他丁忧结束回到京师，开始参与政事。这时候徐光启却发现自己的政见与诸位大臣都不甚相合，一段时间后，他便告病请假去了天津开始种水稻，进行水稻在北方的种植试验。在此之前，他还同另一个耶稣传教士熊三拔一起翻译了西方的水利学著作，合译出六卷《泰西水法》。

然而闲暇的时光并没有多少，万历四十六年（1618）到天启元年（1621），辽东的后金不断入侵，他被反复召回，但每次提出的意见都不能被采纳。天启年间，魏忠贤当权，徐光启被弹劾后便去职，集中精力整理、审校多年前积累的资料，专心编纂《农政全书》了。

崇祯元年（1628），徐光启基本完成了这本书的初稿，也定下了这本书的基调：即治国治民的"农政"思想。《农政全书》基本上涵盖了明代人民农业生产和生活的多个方面，同时，这本书还整理了历代水灾、旱灾等自然灾害的次数，并对各种救灾措施做了分析，最要紧的是还附上了饥荒时可以用来充饥的四百多种植物，可谓是中国农业的"百科全书"。

宋应星和他的《天工开物》

晚明时，除了徐光启，还有一个人对农业和手工业生产很感兴趣。为此也做出一部专著来记录研究，他就是宋应星。

相比徐光启的幸运，宋应星在科举仕途上就没有那么一帆风顺了。他年幼时就在家塾中念书，而且博闻强记，有过目不忘的本事。除了熟读经史子集外，还阅读了许多当时的"杂家"。如通过张载的一些著作，接受了唯物主义自然观，还对农学、手工艺等技术产生了浓厚的兴趣。

然而，就在他取得了乡试第三名的成绩后，此后的会试他就再也没有上过榜。最终，他放弃了科举之路，转而致力于研究农业技术和各种手工业，最终写出了《天工开物》这样的著作，被誉为"中国十七世纪的工艺百科全书"。

但崇祯年间的吏部铨选时，他被选为桐乡县令，后又被升为亳州知州，因当时适逢战乱，城内一片狼藉，并无官员可以升堂之地。再后来，随着甲申之变，崇祯帝殉国后，宋应星也开始了自己的隐居生活。

《天工开物》不同于《农政全书》，它是一本综合型的著作，除了农业种植方面的技术，还总结了手工业方面的技术。如在《机械》篇中，宋应星便详细记述了立轴式风车、糖车、牛转绳轮汲卤等农业机械工具的形状、用法等。他还在这本书中论述了锌的冶炼方法，指出锌是一种新的金属。而且书中记载的用金属锌代替锌化合物冶炼黄铜的方法，这是人类历史上关于以铜、锌两种金属直接炼出黄铜的最早记录。

到十八世纪时，《天工开物》开始在欧洲一些国家传播，各个国家开始将它翻译为自己国家的文字并对其内容加以研究。其中很多技术在欧洲被推广，间接推动了欧洲的农业技术革命。

明末三大案之梃击案

当"国本之争"以皇长子朱常洛被立为太子而落下帷幕时，围绕朱常洛的环境和氛围并没有什么变化——除了他本人开始出阁学习，并把居所搬到了慈庆宫。他的待遇一如往常，父亲朱翊钧并不待见他。而东宫的侍卫、日常服侍的宫女都没有增多，丝毫没有一个太子的排场。

万历四十三年（1615）五月的一天，一个男子拿着一根枣木棍闯进了慈庆宫，并打伤了看守的宦官，在准备进入内殿袭击太子时才被侍卫抓住。首先审问的是巡视皇城御史刘廷元，只问出了个名字叫张差，是蓟州井儿峪人。但随后再问话，这人说话就不着四六，让人摸不着头脑，仿佛一个神经病。询问数小时后，也没有问出有用的信息。

最后这位御史便将此人交到刑部继续由三法司提审，一番问询后，张差自言，他是因为自家柴火被邻居李自强、李万仓等人烧了，他很气愤，就打算到京城告状。由于不认识路，反而走了很多冤枉路，半路上遇到了两个男的，给了他一根枣木棍，说拿着这个就能去申冤了。于是他就这么稀里糊涂地走到了皇宫宫门，还打伤了人。当时主审官并不能通过这个找出什么有用信息，便认为此人是个失心疯。

而刑部有位提牢主事叫王之寀的看出了点问题，他觉得张差不像是一个疯子，于是再次提审他。这次为了让他说出实情，王之寀让其他狱卒回避，只留两名看守。经过各种威逼利诱，张差终于道出实情：他在乡里遇到一个老太监，使唤他去做一件事，说做成了给他土地耕种，还让他下辈子不愁吃穿。适逢张差赌博输了钱，于是就这样被这个宦官带入了皇城内，还给了他一个枣木棒，让他逢人就打。务必要进到殿内，打杀一个穿黄袍子的人。问他这个太监是谁，他道是一个骑马的老公公叫庞保的，还有一个叫刘成的。

这下可不得了，原来这二人正是郑贵妃宫里的宦官。而得知真相的万历帝朱翊钧并不想牵连郑贵妃，于是坚持只处理这两名太监，不再追查下去。郑贵妃则如惊弓之鸟一般，只问万历帝如何是好。万历帝颇为无奈，只言牵扯到太子，朝臣愤怒，自己不便出面，让她自己去求太子。太子朱常洛日常软弱，此刻也不愿惹本来就对自己有意见的父皇不开心，于是表示只处理张差一人即可，不可株连其他人。

就这样，这件惊天大案就以张差的疯癫之罪告终。张差被处死，牵扯到的家人被流放。这件事的真相本来很容易大白，但因多方遮掩，加上后来被当做政治事件反复利用,事实也被淹没在了茫茫史海里。后世所争执的是梃击案到底是郑贵妃主导还是太子朱常洛自导自演,均不得而知。但此事过后,郑贵妃势力迅速衰退,太子朱常洛的地位便更加稳固了。

明末三大案之红丸案

万历四十八年(1620),朱翊钧病逝,朱常洛登基为帝。然而这位新帝刚登基十天就一病不起,甚至连万寿节的庆典都不能亲赴而取消了,却是为何?

原来朱常洛为太子时身体就不好,加上万历帝怠政,许多积压多年的政务一时难以处理,连夜看奏折更是导致体力不支。本来加以修养,假以时日应该能调理好。但是就在此时,郑贵妃献上了美女,以表示自己的忠心。

可以说,自从万历帝驾崩后,郑贵妃就十分担忧朱常洛会报复自己,毕竟她在朱常洛没当太子的时候没少打压他。于是新朝开始,她就积极巴结朱常洛,想求一个安稳富贵。没想到的是,朱常洛因朝事劳累几天,想放松一下,结果透支的身体更加透支,连登基大典都是勉力支撑。

当时更有一太监名崔文升的,以御药房太监的身份入内,给皇帝送了一副泻药。这下本就虚弱的朱常洛一夜间腹泻三四十次,简直是将三魂都交代了。等第二天稍微精神好点的时候,朱常洛自觉命不久矣,就召见内阁首辅方从哲等人开始交代后事了:除了托付朝政外,还将太子托付于方从哲。这让方从哲甚是惶恐,他一面安慰朱常洛只是寻常小病,不要悲观,一面问是否需要广招名医来为皇帝诊治。

经此一役,朱常洛已经不相信御医了,这时不知哪里来的一位鸿胪寺官员叫李可灼的表示自己修过几年道术，愿意为皇帝进药。李可灼诊治后，即调了红色的药丸，给朱常洛服下。用完药，朱常洛顿时感觉像是好了许多，甚至觉得自己都能下地行走了。于是在傍晚的时候，在李可灼的指点下又服用了第二粒红丸。没承想，朱常洛在当夜就暴毙而亡，"救命药"成了"催命药"。

可怜朱常洛在位仅仅二十九天，连年号都未来得及定，就撒手人寰了。造成其猝死的幕后黑手也随着他的死亡成了千古之谜，也成了后来东林党相互攻讦的一个理由。朱常洛死后，又一位尚未被教育成形的太子登上了帝位，这就是天启皇帝朱由校。

明末三大案之移宫案

朱常洛的突然驾崩，对于没有平稳的朝局来说简直是雪上加霜。明神宗的丧事还未处理完毕，新帝又丧。更难的是，新帝连太子都没有来得及立，更何况是百年之后的陵寝。

所幸朱常洛在为太子的时候已经生有长子朱由校，当时他的元妃郭氏已经去世了，正受宠的是一个选侍姓李，朱常洛就令她照顾长子朱由校。等到朱常洛继位的时候，李选侍便带着朱由校随新帝一起住到了乾清宫里。她也曾盘算着利用朱常洛的宠爱，加上自己抚养皇长子，要朱常洛早日封自己为皇后。没想到朱常洛竟然短命驾崩，这下李选侍的打算是竹篮打水一场空了。

按照祖制，李选侍应当立即搬离乾清宫。但当时，还叫李进忠的魏忠贤给她出主意，叫她挟持皇长子，虽然做不成皇后，但可以做皇太后。其实这时候魏忠贤的野心便暴露无遗了——他想挟持未来的皇帝把控朝政。这二人合计谋划之后，李选侍就决定继续住在乾清宫。

他们这种做法必然不为当时朝中想力挽狂澜的大臣所接受。就在朱常洛驾崩后不久，杨涟、刘一燝、周嘉谟等人便要求哭见大行皇帝，并要与皇长子朱由校见面，商讨继位事宜。遭到李选侍的阻拦后，杨涟认为李选侍对待朱由校的态度并不好，不仅没有对未来皇帝的尊重，甚至连一般妇人对孩子的怜爱都没有。一番争执后，杨涟等人一拥而上，将皇长子朱由校抢了出来，送到文华殿接受群臣的朝拜，随后确定了登基大典的日子。这期间，为了保护朱由校的安全，将朱由校安置在东宫，由太监王安照看。李选侍一看自己当皇太后的计划要落空，于是提出先册封自己为皇太后，再进行皇帝的登基大典。这个群臣更加不会答应，并强烈要求李选侍离开乾清宫。

直到九月初六，朱由校举行完登基大典后，李选侍不得不抱着自己亲生的八公主搬离乾清宫，住进仁寿宫内的哕鸾宫。至此，移宫案画上了一个句号，李选侍想当皇太后的梦想最终落空。

朱由校：被业余爱好耽误了的皇帝

经过一番折腾，年仅十六岁的朱由校登上了皇帝宝座，改元天启。当时的大明王朝已经是一堆烂摊子，许多错误的制度、政事都需要修正，北部边疆随时都面临已经渐渐崛起的另一个少数民族政权——后金的威胁，迫切需要一个英明神武的君主来带领大明拨乱反正，走出阴霾。当时的很多大臣也对这个新皇帝寄予厚望，十六岁也不是幼儿，在他们看来，如果辅佐得当，完全有能力大干一场，没准还能来个"中兴"什么的。

但这位新皇帝即位后，做的第一件事就让他们大跌眼镜。他把自己的乳母客氏封为奉圣夫人，并且留她在宫中居住。这让这群大臣傻了眼，前脚刚赶走了一个养母李选侍，现在又来了一个乳母客氏。与客氏狼狈为奸的还有一个宦官魏忠贤，这让大臣们犯了难。

这个皇帝在小时候就是出了名的不爱学习只爱玩，凡是能引起他好奇的事物，他都会去钻研琢磨。当了皇帝以后，没人能管教他了，再加上魏忠贤等一票人在旁引导他，更是放飞自我，玩得开心。

当时明朝的火器已经很先进了，朱由校自然是也想演练一番。于是在魏忠贤的调度下，一支由小宦官们组成的火器队，拿着从京营神机营得到的火器，在皇宫里给小皇帝演练军阵成了常事。有时他还会亲自摸一把火器，结果有一次火铳走火，差点伤到他。除了看表演他还会让皇后跟自己一起演练火器军阵，但是张皇后觉得不成体统，没跟着他一起瞎闹。

除了打猎、游乐，朱由校最喜欢的还是制作木器等物件，因此后世也有称他为"木匠皇帝"的。他善于钻研一切木料机关，后宫的宦官和宫女们经常可以看见他拿着木匠工具各种忙活，制作出精美的亭台楼阁模型。还会雕刻各种梳妆匣、木器砚床等实用的木制品。据说他曾经让小宦官拿着这些木器到集市上卖，居然还卖出了大价钱。有一次他竟然用大木桶、铜缸等物件，凿出孔做出了类似喷泉的物件。

也正是他爱玩的天性，许多朝政根本顾不上处理，他也不乐意处理，就都丢给了魏忠贤来办，造成了天启一朝魏忠贤把持朝政的局面。

大明：天子守国门

魏忠贤：大明最后的"独裁者"

明中后期，虽然皇帝怠政，但是几十年来居然没有出现宦官或者权臣把握朝政、大权独揽的情况。这种局面到了明末天启年间便结束了，终结这种情况的人叫魏忠贤，是个宦官。

魏忠贤并不是自小入官的宦官。他是河北肃宁人，小时候因为家境贫寒并没有读过书，自然也是不识字的。常年混迹于街头，是个小混混，除了抢抢钱就是赌博。有一次赌博赌大了，也输了，估计是输得裤子都没了，于是郁闷之下挥刀自宫，进宫当宦官去了。

这人善于溜须拍马，左右逢源。进宫不久就巴结上了王安手下的太监魏朝，而这个魏朝当时正跟朱由校的乳母客氏打得火热。于是顺藤摸瓜，经过介绍，魏忠贤便也与客氏好上了。这就相当于搭上了"顺风快车"，魏忠贤特别善于识人眼色，将客氏伺候得舒舒服服的。如此，客氏便在朱由校面前说尽好话，魏朝便被一脚踹出了皇宫，就连对他们不满的大太监王安都被这二人合谋害死了。

朱由校信任他的乳母客氏，而魏忠贤又擅长奉迎，这二人深得皇帝信任，魏忠贤很快由一个小宦官爬上了司礼监秉笔太监的位置。能进司礼监，便离中央皇权更近了一步。按照大明祖制，司礼监的太监须由识字念书的宦官来出任，魏忠贤大字不识一个，能爬上这个位置自然是依仗了客氏的权力。

为了把持朝政，聪明的魏忠贤专选朱由校在做木匠雕刻工作的时候向他递上内阁票拟或者大臣的上疏请他批阅。而此刻正专心的朱由校定然是心烦意乱，大手一挥，便将批阅奏折的权力交给了魏忠贤。一来二去，魏忠贤便掌握了这个权力，喜好皆由他来。一时大权在握，权倾朝野。

这种专权引起了朝中大臣的不满，以东林人士为首的一批大臣便经常上疏弹劾魏忠贤等人。这些弹劾并没有妨碍魏忠贤一路高升，截至天启二年（1622），魏忠贤不但将内操军增加到一万人，任他们随意出入宫禁，他自己还被提拔协领东厂事宜。

而朝中一些大臣为了巴结魏忠贤，不惜自愿做魏忠贤的干儿子，甚至给他修生祠。终明熹宗朱由校在位七年间，魏忠贤把持了七年朝政，朝中大臣争先给魏忠贤修建生祠，仅仅一年多的时间，全国出现了七十多座生祠。这些大臣被当时反对魏忠贤的人称作"阉党"。他们与朝中一些正直的大臣相互攻讦，祸乱朝政，造成了明朝末年无可挽回的乱局。

客氏：一个霸占后宫的乳母

明熹宗朱由校的母亲王才人不受朱常洛的宠爱，常年被得宠的李选侍欺负，甚至对其拳脚相向，造成王氏年轻早逝。而李选侍虽然成了朱由校名义上的监护者，却并不怎么疼爱他，唯一给他母爱和一点温暖的便是乳母客氏。

这个客氏名叫客巴巴，是直隶定兴人，出身于一个很普通的农民家庭。客氏因为奶水好，就被选入皇宫做皇孙朱由校的奶妈。但她入宫仅两年，丈夫就死了，精于算计的她就准备在皇宫长久住下去。掌握朱由校便是最好的方法，于是她天天陪着小皇孙玩，哄他睡觉，甚至跟他日日住在一起。

因为当时朱由校的父亲都不受重视，所以更没人管这个还是奶娃娃的皇长孙。小孩子都有依恋，长此以往，朱由校便离不开客氏了，一旦离开她就哭闹着不吃饭。宫人也都没有办法，即使朱由校到了断奶的时候，客氏也依然留在宫中。

到了天启元年（1621）二月，朱由校大婚，客氏才不能随时跟在他身后。但对她的优待丝毫不比从前少，几乎是奉她为皇太后一般的待遇了。除了客氏的儿子、弟弟都得到了荫封，为锦衣卫千户，还赐予客氏所谓护坟香火田二十顷。每逢客氏生日，明熹宗朱由校一定会亲自前去祝贺，赐予无数。客氏出行的排场也很大，必有清尘除道，还有小宦官们在旁开道，高声呼喊"老祖太太千岁"。

朝中大臣自然有人反对，并提出要将客氏送出皇宫。明熹宗虽然同意了，也照做了，但不久又派人把她请进了皇宫，还准许她自由出入皇宫内外。理由是他自幼跟随客氏长大，习惯了她的服侍与照顾。没有客氏，他寝食难安。就这样，这位乳母再次留在了宫里，无人敢提出异议。

这个女人虽然是明熹宗朱由校的乳母，但她的嫉妒能力不亚于万贞儿。为了长久把持朝政，她伙同魏忠贤密切关注朱由校的后宫，生怕有皇子诞生。朱由校的后宫但凡有孕者都难逃此人"魔爪"。先是裕妃张氏有孕，客氏不仅害死了她的孩子，连同大人也一起难逃厄运。而成妃稍微受宠了一点，客氏便设计革除了她的封号。就连皇后张氏怀孕，都被客氏设计给打掉了。朱由校仅有的三个儿子，都没能活过一岁。不得不说，客氏狠辣的手段令人发指。

她以为会这样依仗皇帝的优待与宠爱在皇宫里生活一辈子，出行有人前呼后拥，吃饭有人伺候，但没想到的是，随着魏忠贤的倒台，她也被当作前朝的"垃圾"被清理了出去。据史料记载，明思宗朱由检继位时，派人来拿她下狱。她拿着朱由校从小剪下来的头发和指甲，苦苦哀求希望能留自己一命，但终究还是被处死了。

晚明：十辆马车也拉不回的"脱轨"

难以经略的辽东

萨尔浒之战后，明朝军队在辽东地区便丧失了主动权，转攻为守。但是守也是难以坚守，从万历四十七年（1619）至天启元年（1621），铁岭失守，辽东重镇沈阳、首府辽阳相继被攻陷，当时的辽东经略袁应泰自杀，辽东局势一片混乱，只剩下广宁一城可以坚守，辽河以东全部为后金占领。

辽东经略仿佛成了一块烫手的山芋，谁都不愿接手，也没人可以接手。这时，熊廷弼被人想了起来，这位老将再度被任命为辽东经略。一抵达京师，熊廷弼就提出了自己的防守策略，即分别以广宁、山海关、登莱和天津海路三面布置防守兵力。得到了天启帝朱由校的许可，熊廷弼就带着这样的策略驻守山海关，开始了自己经略辽东的生涯。

如果说辽东只有熊廷弼说了算，辽东尚可一守，但当时朝廷大部分朝臣都主张进攻，急于挫一挫后金的锐气，收复辽阳和沈阳。刚好，辽东巡抚王化贞也是这样的想法，他曾经上疏天启帝说，给自己六万大军，一定收复失地，荡平后金军。即使一时没法消灭后金，也要给后金以一定的杀伤力，使其不能在辽东作威作福。熊、王两人在经略方面的看法不同，这就为经、抚不和埋下了伏笔。

就在熊廷弼专心部署自己的三方防守策略时，王化贞上疏明廷，之前派遣的都司毛文龙成功策反镇江守将，取得了镇江大捷。获此捷报后，王化贞想乘胜追击，于是请求由天津派出两万水师接应毛文龙，自己率四万广宁守军北上，并联合蒙古军队。但由于熊廷弼对此持观望态度，不赞同这种看法，没有出兵。王化贞又上疏详细分析当时的情况，并指出后金军队并没有占领辽阳城，河东部分投降守军也有心重新归降。西部又有少数民族部队愿意出兵协助，加上敌人在辽东的守军最多只有五千人，正是趁机收复失地的大好时机。

兵部尚书张鹤鸣也赞成王化贞进攻的意见，他与王化贞之间的书信来往经常绕过熊廷弼，直接奏议。如此一来，熊廷弼的经略实权已经被架空，为此，他曾经上疏抱怨张鹤鸣同王化贞不体恤自己，使自己无法大展拳脚而好好经略辽东。而王化贞依旧在催促朝廷积极主动出兵，一解辽阳之困。熊廷弼无法，只得让出山海关，让王化贞渡河而去。即便如此，熊廷弼依旧上疏朝廷，言明海州虽然容易攻打，但防守不易，不应轻举妄动。

天启二年（1622），后金派出大军五万人进攻西平堡。西平堡是广宁城的重要屏障，大敌当前，只能一心救援，防止广宁陷落才是正道。但经、抚矛盾还未解决，熊廷弼和王化贞各自采用自己的救援模式。王化贞这边过于相信孙得功，不知他已经投降了后金。便令他与祖大寿率领广宁兵前去救援，与此同时，熊廷弼也派出总兵祁秉忠和刘渠分别前去驰援。

三路援军与后金在沙岭附近发生遭遇战，刘渠部本来稍微占有优势，没承想孙得功假模假式与后金过了两招便高呼"败了败了"，带头逃跑。其他士兵不明就里，信以为真，也纷纷逃窜。而正与后金军队交战的刘渠与祁秉忠则在撤退途中被后金包围，一个落马被杀，一个勉强突围，却伤重不治。明军惨败，广宁城就这样拱手让与了后金。

传首九边：辽东战败的牺牲品

就在三路援军的救援以失败告终，西平堡和广宁城守无可守后，熊廷弼刚到闾阳驿，而王化贞也一路狼狈逃跑至此。见到熊廷弼，王化贞羞愧难当。而熊廷弼此时还调侃王化贞："说好的六万人一举荡平后金军，现在又如何了？"

王化贞最后建议坚守宁远和前屯，遭到了熊廷弼的否定，他认为此时前线已无险可守，只能撤回山海关以内再做打算。但参政高邦佐向熊廷弼报告说，后金军并没有驻守广宁城，广宁尚可一守，熊廷弼却一心想要退回关内。只将自己的五千兵马分给王化贞负责殿后，自己则率先护送从广宁逃出的难民入关去了。高邦佐一人想守广宁，却又无力回天，于是在杏山驿自杀了。

回朝后，明廷清算他们的战败之罪。王化贞作为主要责任人被逮捕入狱，熊廷弼作为经略也连带入狱。此时东林党人已经将王化贞作为战败的罪魁祸首而放弃营救，而熊廷弼正好向汪文言贿赂了四万两银子请求保自己不死。同时为了制造舆论，熊廷弼在狱中还撰写了一本《辽东传》，托人带出大狱，刊刻出版。

没承想，这些事非但没能拯救他的性命，反而将他丢入了政治漩涡中。当时魏忠贤正谋划整治东林党，汪文言的受贿让他抓住了把柄，借助此事，大批东林党人被下狱。为了灭口，魏忠贤当然也不会让熊廷弼活着。加之，他私自刊刻《辽东传》为自己开脱，惹怒了天启皇帝朱由校，最终熊廷弼被判处弃市，他的首级在北方九处边防重镇传阅示众。

熊廷弼死后，家人也没幸免于难。阉党要求追赃，说熊廷弼贪墨军饷几百万两，下令抄家。不仅熊廷弼自家被抄没，连亲戚及本家家族都没能逃脱。

宁远大捷：大明军民的一剂强心针

自从万历四十七年（1619）的萨尔浒战役失利以后，明朝在辽东的边防线每年都在后退。直到天启六年（1626）时，大明在辽东只保有山海关以内的城防，关外的已经丢了四十余座城堡，就连辽西的重镇广宁都已丢失。

天启元年（1621），后金军连克广宁等众多城堡后，便企图入侵山海关。面对后金如此猛烈的攻势，明廷内部产生了分歧。辽东经略王在晋等主张退守山海关，而宁前兵备佥事袁崇焕及兵部尚书孙承宗则认为，如果想保住山海关内，则必须保住山海关。对于战事的进退，天启帝表现出了少有的积极。他支持了孙承宗的看法，并用孙承宗取代了王在晋，出任辽东经略。

孙承宗上任后，第一件事就是派满桂与袁崇焕率领大军驻守宁远，并叮嘱他们一定要守住宁远。袁崇焕等人也抓紧在宁远一带屯田练兵，并抓紧时间修建城堡，将军事工程修建在城池周围。宁远城建成后，城墙高三丈有余，且加厚不少，成为一座屏蔽身后山海关的军事重镇。

天启五年（1625），就在宁远城建设完成后，辽东经略孙承宗就被换掉了。新上任的高第是阉党的人，此人胆小怕事，刚上任就要求撤出镇守宁远的全部守军，并撤回宁远周围的军事防御。尽管袁崇焕一再坚持一定要坚守宁远，但高第还是下令撤回锦州、大小凌河等地城堡。最后拗不过袁崇焕，只好把他留在宁远，他可以指挥的守军也不过一万余人，还有十一门西洋大炮。于是趁明军把山海关以外的防御撤掉的机会，就在第二年，努尔哈赤率领八旗军约六万人从西边渡过辽河，向宁远而来。

由于守军不足，袁崇焕便把宁远城内所有能参战的民众调动起来，组织他们共同守卫宁远。为了鼓舞士气，袁崇焕还以血写书，动员全城，死守宁远，与城共存亡。在军事安排上，他令满桂、祖大寿等人分别严格把守四面城墙，自己则稳坐中军，提点全军。还将西洋大炮配置在四面城墙上，以做防御。

除此之外，为了防止努尔哈赤派奸细探查宁远的防守情况，袁崇焕还派人密切巡逻各个街头巷尾。为了鼓舞士气，他还派出官员亲自带领城内的民众筹措粮草、火药等，以稳定军心、民心，全力以赴把守宁远。

努尔哈赤却没把小小的宁远城放在眼里,他认为宁远后无援助,城内守军也撤得差不多了,应该很快就能拿下。到了城下却没想到,当头遭遇西洋大炮的轰击,后金军伤亡惨重。尽管如此,后金军还是不懈努力,将十八般武艺全部用尽,仍攻不破宁远的深沟高墙,挡不住西洋大炮的猛烈炮火。最终,努尔哈赤只得下令撤军,宁远得以保全。

这次战争的胜利,无异于给后金阴影下的大明军队打了一剂强心针。鼓舞了边境军民的士气,山海关也因此得以保全,大明在辽东的防线一度向前推进了数百里。

宁锦之战:来自后金的报复性打击

在明军取得宁远大捷后的一段时间里,努尔哈赤因伤病,加上出征以来的首次失败,郁郁寡欢,很快就离世了。后金政权也面临新一轮的政治洗牌,于是辽东边境得到了暂时的平静。

在此期间,明朝边防也换了新的经略、巡抚和总兵。作为新的经略王之臣首先要面临的就是如何继续坚守"关锦宁"的防线,袁崇焕任新的辽东巡抚,袁崇焕确定了"辽人守辽土"的方针,除了继续加固扩建锦州、宁远城,还加固了中左所、中前所及右屯、大棱河一带的军事防御城堡,坚持镇守关外,依照镇守宁远的模式,招募士兵,同时在边地实行屯田。自己继续坐镇宁远,由总兵赵率教镇守锦州,修筑了一道"宁锦防线"。

天启七年(1627)五月,皇太极率三路大军直奔大明边境而来。三路大军分为左、中、右三队,迅速越过了大棱河、右屯卫一线,直逼锦州。当时锦州城的守军约有三万人，由总兵赵率教和监军太监纪用坐镇。城堡的军事防御工事刚刚修建完毕，就在后金军队到达锦州之前，从大、小凌河撤退的其他守军皆撤入大城，周围城堡的守军也都向锦州靠拢，坚壁清野，做好了御敌的准备。

而后方山海关一线也迅速进入备战状态，袁崇焕调集宣府、大同等地兵马出关，满桂从山海关向前进驻前屯，袁崇焕则率领祖大寿等军队坐镇宁远，做好迎敌准备。

面对后金的突然围城，尽管有了一定的心理准备，明军后勤也一时没有做好准备。在这种情况下，坐镇锦州的赵率教派人至后金大营中讲和，以便给后方完善城防部署的时间，同时也等待从后方来的援军。但皇太极并无讲和意图，对来讲和的使者态度蛮横，并写了回信给赵率教。

在不见回信的情况下，皇太极便下令攻城。守城的明军便用大炮、修城用剩下的墙砖打退了后金连续的攻势，直到晚上也没有见锦州城有任何漏洞，后金军反而损失惨重，于是皇太极将大营后退五里，派人去沈阳调兵支援。

等待援军的时候也没闲着，皇太极不断派出使者前去招降锦州守将赵率教等人，却无甚效果，反而收到了一堆劝退信件。上面各种劝他退兵的话，如若此时退兵，大明必定有赏。见劝降无果，皇太极便采用激将法，在回信中大骂赵率教等人，意图非常明显，就是让明军出城，明军依然闭城不出。就在此时，满桂和尤世禄率领的增援部队遭遇了后金运粮的小股部队。双方激战后，各有损伤，增援部队班师回到宁远，而皇太极的部队也回到塔山大营。

皇太极招降无果，虽有援军来到，锦州却久攻不下，皇太极便打起了攻打宁远的主意。

宁锦之战后续：报复失败后金被打脸

皇太极围困锦州十五天有余，但锦州依旧岿然不动，诱明军出城野战也无果。加上几天前与宁远城的满桂军交战让他觉得宁远可图，于是便移师西行，攻打宁远。

坚守宁远的袁崇焕在得知这一消息后，命驻守明军在城前深挖壕沟，加固城墙。由满桂亲自出征，在宁远城东二里扎营，孙祖寿、许定国在城西驻守，分别守卫一方，并调整好火器，等待后金大军的到来。

五月二十八日左右，皇太极率领后金精锐来到了宁远城附近，早已准备好的满桂等人各率军队与后金军展开野战。本以为能在宁远讨到便宜的皇太极没想到迎接他的却是一场恶战，在这场战斗中，满桂身负重伤，大明军队损失惨重。而后金的伤亡也难以统计，连各个贝勒都受了伤，济尔哈朗及代善的三子、四子皆重伤，有两个游击将军阵亡于宁远城下。面对如此损伤，皇太极只好下令收兵撤退。

就在此时，锦州紧闭几天的城门突然大开。赵率教亲率大军攻击还驻守在锦州城外的后金军，一阵冲击后又迅速撤兵。皇太极感到围困锦州的军队也有危机，立即从宁远撤退，转而进攻锦州，试图再次打开锦州城门。但锦州守军依然用猛烈的炮火打击攻城的后金军。此时天气酷热，久攻两城不下，士气很是低落，士兵中有很多中暑者根本不能战斗，后金军的战斗力大大削弱。

就在围攻锦州第二十四天后，皇太极下令撤军。明军取得了守城的胜利，也是继宁远大捷之后的第二次胜利。这次守城战的胜利，阻止了后金军继续入关的脚步，也保证了京师的安全，令明廷大为振奋。

◁◀ 大明：天子守国门

澎湖海战：国土问题寸土必争

就在北方边境守军被后金"折磨"得闻风丧胆之时，南方澎湖一带也出现了新情况，一支来自荷兰的舰队凭着自己的船坚炮利，占领了澎湖地区，并封锁了福建的漳州港，这是天启二年（1622）的事。

说到澎湖被锁，这也是一个历史遗留问题。早在万历三十二年（1604），荷兰的东印度公司就率领舰队来到澎湖地区，要求在福建地区通商，但遭到了当地官员的拒绝，甚至还被福建都司的沈有容派兵驱逐。再向前回溯，荷兰人为什么要到澎湖地区来？原来这一时期欧洲人加紧对外扩张，荷兰人成立了东印度公司，想在东方开辟一个贸易补给点，于是就看上了中国这块市场。

澎湖地区是漳州和泉州的门户，也是面对当时台湾地区的一个重要港口。一旦澎湖丢失，就会面临着丢掉台湾的危机。所以明廷对荷兰占领澎湖地区的态度是：必须坚决夺回，驱逐荷兰人。

在这种情况下，整个福建地区都处于一种紧张备战的状态。天启三年（1623），福建巡抚南居益先是故意放出和谈的消息，并邀请荷兰代表前往厦门就通商一事协商。席间，囚禁了荷兰代表，并趁机烧毁了荷兰人的部分战舰。

就这样，天启四年（1624）初，南居益亲率大军向澎湖地区的荷兰人发动了进攻，包括一万余士兵和二百余艘战舰。当时登岛之日，福建总兵亲自率军与荷兰人交战。而荷兰人在澎湖的要塞地区防御工事颇为坚固，加上有防御的战舰，明军竟久攻不下。

直至八月，南居益派出火铳兵增援澎湖明军，并将大军分成三路包围要塞城池。而荷兰人守到此时后勤粮草已经跟不上，最终选择突围撤离澎湖地区。荷兰军队的守城将领也在此时被活捉，一路押解至京城受刑。

如此，明廷便收复了澎湖地区，解除了台湾地区被继续侵略的危机。

晚明：十辆马车也拉不回的"脱轨" ▶▶

未解之谜：王恭厂大爆炸

天启六年（1626）五月的一天早晨，京师发生了一场大爆炸，造成了前所未有的伤害。除了京城里的百姓，就连皇城内都受到了影响。当时天启帝朱由校正在乾清宫吃早饭，大殿突然震动，吓得他扔下碗筷就跑，小宦官们反应不及时，根本来不及追赶。朱由校慌慌张张跑到交泰殿，惊魂未定地躲到了一张桌子下面。而乾清宫这边，在殿的大臣、宦官等都被宫内倒塌的梁柱砸死，小太子朱慈炅也未能幸免于难。而在宫禁内负责修缮的工匠们则从高处被震落下来，当场跌死。

再来看看爆炸现场吧。爆炸的中心位置是在城西南的王恭厂附近，被砸死的御史何迁枢、潘云翼两家就在城的西南附近，皆被土掩埋。据说当时爆炸发生的瞬间，天边有大火球在空中滚来滚去，乱云横飞。还有一黑烟密布的蘑菇云在城西南角上空升腾而起。就在这一刹那，还是万里无云的天空突然天昏地暗，烟尘弥漫，许多房屋一齐倒塌，甚是壮观可怖。

而阜成门到刑部街的范围内，天空坠落无数的房屋瓦砾、木材以及各种人畜尸块。长安街一带，天上仿佛落雨一般，落下许多人体碎块，不忍目睹。最惨的是当时宫禁中皇帝仪仗队的大象因受到惊吓，从园内逃到大街上，造成无数百姓被践踏的事故。

最离奇的是，这场爆炸不仅能让人不翼而飞，还带走了现场死、伤者的衣服。据当时史料记载：爆炸过后，一所学堂的学童和先生均不见踪影，宣府新推总兵上街拜客者，行至圆宏寺街时一行七人均不翼而飞。现场瓦砾一片，街上的行人，还有尸体身上皆不着寸缕。一时情急，有用瓦片遮盖身体的，也有幸运地找到床单什么的遮盖的。事后，有人报告说，在京城附近的西山、昌平等处发现了成堆的衣服、器皿、首饰等物品，消失的人也在别人家中寻到了踪迹。

这次，爆炸产生的威力很是可怕。据史料记载，石驸马街上一尊重达五千斤的石狮子飞到了七百米开外的顺成门附近。京城西南附近被夷为平地，王恭厂旁边的二十多棵需几人合抱的大树被连根拔起。

突如其来的爆炸带走了不计其数的生命，众多房屋瞬间被夷为平地，给京师带来了难以磨灭的伤痕。

众说纷纭：王恭厂大爆炸原因

说起这场灾难的原因，至今尚未有定论。关于引起王恭厂爆炸的真正原因不仅困扰着历史学家，还令许多科学家费解。这场爆炸事件与发生在古印度的"死丘事件"和1908年发生在俄罗斯西伯利亚地区的"通古斯大爆炸"合称世界三大未解自然之谜。

至今主要有"火药焚爆说""龙卷风说""地震说"以及"陨石说"几种看法。

火药焚爆说是最早用来解释这场灾难的说法，当时的许多史料也都认为是王恭厂附近火药库爆炸引起的。在这次爆炸的中心——王恭厂附近的确有一个专门向神机营提供火器制造原料的火药库，储存大约有三千吨的火药，而王恭厂附近也有火器军营驻守。虽然当时也有人说可能是有奸细偷偷溜进京城，点燃储存火药。但这种黑火药的威力远比不上现在的火药，即使全部爆炸也只能是二级地震的震感，最多是将王恭厂附近的房屋烧毁，绝不会有这种成千上万的死伤，也不可能把石驸马街重达几吨的石狮子扔到几百米开外的顺成门，更不要提爆炸发生时那一系列匪夷所思的现象。

除了火药焚爆说比较靠谱外,还有地震说。这要从爆炸发生前的一些征兆说起,远的有一年以前,近的到灾变前几天,但这些情况都没有引起当时人的注意。如天启四年(1624)有长期不下雨的天旱,到天启五年(1625)又持续干旱。灾变前一个月,还有人看到传说中的鬼车鸟在京城观象台处昼夜哀鸣。到五月份,明明已经入暑,却发生了冻灾,京畿周围的庄稼受到霜打,灾情严重。不止霜降,还有白露挂在树上,甚至到了中午也还没有消失。更诡异的是,京城前门角楼有火光冲天,还是青色的萤火。灾变的前几天,天空四方不断有各色云气涌现。

后世认为这些都是地震前的一些征兆,但是当时的官方资料中却没有记载京城附近有地震,也并未确定这次灾难与地震有关。据载,当时京畿附近经常发生地震。凡有某处地震,明代钦天监及观象台的官员均会记录并上报,否则会承担隐瞒不报的严重后果。还有就是一些爆炸时的现象也与地震不符,虽然受爆炸影响的地区有强烈的震感,且有天地摇晃、大震一声诸如此类的现象描写。但如果说王恭厂附近是震源中心,那么距离它较近的真如寺、承恩寺等主体建筑并未受到损害。且地震也不会引起蘑菇状的烟云,更不会造成死、伤者一丝不挂的现象。

至于陨石说和龙卷风说,则是因为爆炸现场有火球在天空中滚来滚去的现象以及有"烟尘障灰,白昼晦暝"的现象,与当代研究陨石坠落的描述很接近,但这一说法难以解释为什么石狮子会被扔到几百米之外,且在现场并未发现任何类似陨石的巨大天体。龙卷风说的出现是因为当时受灾人群衣服的不翼而飞和一些人的凭空消失。但是龙卷风是毁灭性的无差别的卷走物品和人,而不是记载中的只卷走了衣服、首饰等物品,而有些人还在。且当时并未有人目击巨大的旋风,甚至都没有感受到风的存在。

以上各种说法,都有漏洞,无法真正地令人信服。所以直到今日,这场爆炸的真正原因依然神秘,成了一个千古谜团。

明思宗：大明王朝最后的守护者

就在王恭厂大爆炸前一年的夏天，明熹宗朱由校与魏忠贤、客氏在西苑湖上泛舟游玩。朱由校玩心大发，亲自划着一艘小船同两个小宦官戏水。却不小心掉进了水里，本就不会游泳的朱由校受到了惊吓。后来虽被人救起，但从此一病不起，身体也大不如从前。

至天启七年（1627）八月，朱由校自觉时日不多，便在病榻上召见了他唯一的弟弟信王朱由检。兄弟俩谈了很多话，最后，朱由校拉着他的手说："吾弟当为尧舜。"这话很有托孤的意味了，不过，自从朱由校唯一的儿子也死在了王恭厂大爆炸后，他就没有继承人了。他所托付给朱由检的，是风雨飘摇中的大明江山。

信王朱由检是光宗朱常洛的第五个儿子，在他四岁的时候，生母王氏去世，朱常洛便把他托付给另一位李选侍。当时后宫有两位李选侍，为加以区别，照顾朱由校的李选侍为西李，而照顾朱由检的则为东李。这位东李选侍为人宽厚温和、心地又善良，在抚养朱由检的时候也尽心尽力，她的这些品格对朱由检也产生了一定的影响。

魏忠贤当权时期，在东李宫中的宦官是魏忠贤的好友。对于这位先帝身边不受宠的选侍，他很是轻慢，有时甚至言行举止轻薄，东李很是受气。她一向内敛，从不与人说自己受的委屈。就这样长期郁郁寡欢，竟然病死了。年少的朱由检经历二次丧母，他再也没有可以信任的人了。

朱由校待他很好，两人虽是皇家兄弟，却没有皇室的钩心斗角。天启二年（1622），朱由检被封信王，却没有离开皇宫，一直住在宫中。直到天启六年（1626）方离宫到信王府居住，这一切都是朱由校的默许。

最初朱由校登基的时候，朱由检只有十岁，他看着身着冕服的哥哥好奇发问："哥哥，皇帝是几品官，我可做得吗？"这话引得众人皆惊，而朱由校却笑着说:"等我做几年,便让给你做做。"没想到的是,一语成谶,而交到他手上的大明王朝也早已千疮百孔,无药可救了。

赐死魏忠贤:对阉党的一次大清洗

朱由检继位后所做的第一件事就是清除魏忠贤及阉党势力。但这种清理也不是一蹴而就的,毕竟魏忠贤及其势力在朝中甚多,牵连甚广,突然剪除无异于对明廷的一次"伤筋动骨"。

魏忠贤仿佛也嗅到了这种危机,虽然新帝继位后,对他依然是恩宠有加,对客氏也是恭恭敬敬。但天生政治敏感的他还是在九月初就提出了辞呈,告病还家。此举遭到了朱由检的拒绝,新皇帝还用温和的语气把他安慰了一番,请求他继续留任。

依然也有官员请求继续建造魏忠贤的生祠,朱由检却不置可否,留中不发。这让魏忠贤甚为惶恐,只得上疏请求辞建生祠。如此,又得到了朱由检的褒奖,并说以后都不可以再建生祠了。这无异于给魏忠贤敲了一记警钟。

随后,朱由检做的第一件事就是将长期居住宫中的客氏好言好语"劝"出皇宫。先帝驾崩,跟新帝毫无关系的客氏也就再也没有理由居住在宫中了。据说离开的时候,客氏至明熹宗灵堂将自己保存很久的先帝胎发、指甲等物品焚化,而后哀伤而去。朱由检更换了宫中的内官,并把自己信王府中的宦官调入宫中。

如此,明廷朝臣皆知魏忠贤已经失势。一部分官员率先领悟到新帝发出的信号,御史杨维垣率先上疏弹劾魏忠贤的得力干将——崔呈秀。崔呈秀在上疏辩解的同时也按照惯例请求皇帝罢免自己，没想到的是，新皇帝真的以罪证确凿为由罢免了他。

崔呈秀事件以后，朝臣马上明白了朱由检的意思，大家纷纷把矛头指向了魏忠贤，有的甚至上书列数魏忠贤的十大罪状。魏忠贤得知后吓得不轻，找到朱由检高声呼冤。朱由检却没有说话，只是让内官把这份列举他十大罪状的奏折念给他听。魏忠贤自知大权不保，他此刻只想保住自己的富贵，于是再次请求辞职归家。这次朱由检顺坡下驴，命王体乾掌管东厂，命高时明掌管司礼监，又将锦衣卫交给魏良卿和魏良栋来掌管，彻底瓦解了魏忠贤在朝中的大权。

当然，恨魏忠贤入骨的朱由检是不会给他这么好的结局的。平稳过渡后，朱由检下谕旨，尽数魏忠贤几大罪状："不思尽忠报国，以酬隆遇，专一逞私植党，怙恶作奸，盗弄国柄，擅作威福，难以枚举。"正式发难，将魏忠贤贬到凤阳祖陵做一香火管事，而客氏则被贬到浣衣局。期间，还对客氏进行严刑拷打，让她交代自己是如何谋害皇子后妃的。

最后，魏忠贤并没有平安到达凤阳，而是在阜城一家客店中自缢身亡。朱由检仍然不解气，下令将魏忠贤的尸体磔于河间，又将客氏尸体斩首，一时朝野为之振奋。

随之而来的就是对阉党的清洗，早年依附于魏忠贤的文官或被处死，或遭罢官，或被削籍，最轻的都是被降职处理。

有心无力：勤政也挽救不了的大厦（上）

魏忠贤等一众阉党被清理完毕之后，朱由检开始准备大干一场了。他颁行了一系列新政措施，并且重新启用袁崇焕整饬边防，试图重新建立北方防线。他本人也特别勤政，据史料记载，他经常连夜批阅奏折，军情紧急的时候，甚至几夜不能合眼。但大明王朝的积弊不是一朝一夕造成的，朱由检的勤奋也无法弥补大明所面临的内忧外患，特别是愈演愈烈的天灾人祸。

当时的内忧主要是连年的天灾与瘟疫，以及被逼疯了的各地此起彼伏的农民起义。从崇祯元年（1628）开始，北方地区就开始连年大旱。陕西一带先是大旱，而后水灾，水灾过后是蝗灾，田野里颗粒无收，百姓都已经到了吃土的地步。崇祯三年（1630），陕西巡抚在上疏中说，当地百姓在把山上的蓬草吃完后开始吃树皮，最后连树皮都吃完只能吃观音土。而崇祯七年（1634）时，吕维祺上疏：河南连年大旱，百姓无所吃食，遍野无青草，村子都荒废了，赤地千里，各乡间尸横遍野，甚至还有相互吃人的情况。有不堪其苦的灾民便加入了盗寇，还有跟随李自成起义的。

到了崇祯十三年（1640），河间府、顺德府等河北多地暴发瘟疫，且为烈性传染疾病。现在验证为鼠疫，一天之内病死者十之五六。瘟疫从河北地区传入京师，一时严重到有十室九空，一家子死绝了尸体放在屋内无人收殓的地步。这以后，瘟疫开始南下，已有旱灾、蝗灾的地区无异于雪上加霜。

一系列的灾难爆发，明廷官员不仅不加赈济，反而冷漠对待，还要征收大笔赋税。这无异于将百姓推下绝望的深渊，于是逼出各地民变与农民起义，这其中就包括著名的李自成起义。而剿灭这些农民起义也需要一大笔军费开支，朝廷无钱可使，便要再征。再征无可征，百姓难以生活，便落草为寇，加入起义军。于是便形成了一个恶性循环，农民起义军的增多导致剿灭更加困难，新征收的赋税钱还不够剿灭新的反叛者。

◁◀ 大明：天子守国门

　　这就是大明当时所面临的内部问题，加上大明王朝在万历、天启年间的频繁战争，大明的财政已经入不敷出很多年，以至于朱由检继位以后根本无力填这个大坑，更不要说想到去解决农民起义爆发的根本问题了。

有心无力：勤政也挽救不了的大厦（下）

　　再说大明所面临的外患问题。终明一朝，北方所面对的始终是蒙古遗族分裂的鞑靼和瓦剌两个部落。到万历时期，强大的便只剩下鞑靼部，但他们对大明的骚扰也只是因为经济上过不去，希望向大明讨点好处罢了。隆庆和议以后，鞑靼部就彻底成了大明的友好睦邻，百年内对边境无所骚扰了。而此时趁机崛起的却是东北的一支少数民族——建州女真。

　　早年女真部落较为弱小，处于分散的游牧状态。这源于大明长期对东北建州女真所采取的一种分而治之的政策：建州三卫各守一部分土地，彼此不相融合。而当时大明国强马壮，对于震慑辽东还是有一定条件的。但到了万历年间，连年的对外征伐不仅掏空了大明的财政，也削弱了边疆地区的防御系统。朝鲜之役结束后，大明在辽东留下的守军不超过五万人。这就给了建州女真发展壮大的机会，加上建州女真部在这时出现了一位统一建州女真各部的首领——努尔哈赤。

　　万历年间，努尔哈赤曾经在辽东经略李成梁的手下效命，也为大明四处征战。直至他的祖父和父亲遭图伦城主出卖被明军冤杀以后，他便将大明认定为自己的仇人。就在大明一路腐朽下去的时候，努尔哈赤却在韬光养晦，不仅完成了建州女真的统一，消灭了东北许多弱小部族，还创造了自己的文字和一套处理政务的系统。到万历四十四年（1616），努尔哈赤公开在赫图阿拉称汗，建立国号为金，宣布反叛明廷。

但直到万历四十六年（1618）的萨尔浒战役，努尔哈赤才第一次正面与明军交锋。这次战役充分暴露了明军在作战训练以及将领指挥方面的无能，也让努尔哈赤认识到了明军的腐朽。

也就是从这时开始，后金不断骚扰大明北方边境。皇太极因父亲努尔哈赤死在了宁远一战之后，更加仇视大明，加紧了入侵大明在辽东的边境，将明廷拖进了两线作战的深渊，山海关一线已经快要支撑不了多久了。

崇祯初年，后金军队已经攻破了大明的长城边塞，进入到京畿地区甚至更远的腹地，大肆对边民进行烧杀抢掠，这对于百姓来说无异于雪上加霜。

勉力支撑：朱由检苦苦推行的无果新政

作为明朝最后一位皇帝，朱由检一点也不像前朝那些荒淫无度的亡国之君。他不仅恢复了被废止几十年的经筵讲学，还决心整饬边防，加强武备训练。一改朝中腐败的风气，重整朝纲。

清理完魏忠贤及其阉党后，他下令禁止宦官干预朝政，但又出尔反尔，造成宦官更加广泛地参与到各个方面的政事中。朱由检先是罢免了各地镇守边镇的太监，随后又下令宦官没有命令不准出宫禁大门，这些都是为了防止再次出现所谓的阉党。但面对结党而相互攻讦的朝臣，朱由检再次选择了相信这些内臣。禁止宦官干政的命令没有两年便被撤销，他先后派出乾清宫的宦官王应朝四处监军，又派司礼监的太监管理皇城门及宫城九门的军队，派李凤翔提督神机营等京营。到崇祯六年（1633），这些宦官已经奔赴各地监管地方政务，大到赋税、盐课，小到管理粮仓这种事。后期宦官甚至在他的命令下可以在太学率领群臣学习礼仪，这种礼遇是空前绝后的。

然而并不是所有的宦官都是一心为国事着想的，前去监军的宦官们依然侵占军饷，而辛苦训练的精兵只用来护卫他们逃跑。

朱由检还想改善朝中官员党争的情况，力图将朝廷风气辦正。崇祯二年（1629），阉党倒台后，朱由检为一批当年遭受迫害的东林党人平反，并树立他们的正面形象。希望这股风气能对朝中官员有所影响，使他们能全心全意为明廷效力。结果事与愿违，党争已经深入到了明朝政治的骨髓中，虽然没有所谓阉党和东林党的争斗，但是依然有其他派系的党争持续着，他们依然结党营私，互相攻讦。

明中后期，官员不仅结党营私，贪腐现象也很严重。为了重整朝纲，朱由检提出了"文官不爱钱"的口号。并且自己以身作则，他从政的这些年来，衣着简朴，生活也尽量节俭。他要求朝中负责监察工作的六科和在外负责监察的官员担负起自己应有的职责，却又没有相应的惩处贪腐的办法。官员之间相互勾结，仍然大肆贪污，他一人再清廉又怎能挽回大明这头入海的泥牛。

宁远之战时，袁崇焕用先进的西洋大炮轰走了后金军队，取得了保卫战的胜利。朱由检继位后，认为这些先进的科学技术能够挽救边防军队的弊政，所以积极鼓励朝臣们学习科学知识，还接受一些传教士入朝，希望能改善朝廷的现状。但是明末制度和朝政的败坏是无法让科学技术顺利推行的，这些科学技术也只能沦为皇帝的"小玩意"而已。

综合来看，朱由检在崇祯初年推行的一系列政治上的革新出发点是好的，但由于运行的制度已经腐败，大明王朝积重难返，已经无法拯救了，这些新政也最终失去了它施行的土壤。就好比一栋已经快要倒塌的大厦，即使在它上面建立新的楼层也只是加速了它的倒塌而已。

东林党争：缠绕大明到灭亡的藤蔓（上）

明末的党争由来已久，早在万历初年，朝堂争端，皆由内阁与六部争夺实际权力而来。随着内阁权力的逐步扩大，六部的权力被逐步挤压，于是六部与内阁的矛盾就凸显出来。最初，双方斗争的"战场"主要是在人事任命方面，以吏部与内阁的矛盾尤为明显，当时的这种政治斗争被称为"阁部之争"。

所谓的东林党争缘起于万历二十一年（1593）的一次京察，当时负责这次京察的是吏部尚书孙鑨、左都御史李世达和考功司郎中赵南星。借着这次京察，这些人在内阁首辅沈一贯的指使下，将一些平时与自己不对付的大臣统统以贬官处理。而袁可立因为替这些被罢黜的官员申诉而被沈一贯借机罢免。这引起了朝中的恐慌，言官也开始多方弹劾，涉及吏部、兵部等众多官员。这次事件被认为是明末所谓门户之争的发端。

在这种风气影响下，官员相互攻讦，而万历皇帝又不理朝政，既不充当"审判者"，也不充当"调节者"。当时身为吏部文选司郎中的顾宪成负责的就是朝廷官吏的选派，到万历二十二年（1594）提名阁臣时，顾宪成所选的都是皇帝所厌恶的，万历帝甚至认为顾宪成有徇私舞弊的倾向，因此把他革职回原籍了。

回到家乡以后，顾宪成并没有闲下来。他在家乡四处讲学，引得一批同样被革职的官员前来同他一起讲课，并在课余讨论起时下朝廷的弊政等。随着人员的扩大，顾宪成向当地官府申请在无锡城东门一书院遗址建立东林书院，获得准许。这间书院于万历三十二年（1604）顺利建成，这批"在野"官员终于有了一个自由抒发政见的地方。而后顾宪成还与高攀龙、刘元珍、钱一本等人发起东林大会，在讲学之余，经常讽谏朝政，并点评内阁及各部官员品行等。

随着他们这种讲学的有力发散，一些在朝言官往往也根据东林学院的品评来弹劾官员，这引发了一些大臣的强烈不满。更多大臣或出于自保，或赞许他们高尚的品格而加入东林书院，他们自发地形成了一个所谓的"东林党"。这些人多以君子的品行要求自己，提出当时朝政的弊端，还要求广开言路，在朝中造成不小的影响。

这种以党为群的行为打破了之前的"阁部之争"，也威胁到了其他官员的利益。这些官员为了自保，也纷纷以地域为群，形成一个个地域党派，与东林党形成对峙的局面，有时甚至其他党派联合起来打压东林党人。这就是东林党争的发端与形成过程。

刚开始形成的东林党人虽然众多，并未在朝堂上与其他官员正面交锋，依旧是利用京察相互贬黜非己党的官员。万历三十三年（1605）的南北直隶京察分别是东林党人和其他党派如齐、浙党人主持，很多官员成了这次京察斗争的牺牲品。

东林党争：缠绕大明到灭亡的藤蔓（中）

东林党在朝堂上形成一定势力后，便逐步敢与其他朝臣进行正面的博弈。除了四年一次的京察，他们还活跃于其他的政治事件，诸如在阁臣提选和皇帝任命内阁首辅时都要掺一脚，以维持东林党在朝臣之间的影响。

万历三十七年（1609），内阁首辅缺失，万历皇帝心属旧臣王锡爵。但当时李三才也想入阁任首辅，无论是作为竞争对象还是东林党人的身份，王锡爵入阁对他没有任何好处。早在万历二十二年（1594），王锡爵与顾宪成在提名吏部尚书候选人时产生分歧，顾宪成甚至利用自己的职权，拒绝了王锡爵的人事任命，这让身为内阁首辅的王锡爵甚为恼火，二人矛盾由此结下。于是，当顾宪成得知王锡爵可能再次入阁成为首辅时，便多方查找对王锡爵不利的言论。后发觉王锡爵曾上疏皇帝，让他一概不理会言官们的发言，还说言官们是一些叽叽喳喳的鸟类。

李三才得知后便将这个言论散播了出去，这令言官们十分光火。于是纷纷上疏弹劾王锡爵，并对其展开了大范围人身攻击。王锡爵在知晓后，尽管皇帝一再邀请，他仍辞不就任。

王锡爵的请辞让其他官员很是恐慌，生怕东林党人入阁对他们产生非常不利的影响。于是开始攻讦李三才，试图引出其身后的东林党人，并将他们一网打尽。如此许多东林党人纷纷上疏为李三才申辩，就连在家乡的顾宪成也生怕李三才失势，东林党散，于是给内阁叶向高、吏部尚书孙丕扬等人写信，希望他们能为李三才辩护，有个叫吴亮的御史甚至在上疏时还把顾宪成的信附上了。这种行为引起了朝中众臣的不满，他们纷纷上疏弹劾李三才结党营私。有些官员甚至将东林党人提出来，广泛攻击，说在朝一些官员与像顾宪成这样的官员勾结成东林党，控制朝政，不把内阁与皇帝放在眼里。强大的舆论压力下，李三才不得不循例请辞。

此时的万历皇帝已经不理朝政了，他似乎乐于观看这场朝臣犹如斗兽一般的斗争，对于李三才的一再上疏统统置之不理，也不发表对任何一方的看法。李三才在上了十五道奏疏仍没有回应时，仓促离职，消失在朝堂之上。随着他的离职，东林党人也逐渐失势，但是此时东林党已经彻底暴露。自此，东林党与其他党派展开的党争就此拉开帷幕。

在拥立太子的问题上，东林党人相当活跃。他们将自己复出的筹码压在太子身上，除了部分官员暗中与朱常洛结交外，还处处为太子铺路。因为太子不受宠，他们经常担心在最后阶段皇位流失，因此在关键时还多方催促首辅方从哲夜宿内阁，防止生变。

朱常洛顺利即位，但这位皇帝虽然有雄心壮志，却没有命数，仅享国一月有余便驾崩，东林党人多年辛苦的铺垫也付之东流。

东林党争：缠绕大明到灭亡的藤蔓（下）

朱常洛驾崩后，朝堂上新的政局即将洗牌。由于事发仓促，许多人都来不及反应。只有一心想当皇后却计划落空的李选侍抓紧了这个机会，她挟持即将登基为帝的朱由校住在乾清宫，并以要先封她为皇太后，再行皇帝登基大典为要挟，拒绝搬出乾清宫。这就是明末著名的"移宫案"。

试图抢夺朱由校的还有积极寻求翻身的以给事中杨涟、御史左光斗等为首的一批在朝的东林党人。在朱常洛驾崩当晚，他们未及拜谒大行皇帝，就先去了乾清宫，要求拜见朱由校。后在被阻拦的情况下强行进入乾清宫，此前与东林党人有一定交情的太监王安将朱由校由暖阁内带出来。杨涟等人一见到朱由校便将他拥出了乾清宫，安置在文华殿。然后便由周嘉谟牵头，商议了登基时间。为防止李选侍再派人来抢人，杨涟特意嘱咐太监王安好好看护朱由校。

但朱由校毕竟是将要登基的皇帝，始终要回到乾清宫，这时，将李选侍驱逐出乾清宫便成了他们的首要任务。经过多方周旋，终于将李选侍搬出了乾清宫。此后，朱由校登基，大批东林党人开始被重新启用，包括万历时期被贬黜的一些东林党人如高攀龙、叶向高等人也纷纷被委以重任。此后，他们也多次利用"三大案"打击非东林党的官员，排除异己。

就在他们以为即将功成名就时，一个太监打破了他们的梦想，此人就是魏忠贤。他靠着巴结朱由校乳母客氏走进了权力斗争的漩涡中，也逐步爬上了巅峰。在这期间，他也不是没有巴结过当权的东林党人，但均遭冷眼视之。于是，在魏忠贤以司礼监掌印太监兼管东厂时，以前被东林党人打压或者与东林党政见不合的一批官员纷纷倒向魏忠贤，集合成为所谓的阉党。

明熹宗在位的七年间，是东林党与魏阉党不断争斗的七年，双方相互攻讦。东林党人上疏揭发魏忠贤与客氏的昭昭罪行，甚至提出将客氏驱逐出宫，将魏忠贤交由刑部审问，以正朝纲。

这自然惹怒了对客氏和魏忠贤宠爱有加的朱由校，于是有了皇帝的支持，天启四年（1624），东林党人遭受了铺天盖地的攻击。先是拿魏忠贤陵墓做文章上疏的工部官员万燝，首先被魏忠贤发难，除了受一百杖刑外，还被贬黜为民。其后叶向高被迫辞职，而赵南星、高攀龙等人则被罢黜。因选拔接替赵南星职位的问题又将杨涟、左光斗等人削除官籍。直到第二年，魏忠贤开始在朝中大肆追捕东林党人，并启用非东林党人来填补朝中空缺职务。至此，东林党的权势被打压到了谷底。

东林党狱案：从肉体上消灭东林党人

到天启五年（1625），东林党人虽然均遭到不同程度的罢免，但魏忠贤深知，东林党本身就是在野起家，仅仅将他们罢免，不能从根本上清除东林党在朝中的影响。

于是魏忠贤从一个叫汪文言的小官入手。这个人虽然官职低微，却也是东林党在朝中活动的重要一环。当年三月，汪文言被捕入北镇抚司的诏狱。

当时执掌北镇抚司的许显纯是魏忠贤的人，受魏忠贤的指使，许显纯对汪文言严刑拷打，让他供认东林党人收受贿赂、从狱中捞人的情节。结果，汪文言被折磨至死也没有供出任何人。魏忠贤还是拿着伪造好的汪文言供词牵连了一大批东林党人，并将杨涟、左光斗、魏大中、袁化中、周朝瑞、顾大章六人下狱。

最初下狱时，左光斗误判了魏忠贤的意图，以为及时招供才能保命，然后就能被释放，从而有东山再起的资本。入狱没几天，这六人就纷纷招供了。结果是离开了北镇抚司的诏狱，魏忠贤却以追赃为由把他们送到刑部，杨涟等人还是没能逃脱"大刑伺候"。

据说这些人在大牢里均遭遇了非人的待遇，杨涟牙齿被打得全部脱落，又被人用钢丝刷身体，周身竟没有一块完整的皮肉，肋骨被锤断了，还有一根钢针穿耳而过。等到尸体被放出时，仅剩几片血衣、几根骨头，血肉已全部溃烂。而左光斗、魏大中等人也没有什么好的结果，除顾大章一人需要定罪，留了活口外，全部被虐杀。史称"六君子之狱"。

而拿到了杨涟等人的供词以后，魏忠贤还不肯罢休，又罗织了新的罪名，将高攀龙、周宗建、缪昌期、李应昇、周顺昌、黄尊素、周起元下狱害死。除高攀龙投水自杀外，其余六人均被下诏狱虐杀，惨死大狱。至此，东林党内较为有话语权者均被伪造供词，继而灭口。

一时间，东林党遭到了毁灭性的打击。有站在东林党对立面的官员或者阉党官员向魏忠贤提供了所谓的东林党人名单，其中魏广微、顾秉谦等人将叶向高、赵南星等人列入邪党，而反对东林党人的成为正义之士，列为《缙绅便览》。崔呈秀则将东林党人单独列出，名为《同志录》。由此，大批东林党人被清除。据史料记载，至天启七年（1627），被下狱虐杀的东林党人有十多人，受牵连发配的有几十人，而被革职降级和罢黜官位的更是不计其数。至此，东林党人彻底从肉体上被消灭，失去了在朝中的势力。

东林党势力虽然在天启年间被倾覆了，但这种以党派为中心，以集团利益为重而相互争执的党争形势一直影响到了明朝末年,甚至在南明小朝廷苟延残喘时,都有这种党争的影子在。清人张烈在其《王学质疑》中如此评价道:"夫明之亡,亡于门户;门户始于朋党,朋党始于讲学。"东林党争的影响,可见一斑。

毛文龙:孤立无援的"海上战将"

说到崇祯年间的辽东局势,就不能不提到毛文龙。这个人早年只是个不喜读书的无赖少年,被过继给辽东的伯父为子后,他就离开了他长大的江南地区,一个人前往东北。在离开之前,他去拜访了舅舅沈光祚。其舅听说他要去辽东,便通过关系把他介绍给了当时任辽东巡抚的王化贞,在其手下任职。

当时的辽东已经全部沦陷,辽东人民生活在后金的高压统治下。王化贞便利用辽东人民的怨气,派毛文龙到辽东发展一个能突破后金后方的据点。于是毛文龙于天启二年(1622)率领二百余人偷袭了镇江堡,并活捉了守将。王化贞闻之大喜,当即为毛文龙请功,明廷也任命他为副总兵,令他在镇江镇守。镇江附近的城堡也都望风归附,一时声势浩大。后毛文龙部攻下金州,并在皮岛设立军镇,号曰"东江",以做牵制辽东后金军的作用。同时明廷升他为总兵,还亲赐尚方宝剑。

从此毛文龙就在皮岛开始了屯田、经商,以筹措军费,巩固东江军镇的生涯。但随后的宁远之战和宁锦之战中,在皮岛的毛文龙并没有发挥应有的牵制作用,也没有出兵趁机攻打后金在辽东的后方。这令当时的辽东经略和巡抚很是疑惑,毛文龙在皮岛是不是已经叛变。

实际上来看，毛文龙本人并不是什么军事奇才，经常打着援助朝鲜的幌子出塞进行商业活动，变卖辽东人参、布匹等物资，还在东江大开马市，与人贸易，俨然在发战争财。崇祯初年，袁崇焕成为辽东督师后，所做的第一件事就是上疏请求派人到皮岛来清理剩余粮饷，同时又能达到监督毛文龙的作用。毛文龙也不谦虚，上疏激烈反驳。二人因此结下了梁子。

见以朝廷名义控制无果，袁崇焕便"亲自"下令，实施海禁，不许登、莱二州通往东江的船只私自出海。还命凡是要运往东江的物资必须接受蓟辽督师的检查，并且改由山海关运至宁远，再由觉华岛运至东江。

毛文龙在东江的经济就更加窘迫了，他自然不干，除了上疏表达不满，还以哗变为威胁，谋划到登、莱二州直接抢劫朝廷应发派给东江的粮饷。同时还与袁崇焕约在双岛见面，希望能改善关系。但袁崇焕一直抱着节制毛文龙的思想，还想统一东江和蓟辽的事权，毛文龙骄横如此，必不答应，双方便不欢而散。到此，毛文龙还不知道，袁崇焕已经计划除掉自己了。

崇祯二年（1629）六月，袁崇焕借着邀请毛文龙来看射箭比赛的由头，将毛文龙请至双岛。随后命参将等人埋伏在营地周围，比赛结束后，又将毛文龙及其部将召进大帐内，与手下士兵隔开，防止哗变。就在这时，前一刻还在相互恭维的袁崇焕突然翻脸，历数毛文龙十二大罪状，命人逮捕毛文龙，并将其斩于账内。毛文龙的部将都未及反应，便经历了这一变故。

就这样，孤守东江数载的一代悍将连申辩的机会都没有，便一命归西。毛文龙被杀后，明军在辽东的局势急转直下，后金军自喜峰口入关，直扣京师城门。

督师袁崇焕：文臣起家的边关战将

袁崇焕是明末最为著名的将领，前面已经讲过他在天启年间所指挥的两场胜仗：宁远大捷和宁锦大捷。但可能许多人都不知道，这位赫赫有名的督师却不是武人出身，而是一个地道的文人。

万历四十七年（1619），高中进士的袁崇焕却没有安心在福建做一个小小的知县，经常与老兵谈论边关战事，以边关将才自诩。天启年间，他入京师自荐，被破格任命到辽东，任一兵备佥事。当时的辽东经略是王在晋，总督是王象乾，因连年战败，辽河以东已经基本丢失，他们都主张撤守关内。只有袁崇焕积极主张以宁远为据点，据守关外。袁崇焕争辩不过，便向叶向高奏请驻守关外。恰好兵部尚书孙承宗巡行关外，袁崇焕趁机向其请示以五千人马驻守宁远，加固宁远城防。孙承宗也支持他的做法，并且亲自镇守山海关。袁崇焕也没有让他失望，在宁远镇守的这些日子，不仅整饬边防，训练士兵，还开垦屯田，安抚军民。此后更是坐镇指挥宁远，创造了宁远之战和宁锦之战的胜利。

但宁锦之战后，袁崇焕因被弹劾不救援锦州，功过相抵。没有得到应有的赏赐，他愤而辞官。此时，王之臣接替袁崇焕成为督师兼辽东巡抚。

就在袁崇焕以为自己不能再回边关时，天启帝驾崩，这就意味着明廷和边关人事任免要重新洗牌。果然，在朱由检继位后的第二年，召回袁崇焕，并委任他为兵部尚书兼任右副都御使，督师蓟州、辽东，同时还兼管登、莱二州及天津等地。可见新登基的皇帝对他寄予了如何深的厚望，将兵权集中于他一身。袁崇焕为了不负圣望，提出了五年收复辽东的目标。为了五年内能够成功，他还提出要户部、工部及吏部全力配合自己，要求朱由检不在小事方面斤斤计较，只看大事成败。这些条件，朱由检都答应了。

然而就在袁崇焕经略辽东的一年多时间内，所做的事除了整饬武备外，就是杀毛文龙统一辽东军权与事权。还没等他来得及做其他准备，崇祯二年（1629），皇太极便率领后金与蒙古士兵约十万余人绕过山海关，出现在了喜峰口及大安口、龙井关一带，随时要入侵内地。由于明军重兵都在山海关一带，后金联合部队居然很快突袭到了遵化城下。

一时间，京师戒严，在朱由检的诏令下，各镇兵马迅速勤王。袁崇焕所经略的边关军队也在火速回援京师的路上。谁承想这次的回援会成为他的绝命断魂路：就在京师之围解除后不久，袁崇焕便被以私通后金之罪下诏狱，其后便是千刀万剐，被凌迟在街头。

宁远兵变：边军生计问题大爆发

明朝的财政问题在万历时期就已经凸显出来，虽然经过张居正改革后，国库一度相当充实。但经过万历中后期三次大的远征，国家财政早已在崩溃的边缘了。加上后期官员贪腐问题严重，不仅在朝官员，就连边镇各级军官都在贪墨应发给士兵的粮饷，尤其是一些中高级的官员。这就造成了明后期士兵经常要饿着肚子打仗的问题，更不用说能不能按时收到每月应发的军饷了。

辽东边关的宁远士兵就是在这种情况下哗变的，崇祯元年（1628），这些忍无可忍的士兵在从湖广、四川调来的杨正朝、张思顺等人的带领下，秘密商量好计划，再串联到广武营，随后歃血为盟，其余的宁远十三营皆有响应。这些哗变首领们将辽东巡抚毕自肃、总兵官朱梅、通判张世荣以及推官苏涵醇等人一通暴打后，捆绑在了谯楼上，捆绑毕自肃是因为他是掌管辽东银库的"一把手"。他们的核心问题就是两个字：发钱。但此时辽东银库里并没有钱,毕自肃显然也变不出来。士兵们当然不信他的说辞,激动之下,毕自肃被打得都快有生命危险了。

兵备副使郭广风风火火赶到大营,同哗变首领谈放人条件。他当然明白哗变的缘由无非就是军饷问题。当他辛苦筹措两万两银钱发给士兵时,哗变首领一看:好嘛,嘴上说没钱,逼一下两万两出来了,肯定还有!于是继续索要,愤怒依然没有被平息。郭广无法,只得再想办法借了三万两银子发下去,混乱的局面才稍微得到缓解。

如此,被绑架的这些官员都得到了释放,但辽东巡抚毕自肃却在这次兵变后,上疏自罪,并引咎辞职。可能是觉得作为文人,自己的气节被侮辱了,随后居然在中左所上吊自杀了。

于是袁崇焕八月份赶到宁远来处理兵变事宜,还有善后。经过商议,袁崇焕和郭广决定惩罚和安抚并处,既要防止他们因惩处过重二次哗变,又要给他们以警告。

这次哗变虽然是杨正朝和张思顺发动的,但考虑到他们毕竟是普通士兵,没这个能耐策划全场。袁崇焕提出可以赦免他们的罪过,只要他们提供这次兵变的核心成员,并从旁协助。于是当时策划兵变的成员,除了逃逸的伍应元等六人,田汝栋等十五人被处决,并斩首示众。同时还奖赏了没有参与哗变的祖大乐下属的兵营。

处决完哗变分子,接下来便是处分没有尽责的官员。调查后发现,参将彭簪古和中军吴国琦是一开始就知道会有兵变的,却在兵变发生的时候采取放任不管的态度。按照情节的严重程度,判处了吴国琦斩首,而彭簪古则是受责罚,并等待后续处分。有连带责任的四名都司王家楫、左良玉等人被罢黜。

一场兵变就这样被袁崇焕以赏罚分明的处置结束了,没有造成进一步的恶化。但这场兵变并不是边军哗变的终点,只要军制问题、财政问题得不到解决,兵变永远是一颗定时炸弹。

己巳之变：打破袁崇焕誓言的危机

就在袁崇焕按照他的定辽计策，积极重建"关宁锦"防线时，皇太极却率领后金蒙古联军直接越过山海关，从喜峰口及西长城附近关口龙井关、马兰峪进入内地，且一路长驱直入，直打到遵化城下。而遵化离京师只有二百多里地，明廷紧急诏令各镇兵马入京勤王。这一年是崇祯二年（1629），时间是十月。

袁崇焕得知消息后，立马令赵率教率领四千兵马驰援遵化，而他自己则率领两万主力部队入关，直奔香河而去，目的是想万一赵率教没有阻拦成功，自己可以在蓟州阻拦。但赵率教的四千兵马在遵化和三屯营之间遭遇后金军队的伏击，全军覆没，赵率教也阵亡了。后金军很快打开了遵化城门，同时三屯营也落入了后金军的彀中。至此，后金把后路侧翼的缺口也封闭了，迅速向西突破，一路疾驰。

这边袁崇焕十一月初才赶到蓟州，并且先头部队赵率教已经折在了遵化，还剩祖大寿、何可纲两部。由于短时间驰援，关宁军队士兵疲惫，袁崇焕则在蓟州休整兵马。同时上疏朱由检，说"必不令敌越蓟西"。事与愿违，皇太极率后金军避开了他在蓟州的锋芒，直接潜行越过了蓟州。

就这样，袁崇焕没有在蓟州拦住皇太极，没有选择追击后金军队，而是在尾随中来到通州附近的河西务。袁崇焕经河西务绕过通州想直接在北京城下与后金军决战，后金军则一路南下，来到了北京城下。这是庚戌之变后，外族军队第三次兵临北京城下。

双方在北京城下拉开了架势，准备决战。此时年迈的孙承宗也被朱由检一纸诏书任命为兵部尚书，总督北京防卫事宜。各镇勤王的部队也都集结在了北京城下，主要有宣府总兵侯世禄和大同总兵满桂的军队。

明军先是在德胜门外与后金军展开战斗，但侯世禄的军队很快溃不成军，只剩满桂的部队独自硬撑，无奈寡不敌众，很快败下阵来。次日率领残部避入德胜门瓮城修整。袁崇焕率领关宁军队则在广渠门迎战，他将祖大寿和王承胤的部队与自己的主力摆成"品"字阵，正面迎接皇太极的进攻。祖大寿的东南部先承受攻击，短兵相接，后金并未冲破祖大寿的防线。随后又发现王承胤的军队，皇太极便将豪格部分出进攻王承胤部，王承胤部且战且避之，但阵型依然在。后金军队无法，只得全力冲击祖大寿部，祖大寿部仍奋力抵抗，后金军前锋仍未有突破。便往西而去，又与袁崇焕部鏖战数日。等到祖大寿部前来与袁崇焕部汇合时，后金军队自知不敌，开始后撤。袁崇焕率部追击至运河处，后金军队败退南海子。

但后金军只是在南海子驻扎休整，企图伺机反扑。满桂被任命为统率，率领明军与后金军在永定门外展开决战。这场血战以满桂、孙祖寿的战死和麻登云、黑云龙的被俘，明军死伤惨重为代价，解了北京城的危机。

己巳之变后续：袁崇焕的悲情末路

崇祯三年（1630），后金军队刚撤出京畿地区，袁崇焕就被朱由检下令凌迟处死，其家也被抄灭，让人不胜唏嘘。实际上在前一年，皇太极率领后金军队撤出北京城后，袁崇焕就已经被下狱了，所以当时在永定门与后金军决战的总督是满桂。

据史料记载，广渠门一战后，袁崇焕以大军需要休整为由，多次要求进城休整。但是按照大明律规定，奉命在外镇守的军队没有皇帝的旨意是不能进入京城内的。随后在神机营的接应下，打退了后金军队的入侵。袁崇焕再次提出进入京城，这时，朱由检终于召见了他。

刚进入大殿，袁崇焕向朱由检提出要商议军饷问题，但是崇祯皇帝朱由检并没有像以前那样热情，也没有跟他商量后续军饷问题。就在袁崇焕疑惑之时，突然上来几个锦衣卫一把将其按倒，脱下他的官服，并给他戴上了枷锁刑具，押送到了南镇抚司听候受审。而后给他定了一系列罪状，主要有以下几条：将粮米卖于盗贼，擅自与后金议和，私自斩杀边关将帅毛文龙，放纵敌军长驱直入而不应战。

八月，督师袁崇焕被凌迟处死，并家人十六岁以上的全部处斩，其妻妾、子女被流放三千里。至此，一代名将就此陨落。

关于袁崇焕的身后名，当时很多人一度认为他私通后金，并力求与之议和。而最大的争议在于他斩杀毛文龙一事，甚至有时人评价他给毛文龙定的十二条可杀罪状是相当于秦桧十二道金牌杀岳飞。而清朝时期，就有人认为袁崇焕之死是因为皇太极使反间计，让当时的明廷以为袁崇焕是通敌卖国之辈，在京畿不战也是因为与后金已有密谋，是被冤枉而死的。

事实的本原已经被淹没在了历史的长河中，我们无法妄自揣度袁崇焕擅杀毛文龙的想法，也无法得知他为何不在蓟州阻拦清兵而放之入京畿的真实原因。单就守卫"关宁锦"防线来说，袁崇焕的确发挥了一定的作用，且有力地阻挡了后金入关的脚步。

但己巳之变后，明廷的"关宁锦"防线便形同虚设，后金军曾先后五次越过长城打到京畿地区，掠夺百姓财产。明军却毫无还击之力，只能力保皇城不破，游走在崩溃的边缘。

加派"三饷"：经济崩溃的临门一脚

崇祯年间，明廷为了应付内地此起彼伏的农民起义和边关的后金危机而在原有赋税的基础上，加增了所谓的"辽饷""练饷""剿饷"。这三饷一向被看作是导致明朝灭亡的关键原因，引发了国内此起彼伏的民变与农民起义。

实际上，在万历时期，就有大量临时加派的赋税，比如矿税、店税等。除此之外，明廷还在全国范围内把每亩的田赋增加到平均九厘银钱。每年多征的银钱就达到了五百多万两。到了天启时，还征收了许多关税、盐铁等各项杂税。由此可见，到了晚明时期，明朝的财政开支已经到了入不敷出，不得不多征赋税来解决的地步。

"辽饷"这一名目最早始于万历四十六年（1618），当时为了支援辽东战争，先是每亩多征三厘五毫，后慢慢加增至九厘，后来便稳定成了固定的赋税。到崇祯四年（1631），为了抵御频繁来犯的后金军队，明廷又在这种九厘税上加了三厘，复征辽饷，每年多收一百六十余万两。值得一提的是，清军入关后，废除了其他多收的赋税，独辽饷是继续征收的，名曰"九厘银"。

崇祯时，为了抵御山海关外的女真，便要建立一支可战的军队。而军队建立起来便要给他们饭吃，还要给他们发钱。由于这时期国家的军制已经坏了，士兵们辛苦屯田所得粮食银钱均被上级军官贪墨，军屯制度已经无法满足日常练兵的开支。所以，为了支撑这一开支，明廷便商议出了"练饷"这一名目。其主要来源也是田赋加征、赋役摊派、关税、契税等杂项收入，每年大约多征收二百七十万两。截止到李自成攻陷北京，大约共征缴七百三十余万两。

所谓"剿饷"是崇祯时期为了平定频繁爆发的农民起义和大小民变而来的名目，始征于崇祯十年（1637），主要来源除了田赋，还有驿站快递的银钱。截止于崇祯十二年（1639），共征收约二百七十余万两。

可以看出，这三饷的加派皆是建立在田赋的基础上，每年多征收若干。如果说在万历年间，老百姓还有多余的钱可以拿出来。但到了天灾不断，灾祸与瘟疫交替横行的崇祯年间，每年再多征收如此多的银钱便无异于断人活路，杀鸡取卵。后世许多学者认为，大明的覆亡跟加征"三饷"有着密切关系，而这"三饷"与此起彼伏的农民起义仿佛也是一个不断翻滚的恶性循环，最终将一片雪花滚成了巨大的雪球，压垮了整个大明王朝。

颇为讽刺的是，农民和国家财政崩溃，那些早年跟崇祯皇帝哭穷的在朝官员却在入关后的李自成威逼下拿出了高达三千七百万两的白银来买自己的命。

陕西民变兴起：边军逃卒王嘉胤

明朝末年可谓是天灾不断，天气进入了一个漫长的小冰河时期。这个时期从明中期就开始了，表现为天气变得寒冷，降雨量减少。这种情况对于北方的影响尤为明显，少雨造成了北方边地大部分时间都处于干旱中，风沙也日益严重。不仅是旱灾，伴随而来的还有寒潮、蝗灾以及各种横行的瘟疫，这对当时靠天吃饭且以农业为主要收入来源的大明朝及百姓都是毁灭性的打击。

而当时的明廷还要应对不断南下，同样处于饥荒中的后金军队，粮饷的需求更是巨大。百姓青黄不接，自己都没有存粮，饿得要吃土了，哪有多余的粮钱交赋税。面对明廷的催征，一些没有退路的饥民发动了暴动。仅崇祯元年（1628）发生的大小暴动就不计其数，王嘉胤就是在这时揭竿而起，在陕西点燃了第一把反抗的火炬。

说起王嘉胤，他率领的部队虽然是由农民组成的，但他本人却出身榆林卫边营，受过系统的军事训练。连年的饥荒使得边军也没有粮食可吃，就这样，王嘉胤便回到府谷老家，伙同吴延贵等人举起起义大旗。一时间，陕西许多难民蜂拥而至，纷纷投入他的麾下，连同时起义的白水县的王二也来投奔于他。王嘉胤的部队很快发展壮大，有三万余人。这期间，他们转战于陕西、山西和甘肃之间，与前来剿杀的官军周旋，颇有一定的战略部署，甚至还曾打败过洪承畴的部队。

就在他准备一展宏图壮志时，意外发生了。这场意外始于王嘉胤的妻弟张立位，他在崇祯初年投奔延绥东路孤山总兵曹文昭的麾下为普通士兵，后王嘉胤带兵屡次大败明军，张立位为了立功，便提出借助自己与王嘉胤有亲属关系，去起义军中假装投奔，而后取得其信任后再伺机将其杀死。

这王嘉胤也是用人不疑，一看是自己的小舅子前来投奔，毫无怀疑，还封他做帐前指挥。至崇祯四年（1631），张立位趁着王嘉胤酒醉，便与王嘉胤的同族王国忠合谋将其杀死。而这两人再回到官军中后，分别被封为副将。

王嘉胤死后，其三万余众被其手下高迎祥接管，其麾下两员大将便是日后独立一方的李自成和张献忠。这次起义虽然没有持续很久，但可以说是明末首次具有相当规模的农民起义，拉开了农民起义的序幕。

边军哗变：大规模农民起义的前奏（上）

崇祯元年（1628）的宁远兵变还没过去多久，第二年，蓟门军镇又发生了士兵哗变。这正是明朝末年军事财政危机带来的后果。但是镇守边关和远在京师的官员显然没有想到这么多，有哗变发生仅仅是粗暴地剿灭完事。

来看看发生在蓟门的这场兵变吧，起因自然也跟钱分不开。前已有言，当时边关缺粮缺饷，边镇银库更是空空如也。适逢新帝登基，蓟州巡抚王应豸在这种情况下，主动提出蓟门军镇会完成定额的裁饷，保证不让朝廷为难。回到蓟州后，在一位游击的提议下，为庆贺新帝登基，全蓟门军镇捐出三个月的军饷。这位游击手下的士兵在他的动员下，已经主动捐出了三个月的军饷。让王应豸看到了希望，他向全体士兵宣布：每位士兵都要捐出自己三个月的军饷，来完成朝廷的裁饷指标。

须知，在王应豸上任蓟州巡抚之前，军镇的士兵就被拖欠了八个月的饷银，已经是怨声载道了。现在突然又要捐三个月的银钱，对这些士兵来说，简直是没有活路。他们纷纷提出，蓟州军镇已经有八个月没有发饷了。这不反映还好，反映后，新上任的蓟州负责发饷的郎中吕一奉则推卸责任，说他上任之前所亏欠的军饷与他无关，是前任饷司郎中的事。

这下惹怒了蓟门的守军们，开始是各烽火台上的守军，他们纷纷从自己防守的墩台上撤离，接着是各营的士兵，加入了轰轰烈烈的讨饷大部队，人数有万人之多。他们气势汹汹地到达遵化城，在城下安营扎寨，向城内喊话，声称必须要拿到之前所欠的粮饷，才会返回各自驻地。看清态势后，蓟州总兵麻登云到他们的营地中安抚情绪，并承诺补发两个月的饷银。但耿直的士兵们拒不答应，说必须要看到八个月的饷银方能回去。

到了三月初十，集结在遵化城下讨饷的士兵越来越多，任谁也无法安抚。蓟辽总督喻安性只得跟吕一奉说，必须要筹集全部的欠饷方能平息这场哗变。但全数欠款筹集至少需要二十万两，吕一奉手上只有十万两左右，全部派发下去只够三个月的。他只得赴京师向户部尚书毕自严求援，这位尚书也很是震惊，慌忙筹措了七万两银子分派下去。这十七万两银子终于平息了哗变士兵的怒火，在收到京师派发的饷银后，他们便各自散去了。

但事情并没有这么容易就结束了，受到侮辱的王应豸却要报复一下这帮哗变的士兵，于是命下属在他们的饭菜里下毒。但毕竟人数众多，药效也有限。这种行为惹怒了这群士兵,于是本来已经平息下去的兵变竟成了动刀动枪的暴动,这群士兵在蓟州城内大肆抢劫,蓟辽总督也只得以武力镇压之。这事传到了崇祯皇帝的耳朵里,刚好有兵科给事中上奏皇帝,弹劾王应豸贪墨军饷一事。查处下去,王应豸因贪墨军饷论处,而蓟辽总督也因处理兵变不当被革职。

边军哗变:大规模农民起义的前奏(下)

己巳之变发生时,崇祯皇帝发出勤王诏令。各边镇总兵接到命令后便开始准备点兵出发了,山西总兵张鸿和巡抚耿如杞最先到达京师,他们手下有八千士兵。随后陕西三边总督杨鹤也点了一万七千多人马,集结好往京城进发。其他军镇也在集结人马,包括河南和江西地区的士兵。

其他军镇的士兵还没到,山西军镇到的援军先出了问题。按照制度,边军到达驻地的当天,所在京营不提供粮饷,自行解决。而山西驻军到达京师后,先后被派往通州、良乡以及昌平。山西援军带的干粮很快便被消耗殆尽,朝廷又不提供粮饷,这就造成了一个严重的问题,在吃不饱的情况下还要打仗。于是,在统帅的默许下,一些士兵开始抢劫周边地区百姓的粮食。边军在京畿地区抢劫这种事很快被朝廷知晓,以为是边军统帅没有约束好手下士兵,于是下令将山西总兵和巡抚逮捕入狱。结果这八千士兵顿时群龙无首,又不愿意在人生地不熟的地方白白送死,于是一哄而散,哗变了。崇祯皇帝知道后更加生气,直接把这二人给杀了谢罪。

再说陕西三边的杨鹤部队,这支部队出发的时候装备就有问题。走到一半该发的粮饷还被上级官员克扣,带的军粮可能根本不够支撑到北京的。这还不算,战马走到一半还被倒卖了,虽然有火器队,但可靠性还不如一把大刀来得实在。于是虽然士兵数量看起来众多,但真正到达前线的不足三分之一,剩下的在途中就哗变了,有的直接就地加入了农民起义军。甘肃军镇的士兵则是还没有走到兰州就被克扣粮饷的将领激怒,愤而攻杀了将领,大部分士兵逃回家乡,一部分则加入了农民起义军。原因在该发的安家银两和干粮也被这些将领私吞了,该有的粮饷也没有了。

由此可见,这时的兵变和民变简直交相呼应,一些从兵变中逃回家乡的士兵直接加入了沿途的农民起义军队,由于受过训练,且有一定的打仗经验,无形中壮大了明末农民起义军的实力。而士兵的流失和不断的逃亡又直接削弱了明军的实力,使得明廷在应对后金军与农民起义军的时候站在了被动挨打的局面。

李自成的身世:被裁员驿卒艰难的前半生

说起李自成,多数人能想到的是他攻占北京,带领一支农民起义军队伍的潇洒模样,抑或是那句著名的"闯王来了不纳粮"的著名口号。作为明末农民起义军中的佼佼者,是什么迫使他揭竿而起,走上加入农民起义军的道路呢?这就不得不提到这位草莽英雄的落魄出身了。

李自成出生于万历末年,他的童年适逢天启年间连年的旱灾与饥荒。但要交给官府的粮税丝毫不减,更别提会有赈灾的粮食了。所以李自成的父母根本养不起他,同明朝开国太祖朱元璋类似,他小时候也被父母舍入寺庙做小和尚，只求一口饭吃。后来，还跟着本地一个姓艾的地主，替人放羊糊口度日。长到十几岁，母亲去世了，过了不久，父亲也跟着去世了。如果说之前还能感受到一丝家的温情，那么此刻，李自成是真的无依无靠了。于是便去了银川驿应征当了一名驿卒，每月能得到一些银钱勉强度日。

结果到了崇祯元年（1628），朱由检在全国推行改革新政。其中就有要改革弊端重重的驿站制度，要精简驿站构成，在全国裁撤了很多驿卒。李自成因为驿递的时候丢失了公文，不幸也成为被裁撤的一员。失去了收入来源，自然也没法偿还之前所欠本地一个文姓举人的债了。又被这个举人告到县衙，抓进大牢中遭受了好一通严刑拷打。被亲友救出大狱后，他联合自己的穷朋友把这个文举人杀了。而后李自成又抓到自己的妻子在他坐牢期间与人通奸，一怒之下又把妻子杀掉了。如此便身背两条人命，自然是没法再待在本县了，便与自己的侄儿一起投奔了甘肃边军。

但边军的生活也很艰苦，除了穿不暖还吃不饱，军饷经常被克扣。适逢己巳之变，陕西三边军镇被要求进京勤王。李自成所在的甘肃边军也被点到，要随参将王国入京。这种时候，按照规定一般都有一定奖励性的粮饷发放，却被王国克扣了。走到甘肃金县时，士兵们要求发饷，却遭拒绝。于是当行进到榆中时，士兵们哗变，将王国就地正法了。

这些哗变的士兵，有的逃回家了，有的则就地加入了陕西的农民起义军。李自成也是其中之一，他最开始加入的是王左桂的农民军，正式成了农民起义军中的一员。

李自成起家：四处投奔的艰苦岁月

就在李自成加入王左桂的部队后不久，这支部队就被明廷招降了。当过明朝士兵的李自成尝过边军的痛苦，自然不愿意再为朝廷卖命。于是他转投了张存孟的起义部队，并担任了一个小官职。不巧的是，崇祯四年（1631），张存孟的这支队伍在陕北作战时被明军打败，作为主帅的张存孟投降了。

不得已，李自成只好再度换主，准备投奔舅舅高迎祥。彼时高迎祥刚刚接管了被部下杀死的王嘉胤的大军，人数众多，又联合了其他农民起义军，接管了部分边军逃卒，声势甚为浩大。此时，陕西三边的总督换成了洪承畴。此人常年在辽东作战，颇有经验，同年入关的还有曹文诏和左良玉的关宁军。于是，农民起义军迎来了他们最艰苦的岁月。山西境内的农民起义军在曹文诏、左良玉的围攻之下根本无法立足，只得逃到河南。结果等他们到了河南，就落入了曹文诏等人事先设好的包围圈。

就在他们对突围之事一筹莫展时，崇祯七年（1634）后金军再度入关，曹文诏的大军被调至大同抵抗后金军队，被围困的农民军顺利突围。当他们以为自己顺利脱困时，六月，陈奇瑜新上任为五省总督，准备一举剿灭李自成等人的农民起义军，便与陕西等地的巡抚约见，商量围剿事宜。这支农民军彼时由高迎祥统帅，见到明军大军集合，慌乱中误入一个山势险峻的峡谷中。这峡谷位于陕西境内，是一个古栈道，却只有一个出口。等他们进去后，发现这个出口被明军死守。当时高迎祥、李自成的部队面临粮草断绝、武器又崩坏的危机，无奈之下采用顾君恩的计策，向陈奇瑜的手下行贿，说自己要投降。当时明军也苦于作战，巴不得他们赶紧投降。陈奇瑜接到这个消息后，立马释放了李自成的起义军，并且还派了五十多人，要把他们送回原籍。但出了这个峡谷口，李自成立即下令把这五十多个负责安抚的官员杀掉，重新举起起义大旗复叛了。

分道扬镳：李自成部队的独立

脱出明军的包围之后，高迎祥率领的大部队重振雄风，连克多个县城，势力愈发壮大了。但明朝官军也不是吃素的，农民军到达陕西境内后，便被洪承畴迎头痛击。农民军被迫退到了河南洛阳一带，于是以高迎祥、张献忠、罗汝才、革里眼、左金王、改世王、射塌天、横天王、混十万、过天星、九条龙、顺天王为首的各路起义军在河南荥阳开会，商讨应对官军的方法。李自成提出了"分兵定向、四路攻战"的谋略，防止再被官军一锅端。

按照这个方针，高迎祥带领李自成、张献忠等部由河南转入安徽，并于崇祯八年（1635）正月抵达凤阳。凤阳是太祖朱元璋的老家，算是明朝的龙兴之地。就在这个百姓都在张灯结彩准备过上元节时，农民起义军攻陷了凤阳，在城内肆意烧杀抢掠，还焚烧了朱元璋给其父祖修建的皇陵配殿，更是把皇觉寺烧了个干净——那是朱元璋小时候出过家的地方，还斩杀了六十多名官员以及中都守将朱国相。但在杀进凤阳皇宫后，看到琳琅满目的珍稀品和他们从没见过的鼓吹乐器，李自成与张献忠争红了眼，并因此结下了梁子。从凤阳出来后，李自成便分走了自己的部下和士兵，北上回甘肃了。

就在他北走时，明廷任命了新的五省总督卢象升。这个卢象升自崇祯六年（1633）就开始与农民起义军打交道，被农民军称为"卢阎王"。留在河南地区的农民起义军可遭了殃，被他率领的地方部队及关宁军在平原地区几乎绞杀殆尽，余下的农民军纷纷躲进山区，中原地区一时间得到了安宁。而负责陕西围剿的还是洪承畴，此时在河南地区被打得落花流水的高迎祥只得回陕西山区暂避风头。虽说陕西农民军到处牵制明朝官军，但新任巡抚孙传庭上任后，这种局面迅速得到了改变，高迎祥在陕西的日子也瞬间不好过了。洪承畴反而被派去围剿在陕北一带的李自成部，留孙传庭面对高迎祥一部。

高迎祥退入陕南，孙传庭在他必经之路上设置埋伏，就在盩厔县的黑水峪以逸待劳。到了七月，高迎祥一部果然进入了孙传庭的包围圈。双方激战了几昼夜，人困马乏的高迎祥部逐渐不敌官军，其部下的叛变导致了高迎祥被活捉，而后在北京被凌迟。高迎祥残部进入陕北拥立李自成为新的闯王，但李自成一部却在潼关被洪承畴、孙传庭伏击，本就一败涂地的起义军此时更是惊弓之鸟，迅速崩溃，只剩了十几个人，在李自成的带领下躲到了商洛山中。

此时是农民起义军面临的最艰难岁月，就在他们以为自己已经没有未来的时候。后金军入侵了大明北境，再次入关。农民起义军终于得到了喘息的机会，在陕南山区休养生息，伺机反扑。

大凌河之战：完全被动的孤独防守

杀掉袁崇焕之后，由谁来接替辽东地区的防守工作成了问题。这时候，凡骁勇善战者都已经被崇祯皇帝调入内地镇压农民起义军了，但边关问题也不可忽视。最终孙承宗被选中接任了辽东督师，彼时，他已经进入了耄耋之年。

孙承宗到了辽东后，很快收复了永平四城。在随后的战略方面，还是延续他修建高城的策略，企图重建"关宁锦"防线。大凌河位于锦州以东三十里附近，是锦州的一道屏障，也是构建关宁锦防线的重要一步。此前祖大寿擅离关内逃到关外，被孙承宗一顿训斥，所以到了继续修筑大凌河城时，这个任务就非他莫属了。

由于大凌河的这一特殊地理位置，后金军也不会坐视明军把这座高城修筑好。崇祯四年（1631），皇太极率领大军渡过辽河，开始了对大凌河城的攻歼战。参与这次战斗的还有蒙古的一路大军，主要是为了切断大凌河城与锦州的联系。就这样，祖大寿在大凌河城修到一半时仓促迎战。

城内明军以为后金军会强攻高城，没想到的是他们在大凌河城外深挖壕沟，并且将火器等攻城设备架在壕沟之上。这下让城中守军慌了神，城内粮草只够几日，如此挖坑还断了补给。祖大寿带兵试着突围，却被后金火炮轰回了城内。城内粮草无几，只能等待援军的到来。

这下中了皇太极围点打援的计谋，松山方面第一次派出两千士兵前来增援，双方兵力悬殊，皇太极方面以碾压性的实力将援军消灭在了路上。锦州方面的总兵吴襄也很快派出六千士兵前来救援，结果遭遇大雾，这六千士兵稀里糊涂就被吃掉了。到了九月，锦州方面再派出六千士兵前来救援，途中遭遇了皇太极的小股士兵，这二百亲军借助山势把这六千士兵很快冲散，明军一败涂地，溃不成军，剩余部队只得逃回锦州。

除了打击不断前来救援的军队，皇太极还不忘招降大凌河城中的祖大寿。七月和八月间，他不断向城中发出招降书。但是有了永平屠城的前车之鉴，这群将领谁也不肯先言投降，仍然坚守城门而不出。

为了活捉祖大寿，后金军队穿着明军的服饰，打着明军的旗号引诱祖大寿出城。果不其然，祖大寿以为援军到了，喜出望外，带着剩余守军准备配合援军。出了城才发现被皇太极骗了，一番拼死突围，杀出一条血路逃回了城中。

到了九月时，由监军张春率领一支四万人组成的增援部队朝大凌河开来，包括骑兵、火炮部队，为了抵御后金的骑兵，张春还拉上了战车部队。双方在距离大凌河城十五里的地方展开激战，面对配备火器的战车，后金的骑兵很是狼狈。但等明军到了后金军火炮的射程范围，四万人马一下被轰散了，皇太极趁机冲进乱军中一阵冲杀。即使张春想聚拢士兵也无人听他的命令，这些援军一路后撤，均遭遇后金军的埋伏，张春等一帮将领也被后金军队活捉。

十月，大凌河城已经到了崩溃的边缘，祖大寿见等不来援军，便在皇太极的再三致信下，派了使者到后金营中商议了投降事宜。到了月底，祖大寿派祖可法、祖泽润等四人到后金营中商量细节，皇太极以最高的礼节接待了他们。随后，祖大寿也打开了大凌河城门，到后金营中亲自拜谒皇太极，以示投降诚意，皇太极也设宴款待了他们。

大凌河之战以祖大寿的投降为结果，彻底结束了这场惨烈的守城之战。

松山之战：压垮明军的最后一根稻草

当明军在关内疲于围剿各路农民起义军时，辽东关外的后金则休养生息，得到一定程度的发展。到崇祯八年（1635），皇太极已经统一了北方察哈尔部，并且得到了由林丹汗献上的传国玉玺。他认为此时称帝的机会已经到来，于是在第二年正式称帝，并建国号为"清"，将民族的名称改为满洲，宣布与大明分庭抗礼。第二步便是下决心打入关内，争夺大明江山。

要入关，锦州是一座必须打下的城池。此时守锦州城的是祖大寿，他在此前的大凌河之战中已投降，但他并没有像之前约定好的立即投降献城，而是死守锦州。这让皇太极大为光火，更加坚定了拿下"关宁锦"防线的决心。

崇祯十三年（1640），皇太极派出清军围困锦州，并做好了长久围困的打算。此时距离洪承畴担任辽东巡抚刚好一年，接到祖大寿突围后的报信，洪承畴立即出关，并率领精锐步兵约十三万余人，直奔锦州而来。可以说这一战,明廷是抽调了全国的精锐,立志要守住"关宁锦"防线,解锦州之困。

为防止部队被皇太极的军队各个击破,洪承畴将十三万士兵集聚起来,从宁远出发,行进四个月,到达松山一线,并在此扎营。他虽然将部队紧密集中了起来,防止前面来攻的清军,但其后却是薄弱的。这点被皇太极看穿,针对这一弱点,皇太极很快制定了打援策略:在松山至杏山一带挖壕沟,围困洪承畴的主力部队。而后切断这十三万大军的粮道,并在杏山、连山及塔山等要道预先设立好伏兵。等待将这十三万大军全部歼灭,防止有漏网之鱼。

洪承畴在带领大军到达松山之前,与小股清军有过部分遭遇战,虽有小胜,他却不敢轻敌,谨慎前进。却万万没想到,清军在松山已然给他布下了一个天罗地网。他显然没有想到皇太极会去抄后方军队,所以拒绝了部下的出奇制胜以及严密防守大军后方,防止被偷袭的意见。而是在松山前线与清军摆开阵仗,当面对打。后来,他发现清军已然将松山大营包围了起来,便产生了害怕之心。此时想突围已经失去了机会,防守也没有支援的粮草——在笔架山的粮草已经被皇太极率先派出的部队夺取。明军顿时丧失了战力,此时洪承畴又怕大军被分割,便将剩下的万余士兵收缩在了松山城内。

面对城外强敌,城内将领的看法不一,有的建议孤注一掷,一战或可突围,有的则主张死守。但随着清军的步步紧逼,明军又缺粮。洪承畴便拍板决定,放弃救援锦州,兵分两路,夜半突袭回宁远。

说是突围,实际上有些将领如王朴之辈已经脚底抹油先溜了。他的动静导致了各部明军慌乱四散,还没有突围已经发生了自相践踏的惨烈事故。洪承畴率领的部众未能突围,只得退守松山,而趁乱冲出去的明军反而遭到了守在各山口的清军的围堵绞杀,死伤甚是惨烈,部分将领仅以身免。而幸运逃到海边的部队却被大涨的海潮淹没,全军只有二百余人逃脱。

153

松山之战后续：祖大寿的二次投降

松山突围时，更幸运一点的吴三桂、王朴等人则逃到了杏山城，并一路朝宁远狂奔。但在撤退的路上掉进了皇太极在高桥设置的埋伏中，被伏兵追击。慌乱中的抵抗毫无章法，很快被击溃了，吴三桂和王朴仅以身免，回到了宁远。在清理完出逃的明军后，皇太极便将注意力放到了死守松山城的洪承畴部。

此时，松山城内的明军自身所带的粮草几乎消耗殆尽，外面又被清军包围，无法接受支援，洪承畴所想的只有突围一事。于是趁夜率领六千步卒攻杀清军，遭到清军还击，丧失了四百兵力，以失败告终。宁远方面的守军更是紧闭城门，生怕清军打到这里，更别说出兵解围了。

城中面临严重缺粮的情况，洪承畴曾经悄悄派人出去求粮，结果两万士兵加上城中的老百姓并未等来救援的粮食。明廷得知此情况后，先后派出顺天巡抚兵力若干前去营救，但三路大军一路不敢出战，一路刚出山海关就被全灭，一路在吕洪山被伏击，副将杨振投降，总之全部折在了救援路上。此时，松山城中已经开始吃人了。

就在这种情况下，松山副将夏承德投降，并做了清军内应。二月的一个夜晚，清军根据内应的情报，从南城墙爬进了松山城，松山城就此陷落。洪承畴及巡抚、总兵王廷相、曹变蛟等人均被夏承德擒获，献给了皇太极。皇太极入城后获得了各类军械火器约万余件，金银珠宝万余件，在将松山城搜刮一空后，皇太极便率部众携带斩获的战甲火器转攻锦州城。

当时锦州已经被围困多日，已然到了人相争食的地步了。在听闻松山洪承畴援军全军覆没后，祖大寿为保住锦州军民，只得投降，这已经是他第二次投降了。

松锦之战，清军几乎是以碾压式的姿态破坏了关宁锦防线。此一役后，这道防线上只剩下宁远一座孤城，清军的铁蹄距离山海关也更近了一层。这种情况下，明廷能做的就是死守山海关了。

毛文龙被杀后续：吴桥兵变

事情还要从毛文龙被杀说起，毛文龙本是驻守在皮岛的将领，被明廷封为平辽总兵官，并命他镇守皮岛。但后来因与袁崇焕政见不合，被以"十二大罪"斩杀在了双岛。得知毛文龙被杀后，驻扎在皮岛的大将孔有德、耿仲明等人当场哗变，转投奔了登莱巡抚孙元化。

孙元化也十分热情地接待了他们，并委以重任。孔有德被任命为骑兵参将，而耿仲明则被派往登州。恰逢崇祯四年（1631）八月，皇太极围攻大棱河城。除了大棱河周边要塞派援军过去，身在登莱地区的驻军也要求派兵前去支援。于是孙元化便将这个"机会"给了孔有德。一来是为了完成朝廷给的任务，二来可以顺便检验一下这位刚来的将领对自己的忠心程度。

孔有德便率领了三千士兵走水路，踏上了救援的道路。他的任务是趁机从海上登陆，直取后金的后方耀州，迫使皇太极回援以解困。出发点是好的，但是所托非人。孔有德非常不想打仗，一路上都在拖进度，走到河北吴桥时，所带的干粮已经消耗殆尽。又恰逢天降大雪，士兵们又冷又饿，还没到达目的地，就要饿死或者冻死了。于是孔有德选择了再次哗变，打出的造反理由是："我们大帅毛文龙为朝廷立下赫赫战功，都被朝廷斩杀于帐前，时事如此艰难，朝廷已经没救了。"随后带领手下辽东士兵就地大肆抢劫，吃饱喝足后，他们便杀回山东半岛，一路攻陷临邑、陵县等城池，直奔登州而来。

前已有言，和他一道叛变的耿仲明刚好就镇守在登州。当他听闻孔有德杀回山东的消息时，已经做好了接应的准备。而登莱巡抚孙元化则派出了张焘与张可大的部队共同迎击孔有德，坏就坏在孙元化错看了张焘，没想到张焘与孔有德有旧情，还当场倒戈了。于是，一场两面夹击就变成了给张可大准备的了，他的部队被打得大败而逃。

孔有德等叛军很快占据了上风，此时孙元化却仍希望能以同袍之情感化他。但没想到这厮只是诈降，方便他进城与耿仲明里外响应而已。果然当夜，耿仲明派人突然打开了登州城门，与城外的孔有德部将登州守军"包了饺子"，只有登莱巡抚孙元化被放了一条生路，其余均遭斩杀。

当时明正典刑的崇祯皇帝却没有放过登莱守将，这些逃出来的将领，包括孙元化在内皆被处死，轻者也被判戍边充军。

吴桥兵变后续：三将降后金

孔有德哗变并攻下登州的消息很快传到了京师，除了处分守城不利的巡抚和参将，明廷还下令派兵前往围剿。同时任命谢琏为副都御使接任孙元化，又提拔参政徐从治驻守莱州城，命其死守莱州。

谢琏和徐从治抵达莱州之后，立即调拨蓟门、密云等地士兵和乡兵与叛军展开激战。但由于所派去的兵部侍郎刘宇烈不谙兵道，尽管有朝廷交付的红夷大炮，不管是兵阵还是军纪全都是一团糟糕，后续粮草又遭到敌军偷袭被焚毁，最终在沙河被击溃。这些先进的火炮不仅全数归了孔有德的军队，就连巡抚徐从治都在此战中殉国。

虽然小胜援军，但莱州城也不是那么好打下的。叛军围困了四月有余都没能拿下，于是孔有德再次想到诈降。虽然城中大部分将领都反对招抚，但是刘宇烈表示，可以做两手准备。一方面仍积极向朝廷请求援军，另一方面仍接受孔有德的投降，并说如果他们有诚意归降，则莱州之围将自行解除。显然孔有德只是诈降，他趁宣读招抚诏书之时突然下令攻城。所幸城中守军反应迅速，及时关闭城门，孔有德并没有来得及调动大军入城。

有了孔有德的诈降，明廷方面知道，招抚显然是不可能了，于是崇祯五年（1632），朱大典率领两万大军，兵分三路向莱州城进发。双方在沙河发生遭遇战，叛军被携带的火炮轰散，兵力溃败，退回了登州城，莱州之围顺利解除。到了第二年，朱大典便重点进攻登州城，除了进行火炮攻击外，官军还在登州城外修筑围墙，防止叛军趁夜偷袭。叛军中的副元帅李九成擅长野战，经常携带火器加上骑兵出城野战。双方虽互有胜负，李九成最终还是死于官军的火炮下。在官军紧密的炮火下，孔有德、耿仲明见登州城难保，于是弃城准备出逃。

皮岛是回不去了，他们便打算经旅顺投降后金。却遭遇了皮岛守将黄龙事先布置好的重兵，所带兵力又损失大半，孔有德部将毛承禄、毛有顺等人被俘，孔有德和耿仲明仓皇之间找后金军接应，方在鸭绿江成功登陆。

有一个小插曲也与此次叛变有关，那就是皮岛守将尚可喜在崇祯七年（1634）也率领皮岛民众数千人投降了后金。原来是孔、耿二人投降后金后，一直怂恿皇太极攻打驻守旅顺的黄龙，一报血海深仇。于是在后金军的进攻下，旅顺明军根本守不住这一地区，黄龙自杀，尚可喜失去了靠山，而新任的总兵又与他关系甚僵。一来二去，投降便成了最好的选择。

这次叛变以孔有德、耿仲明等人的投降后金而告终。但叛变带来的形势却是很严峻：孔有德等人除了将先进的火炮技术带到了后金外，登莱地区遭到战火蹂躏，荒芜一片，受其影响，东江更是一片惨淡，战略位置从此一落千丈，再无可能起到牵制后金军的作用。

卷土重来：李自成的发展壮大

等明朝官军在辽东一带打完一系列的仗，回过神来看这帮农民起义军时，发现他们已经重新组织了自己的力量，兵力也有所扩大，发展最盛的莫过于张献忠的部队。李自成依然在商洛山中打转，躲避朝廷的围剿。

于是在前一段时间里，明军主要围绕张献忠追剿，但随着崇祯十一年（1638）春，张献忠和刘国能部分别投降于明朝官军，在河南陕西一带的农民起义军也大多选择了归降。李自成还是在商洛山中不出，跟官军打游击战，保存实力。到了第二年，张献忠反叛朝廷，在谷城重新举起起义军的大旗。趁着明朝官军把大股兵力都用在追剿在湖广一带张献忠部的机会，李自成从商洛山出来，打算再次进入河南中原地区，时年是崇祯十三年（1640）。

这一年河南地区大旱，接着旱灾而来的是蝗灾，没枯死的庄稼都成了蝗虫的口粮。河南百姓吃无可吃，已经到了"易子而食"的地步了。如此动乱的社会，加上朝廷的重点在湖广的张献忠一部，对河南地区的管控就稀疏了很多，一时间河南地区盗匪四起。

这也是李自成扩充自己军队的大好机会，短时间内，他的部队从一千余人发展至几万人。进入河南地区后，李自成提出了"均田免赋"的口号，并在杀进城中之后宣称只杀官而不杀平民。攻克永宁后，李自成将万安王与当地官员过一个审判流程以后，便直接杀掉了。这一举动深入民心，他那句"均田免赋"的口号也由此而来，演化成了老百姓口中的"迎闯王，不纳粮"。

崇祯十四年（1641），李自成开始攻打洛阳。明朝守将王绍禹投降，洛阳城门大开，农民军不费吹灰之力便进入了洛阳城。他先进了封地在洛阳的福王府，杀掉福王朱常洵后，又从他的后花园中猎杀了几头鹿，与福王的肉一起煮了，又与起义的将领一起享用，号称"福禄宴"。而后将福王府中的财物和粮食等劫掠一空，发放给了洛阳的灾民。

同时他还不忘宣传，号召饥民加入自己的军队。他的宣传如下：凡二十岁以上愿意从军者，每月皆给四十金，如果有能力的话则酬劳还会翻倍。如此一来，李自成的部队便迅速发展为几十万人。

之后他便率领这几十万人直攻开封，但是开封城毕竟是河南的中心所在，农民军武器装备落后，被城上的火炮轰散。眼见开封城拿不下，李自成只能选择暂时放弃开封。绕行南下，此时罗汝才率领大军前来与李自成联军，于是李自成与罗汝才组成了一支大军，农民军迅速得到壮大。

明廷自然不能坐视不理，傅宗龙被任命为陕西总督，负责清剿在河南为祸的李自成一部。他很快率领两万士兵与保定总督杨文岳部汇合，双方准备渡过汝河，把农民军联军围歼在项城。

李自成的中原苦战

此刻官军准备渡河，李自成的农民起义联军也准备渡河进入豫南地区。但明朝官军的动静要比农民军大，很快就被李自成一部发现。李自成准备将计就计，顺便伏击一下官军。他一面将精锐部队埋伏在树林里，一面又派部分军队明晃晃的架桥渡河。

这边傅宗龙率领的官军果然中计，以为是农民军主力在渡河。就在他计划将农民军截击在汝河中时，中了农民军的埋伏，一下被李自成前后包围了起来。傅宗龙率领的将领见此情景，纷纷逃往沈丘，而只剩两位统帅退守火烧店，与农民军对峙。最终，杨文岳坚持不住也逃往项城，李自成的包围圈中只剩下了傅宗龙一部。双方僵持了十几天，就在傅宗龙坚持不下去率领六千亲军突围时，被农民军活捉。而后，傅宗龙被虐杀在项城之下，李自成率领农民起义军迅速攻下了项城。

此战以后，李自成率领的联军在河南中部再无抵抗，他一路率领大军，如入无人之境，迅速攻克叶县，拿下南阳城。直到十二月底，绕了一圈再次来到开封城下，准备第二次攻打开封城。这次李自成没有选择云梯攻城，而是采用令士兵偷挖墙脚的方式，企图松动开封城的城墙。但是开封守城之将警惕心却很强，听见城下有响动，便向下用火器击杀挖墙的农民军。李自成无奈，又想采用火药的方式，企图炸开开封城墙。没想到开封城墙甚为坚固，在火药的威力下，纹丝不动，反而炸死了很多准备攻城的农民军。李自成显然耗不起，只得选择再次放弃。

就在此时，左良玉率领的官军来支援开封，并在途中攻下了之前被农民军占领的临颍，将守城农民军屠杀殆尽。这让李自成大为光火，于是就在他退出开封城后立即回援临颍，攻打左良玉，左良玉部被围困在了郾城。

傅宗龙死后，明廷派出汪乔年接替他的职位继续剿杀在河南地区的农民军。为迅速解左良玉之围，他也选择围魏救赵之术，转头攻打李自成在襄城的大本营。这让李自成甚为慌张，于是返身去截击汪乔年部。汪乔年本以为解了左良玉的围困，左良玉会同他一起夹击李自成部。没想到左良玉跑得飞快，留下他一部被李自成围困在了襄城。由于双方军队人数的差距，汪乔年数千人的抵抗根本对李自成军构不成威胁，襄城由此被破，汪乔年被俘，而后被杀。

到五月中，李自成一部再度来到了开封城下，准备三攻开封。此时负责救援开封城的是前户部尚书侯恂，他曾经提出坚壁清野的策略，命开封守军固城坚守，将农民军困死在这里。此策略遭到崇祯皇帝的拒绝，侯恂也被下狱，于是开封城还是只有巡抚高名衡来守。

从五月到九月，这几个月不管是攻城也好，守城也好，双方军队都不好过。河南旱灾还没过去，缺粮少物资。就在此时，黄河突然决堤，驻扎在开封城外的农民军先遭殃，随后城中老百姓和守城明军丧生水中的也有一大批。看到开封城被水淹没，剩下的李自成和罗汝才的联军才撤离开封，向西继续前进了。

建权大顺：李自成最初的锋芒（上）

就在官军节节败退之时，李自成率领的农民军却愈发壮大。自从攻下洛阳后，李自成不断给自己树立正面形象，列出明朝的腐败政绩，游走一城便提出自己的口号，杀光当地官员，声言自己是为民除害的正义之师。河南的农民从起义军那里得到了被救济的好处，也广泛宣传闯王之好，"迎闯王，不纳粮"的口号也越传越远。

此时李自成的麾下已经网罗了有张献忠、罗汝才及革左五在内的一些首领，统帅着百万农民军，甚是威风。但他们就未来如何发展产生了分歧：李自成看到了明廷的腐朽与士兵的无力，希望取而代之。罗汝才、革左五等人则不愿意与明廷分庭抗礼，只想做流寇，享受劫掠的快感。但在到达遥远的未来之前，目前他们还需要抵御官军的围剿。于是便有了暂时一致的目标——清扫中原官军。

而这时候中原剩余的官军只有在汝宁城的杨文岳一部，虽然汝宁城坚，但城内守军只有几千，固然抵挡不住数以万计的农民军。汝宁城很快陷落，杨文岳等人被俘，同时被俘虏的还有封地在汝宁的崇王朱由樻以及河阳王朱由材。杨文岳拒不投降，被李自成残忍杀掉，而诸王虽然投诚，也被李自成杀死在了行军路上。

一时间，李自成的部队所向披靡，踏平河南后，又把湖广左良玉的部队赶到了九江一带。此时农民军中的分歧更大了，为了清除阻碍自己推翻明政权的障碍，李自成于崇祯十六年（1643）设计杀害了罗汝才与其部下贺一龙等人，而后在襄城建立政权，改称襄京，李自成自称大元帅。虽然没有称帝或者称王，但是李自成却建立了一套几乎与明廷抗衡的官僚体系与军事体系，提拔了一部分与自己较为亲近的亲信。

这时候李自成管辖的范围由黄河南岸一直延伸到了湖南华容一带，这让崇祯皇帝大为光火，他命令在陕西固守的孙传庭部进入中原，迅速剿灭李自成这个不伦不类的政权。

但此时河南地区的经济并未得到恢复，旱灾过后的饥荒依然很严重。李自成便采用诱敌深入的策略，放弃了河南一带大部分土地。果然孙传庭率领陕西军队一路势如破竹，攻下了大片的土地，一路打到了襄城城下。这一策略也导致了许多农民军首领投降官军，并泄露了农民军大量机密，直接导致了李自成的损兵折将，其本人也差点被俘。

就在农民军已经动摇了的时候，天降大雨，城外露营的官军遭了殃，而泥泞的道路也给粮食补给造成了一定的困难。连续七天的大雨导致了孙传庭部忍饥挨饿了数日，本想指望破郏县城获取补给，没想到却是一座空城。只有一些瘦弱骡马，被大军分而食之，仍不解饥。官军苦不堪言，已经到了最后的关头。

建权大顺：李自成最初的锋芒（下）

城外官军苦不堪言，城内守军也不好过。面对明朝官军的一路穷追不舍，一些农民军首领内心十分动摇，有了投降的心思。为了安抚人心，李自成言明自己先烧皇陵再杀藩王，即使投降也是罪无可赦，如果部将要投降，可在最后决战要失败的关头杀掉自己再投降也不迟。于是军心得到了暂时的安抚。

话是这么说，李自成也没有坐以待毙，他派部将刘宗敏率领一支部队抄小路到明朝官军后方，切断了官军的运粮之道。官军这边由于长时间得不到补给，士兵情绪浮躁，纷纷打退堂鼓。为了安抚士兵情绪，孙传庭决定自率一部士兵返回关中，打通粮道。坏就坏在孙传庭率领的是自己的陕西亲军，把河南总兵陈永福的部队留在了河南。陈永福当然不会考虑大局，以为孙传庭是撤退了，留自己下来当垫脚石，便也跟随在陕西军后面撤退了。这一撤退，大军根本无法保持阵型。农民军趁机出城发起进攻，孙传庭直到南阳才控制住全军，调整好阵型与农民军应战。

面对农民军的五层阵仗，孙传庭即使有精锐的火器阵营也无法抵挡，率先败下阵来。就在此时，双方战局瞬间扭转，官军只顾奔跑逃离，农民军全部出动，对官军紧追不舍。自此，四万官军全部折在了河南地区。农民军一路凯歌，乘胜追到了西安城下，西安守将王根子直接开城投降。

西安的失守又导致了一系列连锁反应，陕北再无可抵抗之兵力。如此一来，西北的固原、宁夏、甘肃三边尽入李自成囊中，明廷的边城重镇就这样变成了农民军的后方基地。

到了第二年，在此休养生息够了的李自成决定采纳宋献策的意见：正式建立自己的政权。先前被俘虏的秦王已经将自己的王府献出给李自成当了顺王府，李自成则以此为宫殿，正式称王了。建立国号为大顺，改元永昌，并改西安为长安，定为都城。

攻陷北京：李自成最后的辉煌（上）

崇祯十七年（1644）正月，李自成开始整顿兵马，将自三边收来的精良装备武装到自己的大顺军上，为攻下北京城做准备。他将大顺军分为两路，一路由李自成亲自率领，走北路，经过山西北部到达北京。一路由刘芳亮统领，走南线，从山西南部过河北进攻北京。

到了二月份，李自成开始进攻山西北部。此处由山西巡抚蔡懋德率军把守，由于防守兵力不足，蔡懋德把沿河的兵力抽调回了太原，准备据城防守。但双方兵力着实悬殊，太原城很快被攻破了，蔡懋德拒绝了部下突围的保护，在祠堂自缢。农民军在宁武关遭到的抵抗是最激烈的，此地是由山西总兵周遇吉从代州退守下来的。他也深知农民军人数众多，当面硬打是抗不过的。于是他事先在城下设伏，用战斗力弱的士兵引诱农民军深入城内，在他们还没过完的时候关上城门闸口，伏兵突然四起，将进入的农民军杀死。如此反复，农民军遭受了巨大的打击，李自成一度产生了退缩的念头。但看看身后众多的士兵，他还是选择以人数来打消耗战，最终攻破了宁武关。

但周遇吉负隅顽抗，农民军虽然攻破了城，进了城却仍然要与剩余的官军进行巷战，就连周遇吉的夫人也率领家中女眷居高临下，放箭射杀进城的农民军。李自成的部队遭受了巨大的打击，伤亡惨重。此前，农民军在代州已经与周遇吉交战数十天，现在在宁武又损兵折将，死伤约七万余人。李自成为了发泄怒气，拿下宁武关当晚下令屠城。

再说南路刘芳亮的部队，在河北基本上没遭遇什么顽强抵抗，李建泰一路逃亡，最终在保定向农民军投降，北京在南方的门户已然大开。

就在李自成在宁武关准备修整时，前方大同总兵姜瓖的降表已经到了，李自成喜出望外，还没有从喜悦的情绪中缓过来，宣府总兵王承廕也派人送来降表。这让李自成决定不再修整，一路朝大同、宣府一线开拔。这一路上，除却已经投降的大同、宣府总兵，就没有遇到什么抵抗，大同巡抚自杀，宣府士兵几乎没有抵抗就选择了投降，巡抚朱之冯自杀。到了三月，李自成抵达了阳和、居庸关一带，阳和兵备道直接在十里地以外投降，居庸关总兵和监军也是直接城下投降。这些防守京城的重镇显然没有崇祯皇帝想象的能打，京城北面的门户也打开了。

三月十七日，李自成率领的农民军在北京城外虎视眈眈，北京城破只在朝夕之间。除了炮轰西直门，李自成还派已经在宣府投降的太监入宫谈判。

攻陷北京：李自成最后的辉煌（下）

这次的北京保卫战不同于以往，要抵抗的不是外族入侵者，周围能勤王的军镇也早已投降，干巴巴的罪己诏显然不能让这些怒火烧了十几年的农民军放下武器回家种田。只剩下在山海关的吴三桂可用，但吴三桂在辽东抵抗清军，如果要他入关，就等于把辽东拱手让给清军。

就在崇祯皇帝一筹莫展时，看到了一个太监，他正是奉李自成之命前来与崇祯皇帝谈判的，要与皇帝讲和。条件如下：要把西北地区割让给李自成，并封其为王，还要犒赏大军百万银两，而后李自成便退出京畿地区，退守河南。

听到这个条件，朝臣大多有所心动。首先，李自成并没有要取当今皇帝而代之的意图。其次，李自成既然听封，且手握百万大军，自然可以同辽东的清军一决高下，这样辽东之困也可以得到解决了。但没人敢言，只有一个叫魏藻德的提了出来。崇祯皇帝却说："朕计定另有旨。"如此一来，双方谈判便破裂了。

李自成见自己提出的条件崇祯皇帝并没有答应，便下令围在西直门外的农民军攻城。在城外排列的京城三大营根本无力抵抗，皇城防线很快便崩溃了。到三月十八日晚上，农民军便控制了北京城。这是李自成第一次到达明朝的国都京师，也是最后一次。

崇祯皇帝这边在听小太监报告内城已然被攻陷的消息以后，很是震惊了一会儿。随即带着太监王承恩到景山上查看，但见城中烟尘四起，才确定农民军的确已经打进了皇城内。于是他颇为淡定地回到宫内，朝中大臣也多四散逃命去了。

那边李自成进入皇宫后，四处寻找崇祯皇帝，未果。只在后宫发现皇后及几位公主的尸体，皇子们也不见了，于是疑心崇祯皇帝带着皇子逃跑了。但此刻他的重点不是寻找皇室成员，而是稳定京城内的秩序。李自成便下令，农民军进入内城后，禁止伤人、劫掠钱财以及妇女，违者杀无赦。李自成自己则搜罗宫内仅存的宫女，封之为妃，过起了安逸享乐的生活。

到了二十七日，农民军便开始四处搜罗在京明朝官员的府邸，要求他们拿出自家的银两，以做农民军的军饷用，并按照官员品级官阶规定了必须交的限定额度。从高阶的官员定为十万，到翰林众官员的一万，再到以下小官的几千银。为了胁迫他们交银，刘宗敏还制作了恐怖的刑具，凡有交不满或者敢不交的，便用夹棍夹断人的骨头，并协助以炮烙之刑，因此受死者有一千六百余人。其后，农民军日益骄纵，甚至有直接抢掠京城百姓家的。京城内一时哀鸿遍野，人心惶惶。

据史书记载，李自成在北京的这段日子，搜刮到的银钱只宫内就有三千七百万两，又有一千万金。而在旧年的仓库中还没有用的钱就有三千七百万金，银锭都是五百两起的。

甲申之变上编：崇祯帝之死

当确定李自成已经攻陷了北京内城以后，崇祯皇帝便放弃了所有的想法，一心所想的只有如何体面地完成"君王死社稷"。想到那些一路被杀被剐的藩王及其亲眷，皇家的体面又让他不能独自赴死，而把自己的后宫、子女等亲属送给农民军蹂躏。

于是他在喝酒壮胆后，拿着剑来到了后宫。他开始劝说皇后自尽："大明气数已尽，我作为君王是要死的，你是国母，也要殉国。"于是周皇后便哭着同意了，在看着皇后自尽后，他又命后宫剩下的嫔妃以及太后自尽，这些在后宫生活了小半辈子的女人也统统悬梁自尽了。

崇祯皇帝这时又命人将三个儿子叫到身边，让他们换上破旧的衣服，防止农民军认出来。又嘱咐他们道："你们现在不再是皇子了，已经是普通小民，切记一定要谨慎行事。"随后又把普通百姓人家的称呼教给他们，让他们可以保全性命。至于两个未成年的女儿，崇祯皇帝一再狠心，欲将其二人全部杀死。但长平公主因事先用胳膊抵挡，失血过多昏厥。做完这些，崇祯皇帝浑浑噩噩，走出皇宫，此时还有个忠心耿耿的太监王承恩跟随着他。一主一仆二人来到了煤山，在一棵槐树上吊死了，这也是李自成进入北京城之后找不到崇祯皇帝朱由检的原因。

几天以后，李自成搜刮皇宫的时候，才在煤山上发现了早已吊得梆硬的朱由检的尸体。尸体以发覆面，穿着一件白夹蓝袍，一只脚光着，另一只脚上穿了袜子。白衣上是以血写的遗书："朕自登极十七年，逆贼直逼京师，虽朕薄德匪躬，上干天怒，致逆贼直逼京师，然皆诸臣之误朕也，朕死，无面目见祖宗于地下，自去冠冕，以发覆面，任贼分裂朕尸，勿伤百姓一人。"

李自成倒也没有任崇祯皇帝在煤山腐烂，而是将其移到了东华门外，搭建厂棚，令明朝官员都来祭拜，而后移入了佛寺。

待他在京师一番享受，农民军在京城烧杀抢掠完毕后，他才想起了山海关外还有个吴三桂需要处理。他便派人前往山海关携带着招降书和一些礼品去招降吴三桂，但吴三桂始终没有搭理他，而后还率领辽东兵与大顺军在山海关的一片石激战，大战了一天以后，吴三桂的军队逐渐支撑不住。投降农民军对吴三桂来说是不可能的，于是吴三桂转头降了清军。

吴三桂的降清，揭开了清军入关、大顺军覆灭的序幕，这也是甲申之变的序幕。

甲申之变下编：大顺政权的昙花一现

前面提到李自成在进入北京城之后，放任农民军在京城内大肆烧杀抢掠，并对明朝有品阶的官员进行搜刮活动，不仅打乱了京城的秩序，还让清军找到了攻下山海关的空隙。

这个空隙就是驻守山海关的吴三桂，在听闻崇祯皇帝殉国以后，他本来率军有所抵抗，但战至最后，逐渐支持不住。在清军距离山海关仅剩二里地的时候，吴三桂突出重围转而投降了清军统帅多尔衮，请求清军帮助他攻打大顺的农民军。就这样，李自成至山海关时，面对的不仅是吴三桂的辽东军，还有多铎率领的八万精兵。

大顺军在面对吴三桂的辽东军时锐气相当，一鼓作气攻到了城下。但双方激战一天一夜，大顺军也没能拿下山海关，于是改为在渤海附近与吴三桂军野战，吴三桂军虽顽强抵抗，却终究不支。而大顺农民军此前攻城已疲惫不堪，此时又不甚熟悉山海关的地理情况，只想速战速决，于是倾全军之力把吴三桂部包围起来，但此时大顺军已是强弩之末了，天空又刮起大风，这对大顺军十分不利。

多尔衮趁机率领两万骑兵冲进了大顺军的队阵中，同时万箭齐发，大顺军本就体力不支，这一冲杀，导致阵脚打乱，大顺军伤亡惨重。就连李自成的副将刘宗敏都中箭负伤，李自成慌忙撤退。

清军以追击大顺军为由，很快经山海关入了关。回到北京的李自成为了发泄怒气，杀了吴三桂的父亲吴襄，并于北京称帝。但次日清军就打进了北京城内，李自成不得不离开北京，撤回了西安。

此后，面对清军的铁骑，大顺军节节败退。第二年由刘芳亮率兵与清军激战几昼夜，大为受挫。其后又由李自成亲自率领大军，依旧败于清军手下。待清军的攻城火炮运到战场时，大顺军辛苦修建的高墙沦为炮灰，潼关危在旦夕。

大顺军并未坐以待毙，在军阵被冲垮的时候仍以骑兵坚持反击，并分兵迂回，试图从后方突破清军，但都以失败告终。就在他们以为只有一路清兵，还能抵抗一阵时，北路清军也从山西渡过黄河，从陕北而来，与南军形成夹击之势。双方激战了十三个昼夜，最终潼关失守。李自成被迫放弃了西安，从蓝田败走，退入襄阳。

到了三月，李自成大军已经被迫退到了武昌地区。清军乘胜追击，一路跟随到了湖广。李自成这时自知南京必然不保，便决定夺取东南地区作为最后的基地。但此时的大顺军已然是强弩之末，清军水路两边突袭，夺取了江西九江一带，切断了其东南而下的退路。

此时的李自成只能将眼光放到西南地区，准备转战湖南地区。但到五月，大顺军在到达湖广，准备穿过九宫山时，李自成的探路部队被当地的农民武装截击，李自成也被杀死。虽然大顺军尊了李自成的三弟李自敬为首领，但大顺政权已然成为过去，再无独自抵抗清军的可能，宛如昙花，一个乍现便结束了。

平西伯吴三桂：辽西世家出身的大将

作为清军与大顺农民军之间的一个不小的砝码，吴三桂在当时可以说是辽东军中成长起来的后起之秀。他从小生长在辽西，其父吴襄是经历了天启到崇祯年间几乎所有辽东大战事的人。而后吴襄奉旨调入京师，恰好其妻过世许久，遇到同样在京师述职的祖大寿。祖大寿在辽西也是将门世家，于是就这样，祖大寿成了吴三桂的舅舅。

作为将门子弟的吴三桂从小就练习骑射，加上习武，他在十几岁的年纪便中了武举，迅速成长为辽西的顶梁柱。崇祯十三年（1640），这是吴三桂第一次上战场，第一次正面与清军对峙。他表现出了一个辽西世家子弟应有的勇猛，但最终还是不敌清军。到了第二年，锦州已经被清军团团围住。其后便有了朝廷多次派大军，试图解除锦州之围，多以全军覆没告终，这也导致了祖大寿的降清。

祖大寿的降清给了吴三桂颇为深远的影响，让他对大明的忠心产生了一丝动摇。崇祯十六年（1643）年初，他也写信给祖大寿，表达了这种怀疑与犹豫。但祖大寿为表忠心，却把他的来信交给了皇太极。这也算是吴三桂与皇太极有了一次互动，就是这次互动给了吴三桂投降清朝的契机。

其后便是己巳之变的爆发，吴三桂同关宁军一起奉命入关勤王。但路上被拖慢了行军速度，等到达京师时，清军已经退出了京畿地区。但前来勤王的吴三桂还是被崇祯皇帝留在武英殿，与其他前来勤王的军镇一起接受了宴请。吴三桂还被崇祯皇帝赐予了尚方宝剑。岂料九月的时候，锦州、左屯卫、中屯卫等城先后陷落，关宁锦防线溃破，宁远成了一座毫无防守意义的孤城。

崇祯十七年（1644）年初，李自成率领的农民军攻破北京城，这时候对于是否放弃辽东，召吴三桂的关宁军入关勤王成了朝臣争论的焦点。三月，吴三桂被封为平西伯，正式被召入关勤王。于是吴三桂点齐人马火速准备入关，就在他走到玉田附近时，传来了京师陷落、崇祯皇帝自缢身亡的消息，他已经无王可勤了。

吴三桂随后面临的便是选择问题，李自成的大顺政权也知道他是一股不可小觑的力量，已经多次派人递出了橄榄枝。吴三桂也很心动，一是大顺政权许诺的爵位勋权，当年与他共事的辽东同僚率先投降的都已经被封为伯了。二是他的家人都在北京，如果不选择大顺政权，那就是分分钟被当人质的节奏，而且会有一定的生命危险。但让他顾虑的是，他也有亲眷早已降清——其舅祖大寿在清廷为官，况且清军大军压境，他的关宁军显然也不是清军铁骑的对手。

权衡再三的吴三桂还是决定率领关宁军入关，投降李自成的大顺政权。在回关的路上他还命士兵在永平府及沿途张贴告示，上书"本镇率所部朝见新主，所过秋毫无犯，尔民不必惊恐"之类的话，以安抚民心。

但就在吴三桂率关宁铁骑走到河北玉田县时，他却突然临阵倒戈，并连给清军首领多尔衮去书两封，以示自己的诚意。

平西伯吴三桂降清之谜（上）

就在吴三桂做好了抉择，率领关宁军往关内走时，却在紧要关头掉转方向，转而追击即将接替他山海关防务的唐通——这个人以前跟吴三桂一起在辽东共事，后北京城破后转而投降大顺政权。此前促使吴三桂做了投降大顺这一决定，唐通功不可没。

唐通的兵力不足吴三桂的三分之一，吴三桂又是背后偷袭，打得唐通猝不及防，山海关便重新落入了吴三桂的手中。但此时李自成的两路大军已经出了京畿地区，准备与清军决战了。听到吴三桂重新占领山海关的消息后，他大为震惊。经过讨论后，李自成决定让吴三桂的父亲吴襄写信，以亲情来诱导他，想让他有所悔过。面对父亲的亲笔信，吴三桂已经不再相信了，他甚至怀疑这是李自成利用父亲给自己下的一个圈套。

吴三桂这边坚决拒绝大顺政权，那边又极力催促清军向山海关进发。他也知道自己的关宁军面对众多的农民起义军并无多少胜算——此前在一片石交战时，他已经有所颓势了。但多尔衮方面并未全然信任他，生怕这是吴三桂联合农民军在山海关设置的一个诈降局，仍然准备走蓟州、密云入关。

这边在山海关的吴三桂焦急如焚，看清军仍没有往山海关走的意思。第二次派出使者向清军示好，并说出了"君父之仇"这样的话："三桂受国厚恩，悯斯民之罹难，拒守边门，欲兴师问罪，以慰人心。奈京东地小，兵力未集，特泣血求助。……王以盖世英雄，值此摧枯拉朽之会，诚难再得之时也。乞念亡国孤臣忠义之言，速选精兵，直入中协、西协；三桂自率所部，合兵以抵都门，灭流寇于宫廷，示大义于中国。则我朝之报北朝岂惟财帛，将裂地以酬，不敢食言。"在看到"裂地以酬"的字眼时，多尔衮便感受到了这份诚意，立即掉头挥师山海关，并以吴三桂的关宁军为先锋。

李自成也并非一直坐等吴三桂的归顺，而是于四月就已经率十万大军北上了，只留一万士兵守京师。但此时吴三桂却给他来了一招缓兵之计，派出使者故意来说，吴三桂愿意归顺，请求大军缓行。就这样，本有五天的行程被李自成的大军走出了八天。八天之后，等他到达山海关，吴三桂已经整顿好军马，摆开阵型准备跟他一决死战了。

这一仗，李自成打得甚是惨烈。大顺军先是同吴三桂的兵马鏖战了几昼夜，就在李自成以为吴三桂部支撑不住，胜利在望的时候，却被后面蹲守的清军包了饺子，大顺军很快就败下阵来，刘宗敏负伤，李自成也是仓皇逃跑。而吴三桂则在此次战役结束后，立即剃发正式降清，并受封平西王。

平西伯吴三桂降清之谜（下）

自从吴三桂投降了清廷，又把李自成在山海关附近打得大败，李自成愤恨不已，在返回京师的途中就把随军携带、用来打"亲情牌"的吴襄杀掉了。如此还不解恨，回到京师以后，又把吴家上下三十余口全部斩杀殆尽，以此作为吴三桂对自己欺骗和反叛的报复。

说起吴三桂缘何降清，一直以来都有"冲冠一怒为红颜"的说法。但依照当时的形势来看，不管他当时宣扬的是何种理由，他的降清是基于自身利益。最初，吴三桂愿意归顺李自成的政权，是因为李自成给了颇为优厚的许诺加官爵的赏赐。还有来劝他投降的唐通以身说法——唐通的兵力远远弱于吴三桂，而且是北京城破之时投降的大顺，就已经被封为定西伯了。

就在他刚吃了一颗定心丸后不久，便从北京传来了李自成在京城大肆搜刮投降明廷官员财产的事，达不到要求的就把人抓入大狱，严刑拷打，其父吴襄就是被拘捕起来的一员。他还没来得及消化，便又有一从京城私逃出来的奴仆说，吴三桂在北京的家财产全被抄没，全家都要被奴役了，其中自然也包括他的爱妾陈圆圆。发怒之余，吴三桂也感到了极度的不安全感。前有许诺高官厚禄，自己还没到，老家先被抄没了，家人都要成奴仆了。

又想想崇祯十五年（1642）皇太极写给自己的回信，"将军与朕，素无仇隙，而将军之亲戚，俱在朕处"。随后又有自己的舅舅祖大寿写给他的招抚书，字字句句颇为亲切，把自己族人在大清受的优厚待遇全都言明，且言语中有提及"若率城来归，定有分茅裂土之封，功名富贵，不待言也"。为增加可信度，他还附上了信物。

显然在这种情况下，李自成的大顺政权瞬间成了"鸡肋"，唯一可以投降的理由只是同为汉人而已。再想想李自成对待自己家人的态度，虽同为汉人，可一点儿都不手软，这还是自己已经表明投降态度之后发生的。再想想农民军破京师后，对自己有知遇之恩的君上也被逼自杀，这"君父之仇"也是反叛最好的理由。

也有人说吴三桂投降清廷只是权宜之计，只是借清军来消灭农民军政权。但是吴三桂在正式降清时是把头发都剃了的，且面对多于自己关宁军的入关清军，试问等到农民军被消灭，他如何将引进的"狼"赶出去，他的头发又如何能长出来？

张献忠：边军出身的"混世魔王"

说完李自成，可以来说一说张献忠。同李自成一样，张献忠也是陕西人，和李自成不一样的一点是，他小时候还读过一点书，还当过延安府的捕快，但因为一些事被革职了。

这也给了他从军的契机，于是他就跑到延绥卫从了军。事实证明，张献忠并不是一个乐于被拘束的人，很快他因犯法即将被处以极刑。但可能其生而异相，其上司陈洪范便为之求情，免除了死罪，被改为一百军棍的处罚，从军中除名了。

到了崇祯三年（1630），王嘉胤在陕西举起首个起义大旗。从军镇回到家乡的张献忠也拉起了一支队伍响应王嘉胤的起义，还给自己起了个诨号"八大王"。后来在陕西的农民军合军的时候，他这支队伍并入了王嘉胤的部队，最初受王嘉胤指挥。第二年，王嘉胤被害死，张献忠的部队便独立了出来。他自小受过的教育和在边军受到的训练给了他很大的帮助。在王自用接过王嘉胤大旗，自称盟主后，张献忠率领的农民军成为当时三十六营中战斗力最强的一支。

早在其他农民起义军都在往中原地区发展时，张献忠却拉着他的部队开始了入川之路。就在他拿下夔州，一路向着太平进发时，却被重庆的女总兵秦良玉追上了。秦良玉的威名震慑四川，张献忠惧怕被围剿，于是仓皇逃跑，还没出川，恰好被秦良玉的儿子迎头痛击，被迫败走湖广。这次入川的失败，也为他以后屠灭四川埋下了仇恨的种子。

逃到湖广后，张献忠在河南荥阳与其他农民军开会，决定分兵。而此时归队的张献忠属于闯王高迎祥部，在向东挺进的作战中，张献忠的部队作战勇猛，依然是东路军的主力。在到达明中都凤阳后，张献忠部很快就歼灭了凤阳的守卫，并击毙了守将朱国正。随后分了凤阳府库存的粮食，又召集当地百姓拆除了皇觉寺，并挖掘了皇陵。连带倒霉的还有皇陵的松柏和凤阳地区的富户。

占领凤阳后，张献忠并没有停下脚步，接着连克庐州、安庆、和州、滁州等地，一路打到了麻城，在湖广、河南、陕西一带来回转战，使得想把他们一网打尽的官军晕头转向。回到关中后，与高迎祥的部队在凤翔汇合。这一时期，张献忠所率领的农民军甚是活跃。在与负责陕西围剿的洪承畴交手后，依然不落下风，洪承畴的手下猛将，诸如艾万年、曹文昭等都死于农民军刀下。官军一路节节败退，损失惨重。

这一时期是农民军的高潮时期，也是张献忠的高潮时期。就在他们肆意驰骋在湖广、中原和陕西大地上时，丝毫没有意识到，有一张大网，正铺天盖地朝他们铺来。

投降不受降：张献忠的蛰伏时期

到崇祯九年（1636）的时候，农民军已经不是早先的几万人了。这时候，光张献忠的农民军就已经超过十万人了。就在他们的声势如日中天的时候，闯王高迎祥被俘，因拒不受降被凌迟处死。李自成也躲到了商洛地区，一避锋芒。

此时还活跃在河南地区的张献忠无疑成了箭靶子：他大举进攻河南，并占领了许州，左良玉的哥哥也被他抓住杀掉了，第二年在安庆的战斗中又击毙了潘可大等人，可谓是一路横冲直撞，所向披靡。此时李自成在陕西接连失败，不得不躲在商洛山中，刘国能也归顺了朝廷。明廷设置的"四正六隅，十面张网"似乎都针对他而来，很快张献忠便也倒在了进攻南阳的路上。他的部队在南阳被左良玉打败，张献忠也受了重伤，在部下孙可望的营救下才脱离险境，便带着部队退到谷城一带。

此时兵部尚书熊文灿便开始了招抚行动，在郧阳的罗汝才接受了招抚，而此时实力受损的张献忠出于无奈，也接受了招抚。但与其他农民军将领不同的是，张献忠虽然接受招抚，却没有将兵力贡献给朝廷，且拒绝接受朝廷给的官衔。为了保持独立性，他还把自己的四万人马安置在谷城的四周，分别由一人带领。在这段时间内，他安排部下屯好粮草，备好兵器，同时招兵买马，加强对士卒的训练，等待时机，其复叛之心昭然若揭。

据说张献忠本人还请人教他兵法，学习作战理论，并总结自己失败的教训，可谓是处心积虑。

张献忠的复叛

张献忠叛变了，这对于极力主张招抚他的杨嗣昌是一个晴天霹雳。当时张献忠投降后，许多朝臣主张杀了他，因为他不仅杀了许多将领，更是派农民军拆毁凤阳皇陵和皇觉寺的罪魁祸首，甚至连崇祯皇帝都表示不可赦免张献忠。可以说杨嗣昌是顶着巨大的压力留了张献忠一条命，就在他想令张献忠出兵立功赎罪的时候，张献忠重新举起大旗叛变了。

崇祯十二年（1639），张献忠叛变后首先做的事就是杀死谷城知县，释放本地囚徒扩充自己的实力，将府库掠夺一空，与响应他的罗汝才部汇合于房县，而后两部转战于河南西部的山区。

率先目瞪口呆的是熊文灿，为了将功赎罪，他派左良玉前去追击，但官军并不擅长山区作战，不仅无法抓到张献忠等人，反而损兵折将。当他走到罗睺山时遭到了农民军的伏击，副将罗岱被杀，左良玉自己也被包围。等他杀回房县，出去一万人的部队，跟随他的只剩了一千余人。左良玉远不是最后一个倒霉的，在上司熊文灿被革职，自己被连降三级后，杨嗣昌这时向崇祯皇帝奏请，亲自到前线督战。他九月抵达襄阳便开始着手整顿人马，左良玉于是被重新任命为前线将军。

这种情况对张献忠是十分不利的，为防止再次被堵，他和罗汝才一合计，便干脆躲在河南西部的山区中不出来了。但还是没能躲过杨嗣昌的"十面张网"策略，在最初的时候接连失利，屡次被打败。虽然在山区中有一定的机动灵活性，但依然是被围困的境遇。到了年底，张献忠在兴安被朝廷打败。当他再次想求招抚的时候，杨嗣昌已经不信他的那一套了。

走投无路的张献忠只得率军进入陕西、四川交界的山区，以求自保。没想到却被左良玉的主力部队一路追击，随他进入了四川边界。到第二年二月，张献忠在四川太平玛瑙山顶上迎战左良玉率领的官军。由于据守高地，并无其他屏障，张献忠的部队很快被左良玉率领的三路大军包抄，只剩他一人狼狈逃跑，其妻妾子女以及军师皆被官军俘虏，追随他的"十反王"杨友贤投降。

就在张献忠被左良玉、郑崇俭前后夹攻得快要阵亡时，他选择先软化官军斗志，以求给自己喘口气的机会。左良玉和督师杨嗣昌的矛盾被他看在了眼里，于是他派人前往左良玉大营，以重金贿赂左良玉，并"好言"相劝："你现在受到重用是因为有我，你的部下滥杀无辜，朝中早有人对此不满。试想如果你剿灭了我，那你离倒台也就不远了。"此番话很能打动左良玉，他也明白"兔死狗烹"的道理，于是便稍微抬了抬手，张献忠等人便逃出了官军包围，走出了兴安。

以逸待劳：张献忠的"兜圈子"战术

出了兴安的张献忠虽然保存了一定的实力，但是万没有同官军正面交锋的能力。而此时官军的主力就集中在湖广一带，将此地的农民军打得无力反抗，看到此情景，罗汝才都有了投降的心了。这种想法遭到张献忠的强烈反对，于是两人一商量，便准备再次入川，保存实力。

此时入川谈何容易，湖广一带被官军牢牢把控，四川巡抚邵春杰又亲自带兵防守新宁。但由于不同省份之间的官军并不能很好的配合，又加上总督杨嗣昌的政令不能很快到达下属将帅那里。等张献忠进入新宁时，邵春杰的官军防线还没有建好，在张献忠等部的攻势下，一触即溃。于是，张献忠就这样顺利入川。而杨嗣昌还以为张献忠等人在自己的包围圈中，剿灭就在眼前。

等杨嗣昌反应过来的时候，张献忠、罗汝才部已经深入四川境内的大山里了，于是他急令左良玉及陕西、四川的官军进山搜查。但此时，农民军的处境已经由被动逃跑变为了主动迂回。张献忠和罗汝才采用"以走制敌"的方式，不与官军正面交战，因为找不到农民军的踪迹，加上是在深山老林中，官军根本追不上农民军的脚步，还被牵着鼻子绕了大半年。而张献忠的部队则以一晚上三百里的速度奔袭，官军不仅经常顾此失彼，有时候还会被突然出现在背后的农民军偷袭，甚是狼狈。

眼见进山追剿没有成效，杨嗣昌便拿出了"招抚"这招，不仅招抚，还分开招抚，企图造成农民军的内讧。他公开说明赦免罗汝才的罪行，并且说他可以随时来投军。而对张献忠则画了画像，在湖广、四川、陕西等地张贴，声称能将张献忠抓到官府的赏金万钱，并封赏侯爵。

这样做，杨嗣昌显然没有认识到农民军当下的形势：张献忠并不是普通的通缉犯，罗汝才与他利益交织，也不可能在此时就扔下他。结果第二天，杨嗣昌防营的城壁上就出现了"有能斩督师来献者，赏银三钱"的布告，充满了对杨嗣昌的鄙夷之情。

到崇祯十四年（1641），农民军开始计划转战湖广了。官军这边，主力还多在四川境内，根本无法追上张献忠的军队。等官军终于在开县追上张献忠部时，已经是筋疲力尽了。为首的将领猛如虎决定乘追上的空当立即展开剿杀，并未给部队休息的时间。张献忠此时也发现了追上的官军，居高临下观望后发现，官军数量不多，当即决定与官军正面交锋。官军本就疲惫，面对冲杀更是无力抵挡。参将刘士杰、郭开力一部则被张献忠的一支精锐部队从后面迂回包抄，全部歼灭。

此战以后，官军阻拦不住张献忠大军的脚步，杨嗣昌的围剿也自此告终，张献忠也开始大举经由开县进入湖广境内了。

剑指襄阳：张献忠在湖广

当张献忠进入湖广境内时，杨嗣昌还在四川坐镇指挥，被派去追剿农民军的左良玉、猛如虎部反而被围歼了。在与杨嗣昌周旋的这些年里，张献忠对杨嗣昌恨之入骨，恨他杀了自己这么多农民军兄弟。他想做一件能把杨嗣昌置之死地的事，于是他想到了在湖广封藩的亲王，如果皇帝的亲戚被杀，杨嗣昌定然难辞其咎。

在他出了四川后，一路烧驿站、杀驿卒，使得官军在传递信息时有所滞后，这样杨嗣昌的主力部队还在四川境内侦查他的踪迹。针对湖广的守军，张献忠则想出了声东击西的办法，令罗汝才的部队负责吸引这些兵力，自己则率精锐部队昼夜奔袭，直指襄阳。

襄阳是一座军事重镇，历来有着最坚固的城防和完善的防御工事，同时襄阳城内也囤有充足的粮草和军饷。仅仅依靠张献忠的精锐兵力，强攻显然是不行的。于是他在通往襄阳的路上设置埋伏，杀掉杨嗣昌派到襄阳的使者，令手下士兵伪装成官军的样子通过截获的军符，悄悄进入了襄阳城。

这队士兵在将襄阳城防摸清后，便在城内发动了袭击，打得守军措手不及。而此时城外的张献忠部趁机攻破了襄阳城门，打了进来。进入襄阳城后，张献忠令手下人将所获得的饷银分出一部分用以赈灾，自己则直奔襄阳王府，揪出襄阳王朱翊铭。此时的襄阳王已经是一位年近古稀的老人了，张献忠对他仍十分粗暴，将他及其亲眷绑到了大堂里。襄阳王瑟瑟发抖，哀哀求饶，张献忠怎么也不会放过他。他给朱翊铭倒满一杯酒，说道："放过你可以，只是我想借你项上人头一用，用来让杨嗣昌因为丢失了藩王而被诛杀。你还是努努力，尽量把这一杯酒喝完吧。"与襄阳王一起被杀的还有他的儿子朱常法等上下亲眷，有四十三口之多。

此时坐镇四川的杨嗣昌终于得知张献忠的真实目的，襄阳陷落后，他快马加鞭赶往宜昌。等他赶到宜昌后，另一个噩耗将他砸倒在地：早在襄阳陷落前一个月，李自成已经攻陷了洛阳，福王也被烹杀。杨嗣昌在四川督战时已经多病缠身，在他负责剿灭农民军的任期内连续两位藩王被杀，这让杨嗣昌更加忧惧。从此吃不下东西也喝不进水，最终死在了沙市。

攻下襄阳后，张献忠率领的农民军势如破竹，顺势攻下樊城。其后又与罗汝才合兵北上，攻下郧阳、南阳等地，进入了河南地区。这时李自成刚好也在河南，罗汝才在四川时就与张献忠不对付了，于是趁机投奔了李自成。恰逢张献忠攻信阳失利，便也要投奔李自成。李自成虽然也是一万个欢迎，但同官军一样，想把他的兵收归己有。这让张献忠一万个不满意，李自成要合兵，自然也不容他分裂，于是就要杀他。罗汝才念及旧情，跟李自成说好话，又私下里送了张献忠五百骑兵。

恰好此时李自成攻打开封，官军主要兵力都集中在河南地区，无暇顾及张献忠，于是张献忠便经河南进入了南直隶。

将与相：杨嗣昌与左良玉不得不说的故事

前面故事说到，杨嗣昌与左良玉有矛盾，下面我们就来讲一讲这对将帅矛盾的形成与根源所在。

杨嗣昌是前三边总督杨鹤之子，也是万历年间的进士，崇祯十年（1637）出任兵部尚书。受崇祯皇帝信任，他第二年就入阁听事了。面对此起彼伏的农民军，"四正六隅，十面张网"的政策就是他提出的。原本在清军入关后，他就脱离了对战农民军的这一战场，并推荐当时的四川巡抚傅宗龙接替自己出任兵部尚书。但刚招安一个月的张献忠就叛变，负责招安的还是他推荐的熊文灿。熊文灿被革职后，他也遭到了朝臣的指指点点，这让他十分沮丧。于是为了重振自己的威风，杨嗣昌主动请缨前去督战。

恰好这时候左良玉因为战事失利也被贬了官职，杨嗣昌出山，无人可用，便找到了左良玉，提拔他为平贼将军。讲道理，这时候左良玉应该"报答"杨嗣昌的知遇之恩，好好在前线打仗才是。但此时，张献忠进山了，杨嗣昌跟左良玉在作战的规划方面分歧明显，左良玉根据自己的作战经验，觉得杨嗣昌的规划都是纸上谈兵，不愿意按照这种方案白白牺牲自己的兵力。

杨嗣昌抱着自己的"十面张网"不撒手，而左良玉则主张放弃进入山区的农民军，等待他们出山以后再寻找机会予以歼灭，他的理由是，山区地形难测，农民军狡猾，进入山区后很难寻找踪迹，官军不占优势。

杨嗣昌显然剿匪心切，只想赶快把张献忠抓出来大卸八块，没有考虑到实际情况。所以张献忠的部队进入陕西、四川交界的山区以后，杨嗣昌认为他会回陕，于是便将主力部队部署在兴安一带做防守，只派了很少的兵力入川追剿。左良玉则分析张献忠不一定会回陕西，反而会进入四川，三千兵马根本不够阻拦的。他根本不听杨嗣昌的安排，执意率领自己的部队进入四川，最终在四川太平县追上了张献忠，还打了一次漂亮仗。

这让杨嗣昌更加觉得郁闷,他已经对左良玉很不满了。为了跟左良玉划清界限,他在左良玉率主力入川后特意写了文书给崇祯皇帝,说自己的调度不是这样的。而左良玉不听自己调遣非要入川,如果输了,自己不负连带责任。显然,这回他必须得为左良玉请功了。虽然战略上出了错,但杨嗣昌这个人丝毫没有反省的精神,在张献忠被左良玉部打进深山后,他依然命左良玉继续深入。

左良玉曾经在深山围剿中吃过亏,显然不愿意再进去吃二茬亏。当即表明了态度:坚决不进山。于是就在杨嗣昌坐镇四川,被张献忠绕的团团转时,左良玉在一旁作壁上观。当时军中有一句流言:想杀我左镇,跑杀我猛镇。说的就是这种情况,当时左良玉的军队按兵不动与猛如虎率领的部队在山区里东追西跑形成了鲜明的对比,这让猛如虎的部下很是羡慕左良玉的部队。

两人虽然在战略上有分歧,但在利益上却是一条船上的,杨嗣昌在襄阳失守后惊惧而死,左良玉也被削职,被迫再次戴罪立功。

建立政权:张献忠三入四川(上)

南下的张献忠如鱼得水,很快攻破了亳州,与革左五营的农民军汇合,南方的农民军自此壮大了起来。汇合后的农民军势如破竹,很快就攻占了南直隶大部分土地。

崇祯十五年(1642),张献忠率部众连克舒城、六安,直打到庐州。在杀掉庐州知府后又拿下了无为和庐江,并在此处训练水军。张献忠的节节胜利使得崇祯皇帝大怒,在处置了凤阳总督和安庆巡抚等一众官员后,张献忠终于败在了刘良佐的手下。他率部向西进发，而被张献忠打怕了的左良玉直接绕道，将湖广地区部署的士兵撤离，而张献忠则趁机在湖广一带展开游击战。

次年正月，张献忠又连克郓州、黄州、麻城等城。并在麻城补充了一下士兵，共征有万余人。渡过长江后，便攻下了武昌府城，守城官军连象征性的抵抗一下都没有，便脚底抹油溜了。而在武昌的楚王朱华奎倒了霉，除了他的府兵把城门大开迎接张献忠外，自己还落得福王朱常洵一样的下场。更不用提他那满王宫的金银财宝，全被张献忠拿去召集流民了。

占据武昌后，张献忠立即称王，自封为"大西王"。同时设立了看起来还像那么回事的文武军政体系，改武昌为天授府。还像模像样地利用科举招揽人才，并将中了进士的这些人任命为官。但此时李自成已经在襄阳称王，对他这一举动表示不满，还令人传书给他。由于张献忠的势力要弱于李自成，于是他选择了避开李自成的锋芒继续南下。占领长沙后，他还减免了当地三年的税粮。他对当地官吏十分严苛，尤其是面对杨嗣昌的家族时。他打的常德府武陵县正是杨嗣昌的老家，杨嗣昌虽死，但张献忠犹不解恨，尽数杀灭杨嗣昌的族人，挖掘了杨嗣昌的祖坟。并烧毁杨嗣昌老家的房屋，将他的族田分给百姓。

而后，张献忠打定主意继续向江西进发，却在此遭遇了左良玉部队的疯狂反击，刚攻克的袁州又重归官军。就在此时，张献忠遇上了一个绝好时机：左良玉的士兵十分粗暴，虽然也能夺回一城一寨，但所到之处，寸草不生。为了平息民怨，朝廷将其召回，令江西当地守军围剿张献忠。

当地守军哪敢张献忠，趁官军换防之际，他又连克吉安、吉水等地，再次将袁州拿下。张献忠在沿途一边安抚百姓，一边收容败降官军，实力大大增强。他这时候得到的地盘有湖广地区、广东以及广西的部分地区。此时的张献忠再次打起了四川的主意，为了战略需要，他决定再次进入四川。

建立政权：张献忠三入四川（下）

到崇祯十七年（1644），张献忠便率领大军从夔州进入四川境内，除因长江涨水在万县滞留了三个月以外，一路向西进发，势如破竹，就连当初大败张献忠的四川总兵秦良玉都阻挡不了他们入川的脚步。

六月，张献忠部占领重庆，他将逃难至此处的明朝宗室和官员全部斩杀。接着他便留刘廷举镇守重庆，自己则率领剩余精锐开始攻打成都。令朝廷始料未及的是，张献忠大军途经的州县连抵抗都没有抵抗一下，就直接投降了，这让驻守成都的官员都很震惊。四川巡抚龙文光知道后，立即率兵由顺庆紧急驰援成都，又令总兵刘镇藩先调附近地区的士兵守成都。

张献忠毕竟还是有些头脑的，他利用四面八方都来驰援成都的机会，把自己的一部分士兵也打扮成官军的样子，跟着大部队进了成都城，龙文光根本认不出来。等城中的农民军摸透了成都的城防，便里应外合，只用了三天，就拿下了成都城。留守成都的藩王自杀，四川巡抚龙文光等官员因拒绝投降而被处死。

就在张献忠拿下成都准备继续向西拓展时，发生了一个小插曲：似乎是害怕张献忠顺便由川入汉中，李自成这时候也派了一队士兵下来攻陷了顺庆，顺便就命这队兵马据守绵州。卧榻之侧岂容他人鼾睡，张献忠一看就不干了，虽然绵州距离汉中近，但绵州也是四川的一部分，是他张献忠的地盘。他立马派人去攻打绵州，竟然久攻不下，于是便亲率一队人马前去攻打，李自成派去驻守的大将马珂显然敌不过张献忠，不日便率领残部逃往汉中了。到了十月，张献忠麾下其他部将便攻下了四川其他由明朝官员掌控的地区。

张献忠一看时机到了，便毫不犹豫在成都称了帝，国号"大西"，定年号为"大顺"。在政治上设立两丞相、六部尚书等官员。还颁行了《通天历》，并铸钱为"大顺通宝"。还沿用科举取士的方式选拔、任用官员。同时还封了四个异姓王：孙可望为平东王，刘文秀为抚南王，李定国为安西王，艾能奇为定北王。

对内则依然采用免除三年百姓租赋的方式来获取民心，同时加强对士兵的约束，不许他们擅自招兵、擅自在四川娶妻，违者就地正法。

军事方面，张献忠沿用旧制，设置五军都督府，并将现有的兵营分为一百二十个，分别由李定国、刘文秀、艾可奇等人统领，而城外又设置了几十个大营，由张献忠亲自统领。随后便将这些兵分派到四川各地驻守。

从此，张献忠便在四川站稳了脚跟，并对陕西徐徐图之，不时派兵马进攻汉中，在李自成大顺政权的边缘疯狂试探。最终还是不敌李自成，他派出的孙可望部很快被李自成的部将击败。

抗击清军：张献忠最后的"忠心"

大顺政权和南明弘光政权相继败亡后的1645年，清廷已经南下准备开始剿杀张献忠的大西政权了。清廷也有以明廷已经不复存在，对他的过错既往不咎之类的话来招降他，并许以高官厚禄，荫封子孙。与此同时，清朝将领河洛会已经南下，对张献忠来说更多的是威胁。但这点威胁对张献忠来说显然不算什么，非但没有投降之心，反而坚定了抗清的决心。

而此时清军方面的河洛会被牵制在陕西，并没有踏上四川的土地。所以张献忠此时的目标依然是留在四川的残余明军及其官员，此时南明政权已经任命王应雄为总督，负责西南地区的军务，驻扎在遵义，就是为了剿灭张献忠，此时的张献忠即将遭受两面夹击。这期间，张献忠为了肃清刚依附他而决心没有太坚定的人，四处滥杀无辜，他的部下叫刘进忠的劝他不要这样滥杀，会失去民心。张献忠听不进谏言，刘进忠便率先投奔了清军。

而在成都的张献忠此时又与南明的杨参在彭山激战，且惨败撤回成都。就在他们为了方寸之地争得你死我活时，清军已经占据了汉中，并派豪格与吴三桂率领大军浩浩荡荡朝成都开来。为了北上阻止清军，张献忠决定放弃成都。他显然是做好了回不来的准备：为了不给清军留把柄，他杀了自己所有的妻妾，只有一个年幼的儿子尽管舍不得，但怕落入敌人手中还是扑杀了。临行前，他对养子孙可望说："我这样的英雄是万万不能给人留把柄的，不可留幼子给敌人擒获，你还是我的世子。大明三百年终究是正统，我如果死了你立马归顺明朝，不要做不义之事。"

交代完后事，张献忠便率领十万大军向汉中进发，并把大营扎在凤凰山，做好了随时与清军交战的准备。此时的清军不仅由豪格亲自率领，还有投降清军的大西将领刘进忠，由他做向导指引着清军进入川北境内，与张献忠的农民军在太阳溪遭遇，张献忠指挥大军兵分两路应战。这次战斗相当惨烈，农民军仓促进入战斗，被清军偷袭，但清军也有将领被农民军击毙。

据史料记载，就在抵抗了第一波清军的进攻后，张献忠当时穿着蟒袍，正带着副将临河视察。降将刘进忠也在河对岸指着颇为显眼的张献忠给清军将领豪格看，说这就是张献忠本人。于是豪格在对岸拉弓，张献忠就这样被一箭毙命，抗清大业也至此付诸东流，他的部众并没有带着他的尸体撤退，而是随便埋在了一处相对偏僻的地方。结果被清军发掘了出来，在攻下成都后斩首示众。

张献忠死后，他的部众便遵守其遗言，在贵州与南明残余部队会合，共同抵抗不断南下的清军，坚持了近二十年。反观张献忠壮烈的一生，风风火火，在面对清军的时候，还是选择向明朝俯首称臣，表示自己的"大义忠心"，不能说不令人唏嘘。

南明：小朝廷最后的挣扎

南明：小朝廷最后的挣扎 ▶▷

南明：大明政权流亡的开端

公元1644年，崇祯十七年，清军入关。随着朱由检的自缢，大明王朝在历史意义上似乎也走到了尽头。但长江以南的南直隶看起来却一片祥和宁静。

北京陷落，崇祯皇帝自缢以后，南京却没有丝毫动静。这是因为当时战乱，自北京城被大顺军兵临城下的时候，朝廷的政令就发不出去了。而北方的战乱，在一定程度上也阻碍了当时信息的传播，所以南京的这些官员在接到"勤王"诏令以后就再也没有任何消息了。

需要说明的是，南京在明朝历史上有着特别重要的地位。它不仅是作为开国首都存在的，还有自己一套独立的政治运行系统：朱棣在登基以后虽然迁都北京，但仍把南京政权这套完整的机构给保留了下来。和北京相对应的，六部、都察院也负责同样的事务，当北京还在时，留都南京的官衔多为虚设，但地位并不低于北京相对应的官员。当然，也不是所有南京官员的职位都是闲职，南京参赞机务兵部尚书、守备太监以及提督南京军务的勋臣是掌握着一定实权的。

这种机构设置，与明初皇帝对于都城的反复是有关系的。早在仁宗时期，因北京离塞外较近，仁宗朱高炽曾多次想迁都回南京，当时虽然实际以北京为重，但名义上还是尊南京为京师的。后来这种北京为京师、南京为留都的格局直到明英宗年间才正式确定。于是南京作为留都，便宛如北京城的一个镜像，保留了完整的朝政班底。在和平时期看起来没有什么用，但在北京陷落的危亡时刻，南京就已经被激活了，只要皇帝或者继承人到达，这个机构可以随时运行起来。

实际上，北京失守十天后，消息才传到淮安。南京六部的官员则是在四月初才得到这个消息，就在这时，还有一个不实的消息误导了南京的官员：皇帝已经乘坐大船由海道南下，太子等诸位皇子也逃了出来。就在他们准备迎接皇帝和太子，重整山河时，又一个噩耗向他们砸来。据从北京逃出的大学士魏炤乘证实，朱由检已经在煤山自缢了，三个皇子也未能逃出皇城，被大顺军俘虏。

于是，南京六部的官员们要面对的首要问题就是储君问题。

继统问题："立嫡"还是"立贤"

崇祯皇帝亲生的三位皇子没逃出来，其他藩王倒是早已陆续南下，逃难到了淮安城。在京师陷落以前，北方大部分地区就已经被农民军来回奔袭清理了个遍，没有被俘虏的藩王纷纷南逃。开封的周王是最早逃难到淮安城的，其次是潞王朱常淓，而福王朱由崧自从其父被杀、洛阳失陷以后就一直在流浪。等到京师陷落，他才同潞王一起到了淮安。

在没有先皇直系继承人的前提下，其他藩王作为皇帝的亲属便有了继承大统的一线希望。而此时南京城的这些高级官员在拥立藩王的问题上产生了分歧，并迅速分为两派，展开了一场争执。

按照血缘来说，福王朱由崧是距离皇位最近的人。他是神宗皇帝的孙子，而桂王、惠王虽然也是神宗皇帝的直系，但他们在辈分上却比朱由检要高，不符合"兄终弟及"的祖训。而且当时桂王和惠王在张献忠部进入湖南后逃往了广西，战火纷飞的，南京官员也无法去迎接他们。所以一部分在朝官员都主张立福王，并多次给史可法传书说，按照伦常顺序，福王是不二人选，应当早日定立共主。

还有一部分以东林党人为首的江南士绅却要求立潞王，理由是现在天下动乱，应当立有贤德的君主来稳定人心。当时被视为东林党魁的钱谦益甚至从常熟赶到南京来，到处演讲游说官员，以潞王长且贤为理由，让他们支持潞王。这种理由马上遭到了另一部分官员的反驳，他们说当时朝野听闻要立潞王，非常不安。等到福王监国了，人心才得到安定。又说如果不按照伦常来立，以后谁都可以立，则有可能出现"挟天子以令诸侯"的现象，到时候又如何令行禁止呢？

说起东林党人抛弃他们一贯挂在嘴边的伦常支持潞王的心理，也不难理解。在当初万历年间争立国本之时，东林党人就以"立嫡以长"的伦常强烈要求神宗皇帝立长子朱常洛而非他宠爱的朱常洵，朱常洵正是现任福王朱由崧的父亲。他们害怕朱由崧继承了大统，会翻旧案，打压东林党人，从此他们在政治上失势，损失他们现在的既得利益。

这让主持大局的史可法很是为难，一方面他是东林党人左光斗的门生，怕自己拥立福王会被其他东林党人排挤。另一方面他觉得应该遵从伦常立福王，立潞王是违背祖训伦常，又怕引起更大的事故。于是他想出了一个折中的方式：命凤阳守备马士英及南京守备太监去广西迎接桂王。

马士英显然是个阳奉阴违的人。就在他回到凤阳准备出发时，却听到了凤阳守备太监卢九德勾结了总兵高杰、黄得功等人拥立福王。这时身为凤阳总督的马士英慌了，高杰、黄得功等人是他的手下，已经抢了他的拥立之功。如果此时再遵守史可法的命令去广西，自己只会离权力越来越远。于是他不顾命令，率先以凤阳总督和三镇的名义向南京守备太监韩赞周宣布拥立福王朱由崧。

一锤定音：嗣王是否真贤德？

就在马士英以总督身份一锤定音，宣布拥立福王朱由崧时，他的桌边还有史可法给他写的信，信中写了福王不可立的七大理由：贪、淫、酗酒、不孝、虐下、不读书、干预有司。如此看来，东林党人拥立的潞王就很贤德吗？

显然不是。如果说福王有七大不可立的理由，那潞王可能就是顶着一个高辈分的闲散王爷。据当时跟潞王打过照面并有接触的张希夏说，潞王也就是"中人"之资。从他日常待人接物的行为来看，并不擅长驾驭臣下，更别说目前大明还有一半的烂摊子要处理。而他还不知道的是，潞王平生喜好只有古玩，在藩时能为了一件文玩而东奔西走，更不要说读圣贤书了。据说他的指甲有六七寸长，为了保护这些指甲，还特意定制了竹管。这样一个公子哥怎么可能是东林党人口中的"素有贤德"之人呢？与福王朱由崧也只是同一类人，是被群臣强行架上政治宣传战车的。

再看被"一锤定音"的福王，有些野史说他如何处心积虑想得到皇位，积极与马士英等人接触，实际上他并没有如此多的心眼。据史料记载，他来到南京时很是狼狈，穷困潦倒，丝毫没有一个王爷的样子。此时突然有几个人从天而降，拿着信笺，迎立他去继承大统。他还没有站稳脚跟，又一路受了农民军的惊吓。这种情况，换谁都要慌神加怀疑，又哪里来的处心积虑呢？再说福王本人，除了七大不可立理由中所列出的部分。朱由崧平时就是个嗜酒如命的人，自己沉湎戏曲，又喜欢围棋。如此一个戏迷加棋迷，怎么可能有心处理朝政呢？

由此看来，所谓立嫡、立贤只是南京这些官员为了自己的利益打出的幌子罢了。抢的就是拥戴之首功，妄图借此飞黄腾达，进入权力的中心。可是，他们好像忘记了，大明此刻已经失掉了半壁江山，在入关的新朝清朝统治者的眼中，他们只是一些随时都可以收拾掉的残兵败将罢了。

大悲案：小朝廷的内讧

就在福王朱由崧于五月正式继位为皇帝的半年后，已经正式改年号为"弘光"了。突然从北方来了一位名叫"大悲"的和尚，说自己俗家姓朱，与潞王是本家，是齐王的藩宗，曾经被崇祯皇帝封为齐王。除此之外，他还带来一系列爆炸性的消息。

第一条就是崇祯皇帝没有死，且早就预料到了此后的危机，并命他南下先来打探南京守备的虚实。这下可引起了南京城百姓的围观，眼见人开始聚集，这人开始信口开河，并说朱由崧的这政权是"伪政权"，非正统。自己已经率领了一支部队埋伏在城外江畔的小船上，不久就会入城剿灭他们。

西城兵马司先得到了这个消息，很快就报告给朝廷。而负责南京城防的官员听闻城外有小船，吓得不行，立马率兵在城外巡防一圈，不管是不是这个人口中的船只，统统驱赶到观音门外集中起来。然后刘孔昭亲自带人将大悲和尚逮入刑部大牢来审问。

到了刑部大狱，这位大悲和尚瞬间老实了，但仍嘴硬说自己是崇祯皇帝亲封的齐王，只是没再说崇祯皇帝没死这件事了。反而开始说，当今贤明的是潞王，他布施恩泽给老百姓，甚得人心，弘光帝应当主动退位让贤。他的这种说法让弘光帝很是震惊，加上本来就对潞王有所忌惮。于是这位大悲和尚就被抓进了诏狱，并享受了最高规格的会审待遇。

经过一番严刑拷打，大悲和尚的傲气全被折磨光了，他很快承认了自己如此一番说辞全是胡说八道，只是稍微了解到了一点当时的民间看法，认为朱由崧继承皇位并没有多少人赞同。为了在乱世中撞个运气，他便仗着自己俗姓朱，企图获得民众的支持，在乱世中获得一些意外之财。

如果事情到了这里，大悲和尚可能只会被当个骗子给处斩了。但是兵部尚书阮大铖却坚持认为，大悲和尚提到了当立潞王，背后的主谋肯定是潞王党，应继续追查。巧合的是，他的手下在亲审中发现大悲和尚的供词中提到钱谦益，这可是东林党一呼百应的党魁。这个发现令阮大铖十分惊喜，他马上以钱谦益为中心，列了一个包括都督史可法、内阁、六部众多官员在内的黑名单，可谓是另一份东林党人大名单。其用心很明显，想通过大悲这个诈骗案，牵连到东林党和其他党派的官员，串出一起由东林党人起头支持潞王的名单，颠覆弘光政权。

明末除了东林党这个体制外的党派，还有一个复社，号称是继承了东林党人的衣钵。而阮大铖本是东林党出身，却为了仕途投靠了阉党。后李自成入京以后，他逃到南京，但为当时的士人所不齿，复社成员还作《留都防乱揭》驱逐他，由此双方便种下了矛盾的种子。

后弘光帝继统，马士英当政，重用他为兵部尚书，于是他便有了向东林党和复社成员报复的资本。此次的大悲案无疑是他企图清洗朝中东林党和复社成员而故意展开的。但东林党人也不是坐以待毙的，钱谦益等人除了上疏自辩外，还公开抨击阮大铖，双方矛盾便正式摆到了台面上。马士英虽然也痛恨东林党人，但他意识到阮大铖的脏水泼得很没有信服力，而且可能会泼到自己身上，于是并没有支持他的这一行为。

于是，本案就这样审理了两个月，大悲和尚被处斩。但此事以后，小朝廷的党派矛盾也正式公开化，双方相互倾轧，直至南京城破。

南明四镇：武将为靠山的开端

有明一朝，除了开国时期，朱元璋所封国公多为武将外，后期大部分公侯是以文臣为主。但这些武将虽身居高位，对朝政运行并没有产生太大影响。更何况还有明初朱元璋对这些开国武将的一系列屠灭行为，幸存下来的武将多是没有实权的孤寡老人。

到了明中后期，没有了大规模的战乱，加上皇帝对于武将的猜忌。除了在各军事重镇派镇守太监外，但凡有大战，最高统帅均派文臣出任。明朝还有规定，文臣虽然为督抚，但不能与士兵有从属关系。平时领军的人也不能管理饷银，领军的人却不能训练士兵。同理，管理饷银的不能领军，训练士兵的人也不能节制士兵。这些都是为了防止由统帅或者武将带领的大规模士兵哗变，甚至反叛逼宫的行为。

到崇祯时期，明朝的卫所制已经积重难返，这时候基本上已经开始实行募兵制。所以这些由各个将领招募的士兵多成了武将的私人部队，也逐渐显露了武将拥兵自重的端倪。但有崇祯皇帝的铁腕政策，这些武将还不敢公然违抗朝廷的诏令，还是要接受朝廷派出的太监以及巡抚的节制。

这种情况到了南明便发生了转变。因为史可法在决定大统继承人的问题上没有果断拍板，导致以马士英为首的一些凤阳地区的总兵等先入为主，带头拥立福王上位，获得定策之功，各自受封爵位，并出镇一片地方。而此时才清醒过来的史可法为了挽回一点自己的尊严，除了上疏表彰黄得功等四人的功绩，认为四人俱应封伯，还提出了分封"四藩"的说法。这四藩分别是，驻守真州的黄得功，驻守寿州的刘良佐，驻守淮安的刘泽清，以及驻守扬州的高杰。当然，他还给自己留了一个督师的位置，说督师应进驻扬州，便于调遣四镇。

然而，这四镇将领几乎全是手握重兵的将领，他们以自己的兵力拥戴朱由崧登上帝位，也因此受封高官厚禄。他们也清楚弘光帝要想稳坐皇帝宝座，所依靠的只是他们的兵力。再加上弘光帝本人并无大志，是个只知吃喝玩乐的闲散王爷，史可法虽为督师，虽有心节制四镇，但皇帝都不管，作为臣子更是无从管起。他虽事事以"圣旨"谈起，但黄得功等人根本没有耐心听他讲完。通常觉得不合自己心意的，站起来就走，根本不管宣读没宣读完。而且经常当着皇帝的面说，要罢免开科取士、杀灭文人之类的话。

除了新封的四镇，在武昌的左良玉、福建的郑芝龙、湖广的方国安等人更是不把新建立的南明弘光政权放在眼里。据史料记载，当时弘光帝的即位诏书颁到武昌时，身在武昌的宁南侯左良玉一度嫌麻烦拒绝开读。在巡抚等人的劝说下，才勉强同意开读成礼。如此一来，南京周围的镇国武将，凡事各以自身利益和地盘为主，遑论复国。

真假太子

弘光帝登基后，除了大悲案，又突然冒出来一个南下的少年，自称皇太子。这让刚登基的弘光帝及其朝臣十分惶恐，如果说大悲和尚只需要把他打入大牢审理一番，定个罪名就可以了事。那这个"太子"，在辨认真假之前，都要好生礼遇。

早在公元1644年底，鸿胪寺少卿高箕虎的奴仆在南下的途中遇到了一位少年，这少年虽然衣着朴素，但是晚上休息时，奴仆在少年的内衣上看到了龙纹图样，这让他不禁惶恐，追问之下，这少年道自己乃皇太子朱慈烺。奴仆一听不敢怠慢，慌忙告知高箕虎。然高箕虎也只是一低阶官员，平时根本没见过太子，更不用说分辨真假。但保险起见，还是把他送到杭州一带保护起来。

到了第二年，高箕虎才秘密上疏说，太子朱慈烺出现在杭州一带。这让弘光帝大为震惊，他也立即派太监李继周到浙江一带调查，而后将这个自称太子的人安置在兴善寺，同时派两名从北来的太监前去辨识太子真伪。哪知这两名太监见了这少年抱头痛哭，时值隆冬寒月，其中一名太监见少年衣着单薄，还把自己的衣服解下来披在他身上。回宫也显然是向弘光帝汇报，这太子是真的。

这种情况自然是惹得弘光帝大为光火，他当即面斥二人，随后这两个小太监也被秘密处死了。但毕竟少年已经在南京了，且他丝毫不隐藏自己的身份，经常招摇过市，四处宣扬自己是崇祯太子。弘光帝只得向群臣宣布，如果这个少年真的是先帝的皇太子，一定以对自己儿子的心来对待他，并好好抚养优待，不让他再流离失所。

于是北来的诸位官员纷纷前往查看，其中有一大学士叫王铎的，曾经在东宫侍班三年余，最为熟悉太子样貌。经他鉴定，这个人与太子样貌完全不一致，也不认识王铎。问他讲书殿在何处、当时桌上摆放何物，这少年统统答错，要么就是说自己忘了不知道。按王铎的说法，当时在侍班时他离太子不过二尺，就算不知他姓名也应熟悉样貌的，怎么会不认识。再加上一些见过太子的朝臣以及在东宫伴读太监的说法，他们均言这人不是太子模样，且这少年也不认识他们。

有了群臣的奏疏，弘光帝当即命令锦衣卫把这少年绑了问罪。少年一看这阵仗，立马低头认罪，自称是假，名叫王之明，是驸马都尉王昺的侄孙，了解过一些皇家生活。背后也有人主谋，使自己假扮太子恐吓群臣。于是这位假冒太子的少年被定罪后，羁押在大牢中。

但太子案的风波并没有随着假太子被捕而结束，当时对朱由崧不满的百姓和朝臣便大肆散播谣言，说弘光帝为了自己的正统杀了真太子云云。搞得在外的官员一片唏嘘，似乎是跟朝廷对着干一样，弘光朝廷越辟谣，这些人就越觉得被捕入狱的太子是真的。此事余波一直到弘光一朝覆灭，方告结束。

童妃案

随着"假太子案"而来的还有公元1645年初的"童妃案"。从冒称皇族到冒称太子，再到本案的冒称王妃，想必弘光帝也是十分头大了。

本案的背景还要追溯到崇祯十四年（1641），李自成攻陷洛阳，先福王朱常洵被杀，只有世子朱由崧狼狈逃出，更不用说福王宫的王妃、姬妾了。到了弘光元年（1645）年初，突然有一河南妇人，自称是朱由崧还为世子时的原配正妃，逃难时与朱由崧离散。而河南巡抚越其杰和广昌伯刘良佐对此毫不怀疑，派人奏报的时候，还派人护送来南京。

到了三月，自称童妃的女子到了南京，想见朱由崧一面，但朱由崧拒不见，并宣布为假。为证明自己是真，童氏还自述一番，说自己十七岁入宫，当时册封他的人是曹内监。当时有东宫、西宫二妃，一为黄氏，一为李氏。还说李氏生了一个儿子叫玉哥，因为农民起义军的缘故也离散了，自己生了一个孩子乳名金哥，为防止丢失，在孩子胳膊上咬了一伤疤为记，放在宁家庄。她的这种说法当即遭到了朱由崧的反驳，说他当郡王时的王妃早夭，后娶的李妃在洛阳沦陷的时候殉难了，哪里来的原配童氏。而且他当时为郡王，按照礼制，是不可能有东、西二宫存在的。于是这个童妃就被关押在大狱中，无人问津，最终死在了大狱中。据史料记载，她当时到南京时怀有身孕，她死后，生下的孩子也随后死了。

虽然明明白白证实了这个童妃是假，但与太子案一样也在南京城内喧嚣了一阵。尽管朱由崧的辩白很有力度，充分说明了这个王妃是假的。但是对当时的臣民来说，他们疑惑的是朱由崧为何不肯亲自面见王妃，于是当时的社会形成了一个疑问：莫非朱由崧是假的，只是偶然获得了王印，怕面见王妃后自己的身份被戳穿，所以才不敢见。

探究这些"疑案"能成风波的原因，还是当时党派争斗的问题。和大悲案、太子案类似，其背后有对弘光帝继位本就不满的东林党人和复社成员在大肆制造舆论，目的都是想用诸如此类的风波指摘福王继统不正，要另立新君。福王的继位就像一根鱼刺梗在了这些人的喉咙中，若不推翻重立，他们是断不肯罢休的。

弘光一朝的党争

从初年的"立贤""立亲"之争，到弘光帝登基后的"三大疑案"，弘光一朝仍然延续了明末朝中争执不休的党派斗争，这一系列的案件都围绕着新政权的主导地位而来。较明末更为复杂的是，这些文臣纷纷找了镇藩武将为靠山，本不参与党争的武将在此时也被卷了进来，党争变得更加复杂。

下面我们就来说一说弘光一朝参与党争的势力情况。天启年间，魏忠贤大肆清理东林党人，导致在朝的东林党人偃旗息鼓。但到了崇祯时，崇祯皇帝登基，为东林党人平反，并树立他们为在朝榜样以后，东林党人便死灰复燃一般再度兴起。而江浙一带多是士绅云集的地方，在东林党人式微的时候，他们便开始结社，虽然表面是在谈论应试八股，但也兼谈时政，颇有东林遗风。南京成为明流亡政权的首都以后，他们便登上了历史舞台，与东林党人结成了联盟。

皇位出现争议开始，留都的人心便散了。就在他们争得头破血流的时候，新的投机取巧者马士英、阮大铖等人一拥而上，率先表示了对福王的拥戴，当然，他们拥戴的背后站着的是几万大军，比东林党人的几张嘴皮强太多了。彼时还是南京城"话事人"的史可法就在这一刻失去了自己应得到的权力和定策之功，尽管如此，他还是想弥补一下。

史可法的个人想法显然和他背后的东林党人、复社成员相违背，他们一方面看不起马士英和首鼠两端的阮大铖，对新帝也有所不满，碍于君臣之谊，又不能明言。另一方面又怕新帝被马士英等人掌控，大权旁落，自己的势力会被打压。在这种形势下，东林党、复社成员丝毫没有抓到朝政大权，他们分裂成了两种势力：一些人因失势，抱着所谓骨气退隐朝堂，同时还不忘骂马士英等人两句。另一些人则不得不与当权者合作，或交出权柄，或干脆与之为伍，为之大唱赞歌。

能看到国难当头的士人甚少，大部分人只看到朝堂之上的蝇头小利，相互以"门户"为由，围绕新政权的最高权力，东林党、复社与马士英等人展开了一场旷日持久的斗争，丝毫没有考虑到岌岌可危的半壁江山，遑论复国。

睢州之变：迈向深渊的一步

除了朝堂争斗，在督师史可法的考量下，贼寇才是威胁南明的主要势力，他丝毫没有把逐步南下的清军当作一种威胁，反而萌生了"联虏平寇"的方针。在这种思想下，他于1644年底派出一支使团远赴北京，表达通好的态度与希望他们能帮助剿灭农民军的想法。但此时的南明已经不复往昔大明的实力，拿下半壁江山的大清显然不买账，除了扣押了正使左懋第、副使马绍愉外，还把一个哆嗦投降清朝的陈洪范派了回去，暗中埋下了棋子。

眼见议和失败，史可法长叹一声，摆在他面前的只剩迎战一条，而且还要分兵迎战。于是在1645年年初，他便命高杰北上，往荥阳、洛阳一带开进。到了正月初十，高杰率兵抵达睢州，陪同他的还有河南巡抚越其杰、巡按陈潜夫。但镇守睢州的总兵许定国已然降清，还把自己的儿子送到了清军营中当人质。面对突然陈兵城下的高杰，许定国自然知道自己这点兵马无法跟高杰正面对战，于是寄希望于清军。但清军显然更乐意看到两败俱伤，自己坐收渔利，拒绝了许定国的要求。

两难境地的许定国急中生智，决定在城中摆鸿门宴，希望能直接搞死高杰。而高杰也知道了许定国把儿子送进清军大营的消息，生怕他直接把睢州献给清廷，于是想以兵力优势逼迫许定国随他的大军西征。在收到许定国的邀请后，高杰甚至以为许定国怕了，不顾越其杰的警告，只率领三百亲兵，直接进了睢州城。越其杰、陈潜夫无奈，只得随其入城。

许定国这边则是做了万全的准备，除了埋伏好军队外，还对高杰及其随从进行各种程度的灌酒，高杰哪里招架得住，很快便醉得不省人事。夜半时分，许定国召唤事先埋伏好的士兵，一拥而上，把高杰及其随行亲军全部杀掉。高杰在城外的部队是次日才知道主将遇害的消息，颇为愤恨，便攻进城中将睢州百姓屠杀殆尽，而此时许定国已经率部越过黄河完全投降了清廷。

高杰死后，其部众群龙无首，黄得功等人又想趁机霸占高杰的士兵和其地盘，争得头破血流，一时营中乱作一团。史可法眼见自己的各种计划全部落空，一得力部将还遭奸人陷害，只得自己亲自前去善后。他火速立了高杰的儿子继承其军队，封为兴平世子，高杰的外甥李本深为提督。其部众胡茂祯为阁标大厅，李成栋为徐州总兵。

但此次事变以后，南明在黄河的防线全线崩溃，许定国的降清也给清军增加了一定实力，使得南明再也没有能组织一场像样的抵抗斗争的实力，更不要说将势力推到中原地区了。从文化方面来说，许定国宴请高杰的藏书楼是明代著名收藏家袁枢收藏书画的地方，这里收藏了历代著名的画作，包括董其昌赠送的多幅名画。这些名画也在这场兵变中随着战火全部消失殆尽了，对书画界来说是一个巨大的损失。

左良玉东下：南京陷落前夕

在福王被迎立为皇帝的时候，左良玉率部众驻扎在武昌。早在此前，他已经是拥兵自重的一方军阀，部下实力较强，且武昌在南京上游，为扼守南京的战略要地。因此左良玉压根不把在南京的南明政权当回事，甚至不愿意接受朱由崧的诏书。碍于面子，在湖广巡抚何腾蛟等人的劝说下，才表示了自己的拥戴之情。

他在武昌没待多久，李自成的大军就被清军赶到湖广襄阳一带。虽是败军之师，却把左良玉吓得够呛。此时年迈的左良玉多病缠身，一心想找个清静的地方避祸，安度晚年。恰逢此时南京城中正风波不断，马士英等人因杀假太子、杀童妃引起官僚阶层的各种意见。于是，左良玉便以讨伐马士英为由头东下避战。

为了让自己"师出有名"，左良玉便伪造了所谓先帝太子的密诏，一路打着这个名号，说要救太子。到了九江，左良玉并不想与九江都督袁继咸交战。于是拿出"密诏"，给袁继咸看了，又说要开设祭坛，与其歃血为盟。企图以此威逼袁继咸同他一起率兵至南京，进行所谓"清君侧，救太子"的大义。

而袁继咸显然不这么认为，他觉得南京城的皇太子并没有确定就是真正的先帝太子，而左良玉的密诏也可能是伪造的。并以自己是"今上"弘光帝提拔的，虽先帝旧德不能忘，但是更不能辜负弘光帝。且左良玉的大军如果进驻九江，定会屠戮百姓。尽管左良玉一再表明自己没有推翻弘光帝的意图，只是为了剿灭佞臣。袁继咸还是坚决拒绝大军进城，更别说与之一起起兵南京了。

袁继咸态度坚决，并要求守城将领坚守九江。不料军中还是有一名叫张世勋的部将叛变了，他与左良玉的部将私自联络，趁夜焚烧九江城，左良玉部趁机进入城中烧杀抢掠。望着满城烟火，袁继咸绝望之至，一心求死。虽然被左良玉绑架到了小船上，他还是三番两次投水，被一再救起。最终在部下李犹龙的劝说下，放弃寻死，并与左良玉部约法三章，严禁烧杀抢掠。

左良玉满心欢喜地挟裹着袁继咸部众继续东下，不料中途却病死在了东下的船上。其子左梦庚则继续率领部众直逼南京，此时的南京城不仅面临着清军大举南下的危机，还要面对上游东下的左良玉部。虽然左良玉打着救护南京的旗号东下，却一路烧杀抢掠，随意拘留沿岸督抚，对弘光政权造成了严重的损害，在某种程度上加速了弘光政权的瓦解。

弘光帝：风雨飘摇中的恣意淫乐

弘光政权本就是建立在北方大片土地沦陷基础上的流亡政权，应以恢复失地为己任。如果说留都南京的大臣们在最开始听到"勤王"命令还有一丝热血，那么这腔热血在弘光帝登基以后则彻底凉了下去。

被临时推上皇位的弘光帝并不是什么中兴之主。早在福王府的时候，弘光帝朱由崧就对梨园情有独钟，到了南京后更甚，丝毫没有考虑如何北伐之事，此处有一轶事可为佐证。朱由崧登基为帝后，开始着手修建新的宫殿，与此同步进行的还有采购珠宝等物品装饰龙袍凤冠。一日，他坐在刚修建好的兴宁宫中，一副怅然若失的样子。陪伴他的太监韩赞周问他，是否因思念自缢而亡的皇兄而不开心。朱由崧沉默半天，只说出"梨园殊少佳者"这么一句话。南明的前途由此也就可见一斑了。

朱由崧的好色也更甚于前代皇帝。甫一登基，他便借着"大婚"的由头在南京、苏州、杭州等地遴选"淑女"，以填充后宫。凡寻觅到某家有女儿者，不论年纪、是否婚配等，一律封其家门，交出女儿方才释放。除此之外，朱由崧为了尽兴，还令内官配置春药。有一药中需有蟾蜍，内官们便借着天子名义，威逼百姓到处捕捉。

除了梨园、女色，朱由崧还嗜酒如命，整天沉溺于醉酒的快活中。当时还有刘宗周入宫劝谏，让他少喝酒，多过问朝政。这时的朱由崧则装模作样地说："如此我便因为你的劝谏戒酒吧，一杯也不喝。"但是表露出来却是十分为难的样子，刘宗周也颇为为难，毕竟他只是劝谏，最后只好说："其实只喝一杯酒对身体也没有什么害处。"

听了这话，朱由崧点头，并答应只喝一杯。但却暗地里命太监造一个很大的酒杯，并且每次喝到一半时停下。机灵的小太监便自动给他填满酒，如此往复了数次。这样一来，朱由崧非但没有戒酒，反而比以往更加沉湎于酒色之中，宫中欢笑嬉闹声伴随着梨园戏曲不断。

就在宫中这样一派祥和的氛围中，大清的军队已经到了长江边上，对南京城中的君臣撒开了大网，就差把他们一网打尽了。

弘光政权的覆灭

此时，清军已经把退居陕西的大顺农民军清扫殆尽，只留了部分官员善后，大部分兵力都集中到了江南地区，对南明政权虎视眈眈。而弘光政权偏安江左，这些大臣打的算盘就是"借虏平叛"。见北方农民军被消灭了，他们甚是开心，压根没考虑北上趁机收复山东、河南等地。

在这种情况下，所有的危机似乎是突然间就爆发了：左良玉叛变，并率领大军东进。清军在拿下陕西后，兵分三路，也朝着江南而来。一时间，南明政权危若累卵。

听闻清军南下，盱眙守军不战而投降清军。史可法只得亲赴扬州坐镇，意图阻止清军南下的脚步。这时，能够由史可法调动的重兵部队也就只有刘良佐和高杰部。但这两支部队也分别在清军兵临扬州城下的前后两天分别投降了，扬州总兵张天禄等人更是在投降后立即把炮口对准了扬州城中的南明驻军。此时扬州城里的兵力只有刘肇基与何刚的两营，根本不足以对付城外的重兵。围城期间，多铎还多次派人招降史可法等人，城内民心、军心都受到了极大的挑战。

在史可法、刘肇基等人的坚守下，扬州城岿然不动。但率领四千兵马入城的甘肃镇守总兵李棲凤和监军道高岐凤想的是：劫持史可法，献降扬州。史可法毅然不从，并听任其率军出城投降。就在他们出城两天后，清军轰塌了扬州城墙，大军破城而入，扬州陷落。接下来就是暗无天日的屠城，据史料记载，当时城中尸体遍地都是，没有人敢逃，扬州城成了一座死城，遭屠戮的扬州军民达八十余万。

扬州城破后，清军一路势如破竹，南明控制下的诸城没有一城再有抵抗。所谓的藩镇纷纷在清军还未到达之时便以城献降，南京城就这样暴露在了清军的视野中。城中的君臣还寄希望于长江天堑，结果大军压境，击败了水师郑鸿逵后，占领镇江。南京城内的朱由崧及马士英这时候只顾逃命，已然弃留都南京于不顾了。听闻皇帝出逃的南京守备勋臣赵之龙立即决定开城投降，并派人驱散了前往大狱迎立"崇祯太子"的百姓。

就在朱由崧等人狼狈逃到芜湖黄得功处后不久，多铎派来的搜捕大军便已经到了——这些人均是在南京新投降的南明将领。他们一到芜湖便把黄得功的部下田雄和马得功招降了，大军已叛，即使黄得功有心护卫朱由崧，也无力了。他本人并不知道部下已降，在斩杀了来招降的使者后，准备出战，却被叛军暗杀了。其后，朱由崧便被田雄等人抓住，十分狼狈。

随着朱由崧的被俘北归，在江北偏安未足一年的弘光政权便宣告覆灭了。

双王并立：福建隆武政权和浙东的鲁王监国

弘光帝被俘后，马士英等人又辗转到了杭州。当时"竞争"皇位失败的潞王朱常淓就在这里，于是马士英与同在杭州的官僚商定，请潞王监国。但此时的形势与早年立国时并不同，朱常淓此时对出任监国可谓是一万个拒绝——他怕做了监国便成为清军重点攻击的火力靶子。但最后还是碍于身份，无法拒绝。

就在他出任监国的第二天，便派人前往清军大营中，请求讲和，并以江南四郡为条件。孰料派去讲和的陈洪范是个内奸，他除了大肆宣扬清军的势不可挡，就是劝人投降，回到杭州时更是劝朱常淓立即投降。贪生怕死的朱常淓则立即决定献表投降，保命要紧。这让准备勤王的总兵方国安等人十分愕然，立即掉转兵马加入了拥立鲁王监国的行列。

朱常淓投降后，清军占领了杭州，同时还派出使者前去招降这一地区的明朝藩王。周王、惠王等宗藩皆应表赴召，同被俘虏的弘光帝、潞王等一起北上。如此，尚未降清的明朝宗室便是宗支较远的鲁王朱以海和唐王朱聿键。对于拥立何人继承大统，南明众臣又产生了分歧。

在浙东起兵的张煌言、张国维等人皆拥立鲁王朱以海监国，与此同时，唐王朱聿键也在郑芝龙、黄道周等人的拥护下，于福建称帝，并改元隆武。唐王和鲁王均是明宗室支藩，距离皇室都很远——他们都是朱元璋的直系后代，跟朱棣一支的皇室后裔并没有什么关系。所以不存在嫡庶之争，他们之间产生的分歧无非就是站在他们背后的利益集团的争执罢了。

此时，隆武政权几乎得到了除浙东地区以外所有地区南明地方势力的支持，包括部分浙东朝臣也有动摇的，他们主张接受隆武政权的统治，鲁王朱以海也一度宣布退位归藩。但在张国维等人的坚持下，浙东方面并没有接受隆武政权的诏书，并坚持拥戴鲁王朱以海监国。就这样唐、鲁双方形成了并立的局面，双方谁也不肯先低头。由于浙江方面是抵抗清军的前线，朱聿键也想收复这一地区的民心、声望。1646年，他派御史陆清源携带大量白银前往浙东犒劳王师。还没到前线，却被鲁王监国的部将给杀了。

但此前鲁监国的朝中也有承认隆武政权的朝臣，曾多次向隆武政权上疏表忠心，朱聿键为笼络人心，给他们的封赏颇为优厚。这引起了鲁王监国的不满，朱以海也派使者大肆封赏郑芝龙兄弟。

如此一来，尚未有甚有效的抵抗清军的功绩，双方便已封赏了一大批勋爵官员，无疑是一种严重的内部消耗，极大地削弱了抗清实力，也进一步显示了南明政权的无能。

梦里不知身是客：唐、鲁二王的身世

唐王朱聿键和鲁王朱以海算起来均是偏远的宗室支藩，要在盛世太平年间，按照嫡庶亲分，皇位根本排不上他们。但随着明宗室在乱世中要么被农民军俘虏要么被清军俘虏的形势继续发展，近皇族的明宗室已经基本被消耗得差不多了。于是，在乱世飘零中，这两位远支藩宗便被绑架上了历史的车轮。

先说鲁王朱以海，他承继的是朱元璋的第十个儿子朱檀的封号，他的封地在山东兖州。到了崇祯十五年（1642），清军入关抢劫，深入到了兖州地区，他的哥哥朱以派自缢身亡，朱以海把自己埋在死人堆里才逃过清军的屠杀。过了两年，他才承袭鲁王之位，但此后李自成攻占北京，并将矛头对准了山东，朱以海怕再遭屠戮，只身逃往浙江一带，从此居住在了台州地区。

唐王是朱元璋的第二十三个儿子朱桱的封号，封地在南阳。朱聿键是万历年间出生的，虽没遭受农民军的"洗礼"，相比朱以海也好不到哪去。他的祖父一心宠爱小妾之子，想立为世子。而当时的唐王世子是朱聿键的父亲，于是其祖父就把朱聿键父子囚禁起来，不给饭吃。幸亏有个叫张书堂的在暗中送一些饭，总算没有饿死。尽管被囚禁，朱聿键仍刻苦研读经书。但父亲却被叔叔毒死，自己也差点儿被赶出王府。其祖父仍心存改立世子之念，后经地方官员的警告，才立朱聿键为"世孙"，朱聿键才顺利承袭爵位。

但崇祯末年正值风雨飘摇之时，清军多次入关。这使得在封藩的朱聿键十分着急，几次上疏北上勤王，均被拒绝。就在这种情况下，朱聿键仍率领王府军数千人从南阳北上勤王，被巡抚参奏，崇祯皇帝勒令其返回封地。由于明朝对藩王带兵颇为忌惮，因此朱聿键的这次擅自带兵离开封藩被视为大忌，崇祯皇帝也大为震怒，将他废为庶人，并把他关进了凤阳的高墙圈禁起来。直到弘光帝立，朱聿键才重新被封为南阳王，恢复宗室身份。

潞王朱常淓在杭州投降后，鲁王朱以海和唐王朱聿键的命运得到了逆转，被奉以监国。相对于鲁王朱以海，朱聿键更像是一位颇有远见的中兴之主，他在被拥戴为监国后，还在检阅军队时亲自发布誓词，要恢复中原。无奈命运的齿轮已经转动，两位远支藩王仅靠自身并不能抗争许久，加上自身的局限性，更不能对大的历史潮流造成什么逆转，南明政权还是无可挽回地继续坍塌下去。

隆武政权的作为与矛盾

前已有言，朱聿键是在危亡之际接受了群臣的监国请求登上大位的。早在弘光年间，礼部请求恢复他唐王爵位的奏疏并没有得到朱由崧的同意，还把他的封地迁到广西。朱聿键虽然多病，但还是接受了这一诏令。

就在他行到杭州的时候，南京城破，朱聿键在路上碰到了潞王。这时的他还奏请潞王监国，并提出了一些救国方略，都被急于逃命的潞王给草草否决了。万般无奈之下，他在镇江总兵的护送下，前往福建。随后不久，潞王在杭州献城投降了。这一消息传来后，黄道周、郑芝龙当即决定奉朱聿键为监国。朱聿键也临危受命接受了这一重任，后登上大位，改元隆武。这个朝廷也得到了除浙东在内的南明大部分势力的承认，这也方便隆武政权大范围实施自己的新政策。

在应对外患方面，南京和杭州的失守终于让他们清楚地认识到，对南明来说，最大的威胁不是农民军而是清军。所以在朱聿键继位后不久便斩杀了来招降的清军使者，正式打出了抗清的旗号，开始与李自成、张献忠剩余下来的农民军合作，展开了长达二十年的活动。

在内政方面，朱聿键首次提出了要消除党争的方针，在用人方面不拘一格，也不考虑曾经依附过什么党派，只要是真正有心抗清，就酌情录用。他还撰写了三篇文章来批判万历以来的党争问题，认为所谓门户党派造成了大明王朝的偏安一隅："三党成，偏安矣。四党成，一隅矣！"就连在弘光朝臭名昭著的马士英他都想继续任用，无奈朝臣反对声四起，才未能让他来到福建任职，只命他守好江浙地区，以"戴罪立功"。但依然会托人时不时关心他一下，表达朝廷依旧是在继续重用他。

除了极力清除党争，在民生方面，朱聿键是特别注重减轻百姓的负担的。他极力整顿吏治，清除贪腐。同时下令禁止对南来逃难、被迫剃发的百姓不问情况就滥杀，还敕谕镇守总兵说："有发为顺民，无发为难民。"这一政策与清军在南方大肆推行强制剃头的政策形成了鲜明的对比，于是大量百姓纷纷来奔，聚拢了大量的民心。

在个人人品上，朱聿键也是颇为难能可贵的。他除了爱读书外，还勤于政事，无酗酒、沉迷美色等嗜好，在平时生活中也特别节俭，不许官中置办各种金银玉器，也不许用上好的锦绣等丝织物，只用寻常的布帛。

尽管朱聿键个人锐意进取，但他仍受控于郑芝龙。郑芝龙本人也没有像他一样以恢复大明为己任的志向，只是想继续借助大明这块招牌维持自己的权力，清除福建等地的其他势力。可以说，郑芝龙兄弟只是想把朱聿键当一个傀儡来使用，却不想这个傀儡有自己的思想。所以当朱聿键命令郑芝龙兄弟出兵救江西抗清的农民军时，他们是拒绝的。即使勉强听从，也只是到了地方并不出兵，一听说清兵到了，拉着大军就脚底抹油，连夜撤退。

这种情况下，朱聿键根本调不动郑芝龙，虽没有党派之争，但也并不是都一心追随朱聿键的，大政实施仍举步维艰。况且，郑芝龙手握重兵，朱聿键手里又没有一支可以调动的精兵可以来代替。这就是隆武政权所面临的最大的矛盾，也是造成其日后消亡的原因之一。

黄道周的出征与江西的失守

福建方面，郑芝龙不听朝廷的调遣，朱聿键又极力想摆脱其控制，想打开新的局面，以图恢复南京。如此一来，两人的矛盾日益尖锐。这就有了首席大学士黄道周的主动请缨，出兵徽州，试图联系江西的情况。

这里要说明一下江西在当时重要的战略地位。江西链接福建、湖南地区，在当时来说，是福建和广东地区的一道屏障。可以说，守住江西进可以图南京退可以守住仅剩的疆土。这也是隆武帝不停催促郑芝龙前往江西支援的原因。郑芝龙虽不去前线，但他手中还掌握着粮草兵马大权。因此，黄道周虽然请战，但郑芝龙不给兵马和足够的粮草，黄道周只得利用个人威望来招募士兵，方草草招募了三千余名士兵。

黄道周空有一腔热血，却没有带兵经验，只是读过一些兵书而已，对当前敌我形势和应变情况都是两眼一抹黑。直到徽州府境内，他都没有找到同在一处的义军。在出征之前，他手下有个叫施琅的裨将劝告他说，勉强拼凑来的部队没有受过训练，面对清军肯定是一击即溃，不如只挑选机敏之人，借助自己督师的名义来调遣其他地区的兵力。但黄道周不知变通，认为军队在自己手里比较重要。

于是，这样一支松散的部队到了南直隶地区。他们不但没找到义军，还把自己置于险境。在撤退至江西后，黄道周还不断写信企图策反当时清军留守的江西提督，均无下文。反而被从徽州、宁国等地追来的清军包了饺子，其部下牺牲者有一千余人，黄道周及部分兵部主事也相继被俘虏，被押至南京，因坚决不降而被杀害。

黄道周在江西失利后，清军趁势攻下江西大半土地，来到赣州城下。为保护这道重要的屏障，朱聿键调令云南、广东地区的士兵紧急驰援赣州。很快，各地兵马都集结在了赣州，此时援军已经有四万余，本可以借锐气与清军一战。但当时的督师万元吉却非要等广东罗明受的水师，企图水陆并举，这就给了清军偷袭的机会。于是在当夜偷袭了还在章江上的罗明受军，八十艘巨船全被焚毁，携带的火器也全部付之一炬。还在等待的各路援军一听罗明受部惨败，且已经退回广东了，纷纷撤退，驻守赣州城的仅剩六千余人。

这点人马根本没法守住赣州，于是在僵持了十几天后，赣州城还是被清军攻下了，守城的官员杨廷麟等以及督师万元吉等人均投水而死。此后，隆武政权便进入了即将灭亡的倒计时。

隆武政权的覆亡

在攻下赣州后，清军一路势如破竹，趁机攻占了浙东。位于浙东的鲁王监国政权很快土崩瓦解，鲁王朱以海乘船逃往舟山一带海域。而清军则趁机进入福建地区，为攻打福州城做准备。

但在此之前，清廷就已经派出招降的使者进入福建，秘密会见郑芝龙等人，经过此次会谈，郑芝龙便有心投降清廷了。所以当六月初，清军准备攻打福建时，郑芝龙便以其家乡安平有海盗来犯为由带领部队撤离了福州返回安平。同时秘密下令镇守仙霞关的施福撤退，等于是全线放弃了防守。

就在郑芝龙秘密投降的时候，隆武政权中也有部分大臣暗中向清军递交了降表，这件事朱聿键本人是知道的。他曾经在某次朝会结束后命太监捧出一个黄巾覆盖的盘子，揭开来里面全是降表，约有二百余封。但他并没有去彻查，只是将这些降表在午门前付之一炬。一来警告群臣，二来也想笼络朝臣之心，让他们再坚持一阵。但他没有想到拥戴他上位、手握兵权的郑芝龙也是这些叛臣中的一员。

据记载，朱聿键八月份开始启程前往赣州，但他没有意识到清军已经不战而过仙霞关。当时护送他的军队很少，且他还带了许多书籍，随行的还有许多宗亲和官员，可以说并没有逃难应有的样子。刚到汀州便传来了清军已经逼近的消息，这时随行的只有五百多士兵和忠诚伯周之藩、给事中熊伟。

还没来得及部署,清军便在第二天到达,轻而易举将这些人俘虏了。

关于隆武帝的下场,却有不同的记载。有的说他是被斩杀于汀州府大堂,一起被杀的还有随行的宗亲朱聿钊等人,同时还斩杀了大批的随行官员。但也有说被押回福州后斩首于菜市口。还有一种说法,当时在汀州被俘虏的是朱聿键的替身,他本人看破红尘,逃到广东五指山出家为僧了。但这种说法被顾诚先生批驳了,他说,朱聿键如果真的能逃到广东,他没必要遁入空门,因为当时广东是支持隆武政权的,而且同朱聿键一起逃命的大学士何吾驺中途逃回广东以后也是得到了朱聿键已死的消息后,才让广东这边另立新君的。

但不管哪种说法,隆武政权都已经覆灭了。朱聿键尽管开明仁慈,且勤于政事,无奈军政大权不在自己手中,还是死于清军的屠刀之下了。

不断流亡中的永历政权

隆武政权覆亡得十分突然,且没有指定继承人。回到广东的何吾驺也只是跟肇庆方面宣布了朱聿键的死讯,可以另立新君了,但并没有给出后继人选。各地官绅再度陷入继统危机。

此时的南明所剩余能管辖的土地也就只有湖广、两广、云南地区了,而此时明宗室遗留的藩王中,较为合适继承大统的便是桂王朱由榔。朱由榔是明神宗第七个儿子朱常瀛的第四子,崇祯十六年(1643),张献忠攻打湖南,朱常瀛只带着第三个儿子逃到了广西梧州。朱由榔被大西军俘虏,被一个混进大西军中的明朝官员保护了,捡回一条小命,还一路护送他到广西与父兄团聚。

　　当初福王、潞王争夺帝位时，史可法做出的中间选择便是迎立桂王。但由于桂藩离南京较远，所以被马士英捷足先登迎立了福王，是为弘光帝。到弘光政权覆灭后，广西巡抚瞿式耜便有心拥戴桂王，无奈当时南明的政权核心仍在东南，桂王一支虽离皇室近但无奈距离远。此后桂王病死，朱由榔便继承了桂王的爵位。

　　当前形势是，江西、福建等地已经在清廷的控制中了，南明收缩到了西南地区。此时瞿式耜再次提出由桂王朱由榔监国便不存在距离问题了。但依然有其他问题：朱由榔生性懦弱且毫无主见，也没有读过什么书，在任用人才方面显然不如朱聿键。因此皇帝的实权落到了一个叫王坤的太监手中——这人早年入桂王府，指点桂王何为皇帝做派，深得朱由榔信任。于是，一些想要谋权的大臣便重金贿赂他。就这样，刚建立的永历政权便陷入了太监掌权的境地。

　　这时又恰逢清军占领赣州的消息传来，刚组建的小朝廷便产生了分歧。太监王坤、首辅丁魁楚主张立即逃跑，只有瞿式耜主张守住肇庆，稳定广东民心。但也只坚持了几天，便随小朝廷逃往广西梧州。这样一来，直接导致从福建逃来广东的朱聿键的弟弟继任唐王在广州称帝，并改年号为绍武。南明再度面临分裂的危机。

　　在广东军民看来，朱由榔等人的这种行径无异于抛弃自己封疆上的子民于不顾。再有就是没有赶上拥立桂王的一波大臣又想入阁，认为不如借此机会另起炉灶，于是便有了唐王的被拥戴。唐王的称帝引起了迁到梧州的永历政权的恐慌，为了保住自己的政权，在瞿式耜的主张下，永历帝决定返回肇庆。一部分人主张直接攻打肇庆，夺回归属权。在这种情况下，瞿式耜自告奋勇率领一万余人迎击绍武政权，一场为争夺政权的内战就这样爆发了。就在他们大败绍武政权的军队时，传来了清军已经占领广州的消息。已经到达肇庆的朱由榔再次离开肇庆，逃往湖南。

如此看来，永历政权始终没有自己的一片固定的根据地，是在各个割据政权中到处依附的存在，但也正是在这一时期，李自成和张献忠剩余的农民军开始与南明政权联合抗击清军，南明政权进入了一个新的阶段。

"后院"起火：沙定洲之乱

就在1645这一年，在南京的弘光政权崩溃后，远在云南的少数民族土司首领吾必奎也叛乱了。

云贵地区远离明朝的统治中心，且由少数民族的土司统治，他们只是名义上归附明朝，向朝廷上贡，并接受明朝的册封，同中央派来的官员"一起"管理地方。有明一朝，众多的大小土司叛乱不计其数，在明朝还强盛的时候，多依靠驻扎的军队或中央下派的精兵通过剿抚并用的手段平定叛乱。但此时的大明已经分崩离析，云南虽有黔国公坐镇，但也已是强弩之末，根本无兵可调。就连吾必奎叛乱时喊出的口号也是：已无朱皇帝，何有沐国公！可见黔国公在云南对土司的弹压有一半靠的是明朝强大国力在边关的威力。

情急之下，黔国公沐天波只能调动周围的土司来剿灭吾必奎的叛军。召集到的土司有石屏土司龙在田、嶍峨土司王扬祖、蒙自土司沙定洲、宁州土司禄永命、景东土司刁勋等，他们联合起来在叛乱爆发之后的半个月内便将吾必奎击败了。按说此时云南应当已经平定了，各地聚集到云南的土司应该返回自己的归属地。而蒙自的土司沙定洲却看到了此时壮大自己的契机：明军的守备力量不足，而所谓的中央政府还忙于争夺权力。这是一个很好的拿下云南的机会。

于是在其他土司军队都已经回到自己的管辖地时，沙定洲夫妇还停留在昆明。又因为沙定洲的父亲做土司时，并没有其他异动，且一直忠心于黔国公府。沐天波并没有怀疑沙定洲还留在昆明的动机，反而因他的及时出兵多次设宴款待他们。

到了十二月初，沙定洲在昆明的部署已经完毕，他觉得时机已经成熟了。便以辞行为名，率领大军一举攻入了黔国公府。沐天波对沙定洲信任有加，根本想不到他会突然反叛，府中的侍卫也只能护送他出府。沐天波就这样只带了官印、世袭铁券等能证明自己身份的东西逃出了黔国公府，准备去西宁避难。连他的母亲和妻子都没能来得及跟他一起出逃，为躲避叛军，只得逃到一个尼姑庵中自尽。沐天波逃命途中遇到了龙在田等其他土司，在他们的保护下来到了楚雄，才算安定下来。

很快，占领昆明的沙定洲便集结军队攻打楚雄，企图彻底消灭沐天波的势力，取而代之。但无奈这里有杨畏知的部队守卫，沙定洲没能突破这一防线。转而攻打云南其他地区，很快除了楚雄以外的其他地区都归顺了沙定洲。此时沙定洲志得意满，自称"总府"，须知此前只有黔国公才能称"总府"。沙定洲强迫云南巡抚吴兆元等汉族官员给隆武朝廷写信，说沐天波造反，被沙定洲讨平了，现在应当以沙定洲代替沐天波世家来镇守云南。

远在福建的隆武政权因为山高水远，且战乱中交通阻隔，有关云南的消息知道得并不是很清楚，仅凭奏疏便认定沐天波造反，发出了"扫平沐天波"的诏令。云南局势一时风云诡谲，充满了变数。

借兵平叛：联合大西军的第一步

俗话说：天高皇帝远。云南当时面临的局势就是这样，虽然隆武朝廷没有批准吴兆元请辞的要求，但也不意味着隆武政权能掌控云南的局势。隆武政权远在福建，自身都难保，更不要说出兵云南帮助平叛了。

就在此时，张献忠的大西军也到了走投无路的境地，前有清军的追击，后面又有南明的军队扼守，他们根本过不了长江天堑。此时张献忠已死，率领大西军的是他的干儿子孙可望。就在他们突围到贵州，准备在贵州修整时，传来了沙定洲叛变的消息，这对正苦于如何入云南的孙可望来说是个绝好的机会。

早在崇祯年间，张献忠率领农民军在全国到处流窜时，曾经深入到云南，对云南各方面的情况都很熟悉，与云南部分土司和流官关系甚好，这些流官对张献忠部有过粮草兵马方面的资助。

另一方面，虽然沙定洲占领了云南大部分地区，但是由于沐氏在云南统治有二百余年，在云南地区积累了深厚的人望和民心，其正统地位是不容动摇的。所以虽然有一部分人望风所动，归顺了沙定洲，但是大部分官僚，尤其是汉族流官基本上是不愿意与沙定洲合作的。

孙可望正是利用了这一点，为减少进入云南的阻力，他谎称是沐天波妻子焦氏家族武装，听说黔国公府遭难，特地来滇复仇的。如此伪装下，除了遇到沙定洲的军队外，大西军顺利入滇，毫无阻拦。由于大西军对云南地区的环境很熟悉，所以他们在最初攻克交水、曲靖后并没有深入昆明直接与沙定洲正面交锋，而是采取围魏救赵，直接攻打沙定洲的老家阿迷州。在这种情况下，沙定洲不得不放弃昆明回援，而大西军主力也得以顺利进入昆明。在贵州时，孙可望曾经整顿过一次军纪，所以大西军进入昆明后秋毫无犯，并没有烧杀抢掠之行径，孙可望也以"盟主"的身份平定昆明城内各方势力。

然而就在孙可望率大军攻下临安城，准备直接攻占阿迷州、剿灭沙定洲时。昆明附近的汉族势力——原昆阳知州冷阳春和晋宁一举人段伯美趁机发动了叛乱。大西军无法，怕后方有变，便折回昆明平定这二州的叛乱。这就给了沙定洲苟延残喘的机会。

平定叛乱后，孙可望趁机进攻楚雄地区，镇守这一地区的杨畏知不敌大西军，很快被击溃。但他誓死效忠黔国公，拒不投降。孙可望看他是反对沙定洲叛乱的领导人物，又舍不得杀他。于是便有了后来的谈判机会，这次机会也为后来的明军和农民军的联合打下了基础。

大西和南明的谈判：平定沙定洲叛乱

孙可望率领的大西军在短短几个月内迅速占领了云南大部分地区，只有沐天波所在的楚雄等滇西地区还在坚守。考虑到黔国公在云南地区的声望，孙可望又不能随便把沐天波给处斩了，况且他还是打着报仇的幌子来的。但孙可望显然也不想就这么简单地臣服于南明，充当打手。于是便有了接下来的大西和南明前方将领坐下来谈判的事情。

谈完后，双方利益各让一步，达成了三点协议：一、大西军不用大西年号。二、不妄杀人。三、不焚烧房子、奸淫妇女。有此协议后，孙可望便以"共扶明后，恢复江山"为前提，到楚雄与沐天波谈判，要求云南各地官员均要向大西军队投降，同时缴纳明朝印信，孙可望则派大西军队平定沙定洲叛乱。沐天波本就恨沙定洲入骨髓，对孙可望开出的条件一一接受，还亲自派儿子到大西军营缴纳银钱。同时还要求永昌府等官员向大西官员投降，又派人说服当地百姓不要抵抗。

如此一来，孙可望初步达成了自己的愿望，便开始专心对付徘徊在阿迷州和蒙自地区的沙定洲。因黔国公在云南的威信和声望，沐天波的印信未被收缴，用以收复其他土司的归心。

在直接攻打沙定洲之前，孙可望等部决议后，制定了一个先切断叛军与昆明联系的作战计划。即先派艾能奇率领大军平定东川未归降的土司，防止其与沙定洲有所联系，再派精兵直接包围阿迷州和蒙自地区。但艾能奇军队还未到东川便遭受埋伏，艾能奇也在此次作战中身负重伤，不幸去世。于是孙可望便改变了作战策略，迂回绕道从侧面击败了防守东川的士兵，顺便平定了附近州县的土司。这样，沙定洲的势力范围被缩小到了阿迷、蒙自地区。

这一地区山地崎岖，后勤粮饷运输是个问题。为了解决这一问题，孙可望便在昆明地区征召民夫，并给予高价银钱回报。所以即使山路难走，百姓也乐于前往，后勤问题得到解决。于是一鼓作气，在李定国、刘文秀的率领下，阿迷州和蒙自地区被成功拿下，沙定洲军大败，沙定洲及其亲军被围困在了佴革龙。这一地区虽然易守难攻，但水源匮乏，要想取水必须下山。李定国就派士兵在水源地日夜把守，彻底切断了沙定洲残余部队的补给途径。就这样，沙定洲被迫出寨投降。

在俘虏了沙定洲等叛军头目后，孙可望并没有将叛乱者全部斩杀，而是对早先依附叛军的一概不追究。这一决策使云南地区全省得到了平静，百姓得以安心事农。同时也为大西军队的抗清活动打下了一块坚实的根据地，为大西军与南明的紧密合作打下了坚实的基础。

◁◀ 大明：天子守国门

"天子争夺战"：永历帝的入桂之行

  1647年，清军打到广东，永历帝仓皇逃跑，一路由梧州逃到桂林，还没站稳脚跟，便被一个叫刘承胤的"挟持"到了全州。这大大出乎瞿式耜的意料，而督师大学士何腾蛟也没有想到永历帝会做出如此的决定。

  这位胆敢"挟持"天子的刘承胤早年是一参将，崇祯末年因农民军四起，而在武冈的农民起义军则攻进岷王府，杀掉了岷王。刘承胤则奉命镇压这场起义，并救出了岷王世子。因此立功，升任这一镇的总兵。弘光初年，又受封总兵官，镇守武冈。从此他便以此为根据地，拥兵自重。而自从南京城破后，他便仗着自己兵多，日益不把南明朝廷放在眼里，只想借助天子威严扩充自己的势力。

  于是在永历帝惊魂未定地逃到桂林时，他便以武冈在腹地，更以安全为由要将天子迎驾至此。而永历帝想都没想便乖乖跑到了这里，还以刘承胤事先准备好的岷王府为行宫。随行至武冈的还有一批文臣，可谓是半个朝廷班底都来了。他们打的主意是刘承胤有一定的兵力，可以倚重。而刘承胤打的主意则是可以借此挟持朝廷，壮大自己的声誉。

  随后不久便因为争夺督师的权力产生了一系列的矛盾，刘承胤仗着自己兵强马壮，干涉朝政。还一度想废掉永历帝，改立自己的女婿岷王。但此时上一个任命的督师何腾蛟还在桂林，来武冈面见过一次永历帝后，对刘承胤这种作威作福的态度很不满，便上疏请求永历帝回桂林。疏中言语恳切，也道出了此时永历帝的处境："使武冈果有山川之险，兵甲之雄，粟米之富，粗号偏安。然未有处一隅而能图四海之大者，况堂堂天子，各镇皆欲争奉以成其大，汉、唐、宋以来未之前闻。"

  刘承胤对这种情况自然不满，一方面他想要督师的权位，另一方面他也怕何腾蛟来到武冈会威胁自己的地位。于是上疏请求永历帝褫夺何腾蛟的督师职位，永历帝未准许，而这位竟然大言不惭地面见何腾蛟亲自索取督师印信。遭到一番羞辱后，刘承胤采取了暗中刺杀的方式。但何腾蛟早有防范，并请求把云南的一部分兵力拨给自己作为督师亲军，也得到了永历帝的同意。在这种情况下，刘承胤已经无力与何腾蛟相抗衡了。

就在此时又来了一个刚从江西战场败退的张先璧，带着数万人来到武冈，请求面圣。刘承胤甚为惶恐，强迫永历帝下诏禁止其入武冈。惹得张先璧甚为不满，指责刘承胤挟持天子，而刘承胤则反击他是冒犯天子。双方在永历帝的调停下，才停止争吵。

第二年，清军在孔有德的带领下，连克湖南数府州，进逼武冈而来。刘承胤的部将迎战，几乎全部战死。刘承胤生怕自己的家底打光，于是命令前线禁止剩余部将再参战。同时还悄悄向孔有德递上降表，表示愿意献上永历帝，以表自己投降的诚意。永历帝则提前感觉到了事态的不对劲，在重重看守之下，请出了刘承胤的母亲，才得以离开武冈，在亲信的护送下到达柳州。

突如其来的"翻盘"：东南降将的反清归明

早在隆武帝在福建建立政权不久后，远在江南的苏州发生了明末以来的第一次降将归明。但这也是一场没有计划好的事变，南明方面更是不知情。在仓促之下，就被清廷由南京派出的军队扼杀在了摇篮里。

这次事件的主角是吴胜兆，他曾在明军中担任指挥一职。后来随着清朝的大军南下至苏州，当时仍有不断反抗的义兵。吴胜兆带兵围剿，却被浙闽总督参了一本，说他在吴江抢夺民财。因此，吴胜兆被罚了六个月的俸禄，这次惩罚让吴胜兆头一次产生了不再给清廷卖命的想法。到后来，他在苏州地区招降了不少起兵反抗的所谓叛军，实力大为增加，与驻苏州的巡抚的摩擦也不断升级，这让他十分光火。在部下戴之俊、吴著的劝说下，他决意反清。

在得到吴胜兆的确切意向后，这帮前朝官绅开始了自己的计划。陈子龙用自己以前的关系同驻守舟山的隆武朝所封的黄斌卿联系，请他接应起兵反清的吴胜兆。当时驻守舟山的还有鲁王监国的一部分部将所率领的士兵，听到这个消息后认为应当把握住这次机会，光复南京。

但事情远没有他们想象中的顺利，就在黄斌卿派出一部分军队和战舰随隆武朝臣张名振过海到松江接应吴胜兆部时，却遇上了海面上的飓风。许多船只被打翻在海里，张名振等人也被卷入海中，幸亏紧紧抱住船的桅杆才得以上岸。上岸后迎接他们的不是吴胜兆的军队而是早已得知消息前来追杀他们的清军，舟山的军队因这次海难不得不返航。张名振、沈廷扬等人则被清兵俘获，随后就被斩杀了。

吴胜兆等人在岸上等不到前来接应的南明军队，于是觉得反清无望，便临阵倒戈，带兵攻入提督衙门，将这些反叛的将领一网打尽，吴胜兆等人也被逮捕押解至南京，而一些参与反叛的汉族官绅如戴之俊、吴著等人则被当场杀掉了。

突如其来的"翻盘"：江西降将的反清归明

到1648年的时候，永历皇帝在瞿式耜、何腾蛟等人的劝说下，艰难地从梧州移驾桂林，并且在新年的时候接受了大臣们的朝贺。此时湖南已经陷落，广西更是难守，为了笼络人心，朱由榔还给四川的各镇军阀们封了爵位。然而，年还没过完，清军就已经经由湖南攻入广西了。永历皇帝朱由榔率先坐不住了，在桂林还没危机的时候，就先人一步逃到了南宁。瞿式耜则没有跟随朱由榔逃跑，反而组织起力量，打败了来犯的清军，桂林也暂时没有陷落。但几经迁徙的朱由榔犹如惊弓之鸟，是死活不愿意回到桂林了。就在此时，突然传来了在江西的降清将领金声桓、王得仁在江西割辫反清、归复南明的消息。

金声桓和王得仁两人，分别是原明将左良玉的部下和大顺军王体中的部下。早在清军刚到江西时，金声桓和王体中就挂印投降了，唯恐失去自己在江西地区的兵权。并且提出收江西之兵马，为清朝开疆拓土的意愿。占领南昌后，金声桓对王体中的骁勇善战甚为忌惮，于是联合其部下王得仁将其刺杀，随后吞并了王体中部。

自此，金、王二人便吞并了江西十一个府，本想邀功请赏，希望清廷能给自己节制江西的军政大权。没想到的是清廷非但没有封赏，还"空降"了新的地方巡抚、巡按。虽然在战争中掠夺了大量的财宝，但是二人对没有得到想要的权力十分郁闷，对清廷的不满也开始累积。

而南明为了恢复江西，向金、王二人伸出了橄榄枝。这时候南明实力较弱，自然没有什么效果，但在这二人心中种下了一颗种子。后期随着金声桓、王得仁与清廷派来的文官之间的矛盾加剧，这颗种子便发芽了。更不要说期间还有在江西的一些明朝遗老时不时给他们灌输一些来自南明的消息，这更加动摇了金、王二人继续事清的决心，他们渐渐开始跟南明诸臣频繁联系。

终于在1648年的正月，金声桓毫无预兆地杀掉了江西巡抚、巡按后，宣布反清，江西诸官中不愿意归顺的都被他二人杀掉了。金、王二人又把在江西地区的明朝遗老请出来做他们的幕僚，同时还派人假扮和尚，用佛经挟裹奏疏递交给了永历皇帝。永历朝廷这边也适时封金声桓为国公、王得仁为侯爵。这时候，江西境内的府、县官员望风而动，纷纷举起反清旗帜，归顺了金声桓。金、王二人的反清复明一时带动了湖广地区的反清浪潮，这让清廷措手不及。一面抽调兵力镇压反清起义，一面将在湖南地区的精兵撤回汉阳地区。

然而远在广西的永历朝廷并没有人把握住这次机会，统筹大局，指挥金、王二人接下来的行动。也没有在清军集结前，派出大军与他们相互配合，收复失地。只是在精神上给予嘉奖，任凭这二人只靠自己在江西攻城，结果不到一年时间，这二人便被清军围剿在南昌城中，轰轰烈烈的一场反清复明活动便被镇压下去了。

突如其来的"翻盘"：李成栋的归明反清

就在江西的金声桓、王得仁反清的两个月后，当时为清廷两广提督的李成栋也举起了反清归明的大旗。

李成栋原是大顺军高杰的部将，后高杰投降明朝，他也便跟着做了明朝的将官。睢州之变后，高杰被杀，他便带领高杰残部投降清朝。后期成为清军进发江南的主力部队，连克江浙、福建、广东等地，尤其是在进攻两广时。但即使立下如此战功，李成栋也没能得到清廷重用，清廷选择了比他更早投靠的佟养甲来担任两广总督并兼任广东巡抚。这让仅被任命为两广提督的李成栋甚为光火。

江西传来归明反清的动向时，李成栋便认为自己的机会又来了，于是发动了兵变。为保证成功且无人告密，还挟持了总督佟养甲一道反清复明，同时还派使者向在广西的永历朝廷带去奏疏和上表。此时的永历朝廷还停留在四川军阀不好控制、广西防守兵线薄弱的困难处境中，接到广东全省的反正奏疏后，一时怀疑是不是诈降。直到前线有人前来说明原委，方从震惊和疑虑中解脱出来。

一番封赏后，李成栋提出要永历帝移驾广州的请求，但遭到了瞿式耜的反对，他们经过了永历帝在武冈被挟持的教训后，不肯轻易答应移驾。最后经过协商，决定以肇庆作为行宫。

在永历帝刚到广东的时候，李成栋还是颇守臣规的。在朱由榔刚到肇庆的时候，李成栋在城郊迎见，并且事先准备好白银一万两奉上，作为永历帝赏赐之用。在用人方面，并没有大权独揽，反而交由永历朝廷来任免。但随着相处益久，李成栋发现，永历君臣并没有自己想象中的那么励精图治，从上到下都在争权夺利，随后便对这个小朝廷失去了信心，也不再谦虚放权，仗着自己的反正功劳继续管理广东地区，同时还在考虑北上江西的事宜。

反观永历朝廷的官员，仅仅想着如何弄权，对于这些反清归明的将领以及未来恢复中原并无甚多想法。于是在李成栋也反清了以后，这种躺着便能收复全国的想法就更加明显了。但此时，江西的金声桓、王得仁已经被逼到赣州，只能南下。李成栋这边虽有心北上支援，但并不及时。又没有很好的统筹和错误估计敌情，在一次失败后并没有继续组织进攻，反而欲撤回广州，这就给了清军休养生息和等待援军的机会。很快，随着援军的到来，李成栋部想要再取赣州是难上加难了。

这时，李成栋部队已经驻守信丰。为防止他组织二次攻城，前来救援的清军将领河洛会和谭泰等人决定主动攻打信丰。李成栋率军在城外迎战，因不敌清军，只得撤回城中。这时候却遭遇城外河水上涨的情况，清军怕明军因此突围，便在城门外挖壕沟。但李成栋的部队此时已经不能再战，便趁夜从东门渡河突围，向南逃窜。颇为戏剧的是，李成栋在渡河的时候坠马淹死了。而这支仓促撤退的军队根本没发现，直到大庾岭清点人数时才发现没了主帅。

就这样，李成栋的北伐也归于失败。南明诸臣依然过着花天酒地的日子，丝毫不顾忌即将到来的灭顶之灾。

私仇大于国难：何腾蛟的湖南战场

金声桓、王得仁在江西苦苦支撑，李成栋率军北上时，早先随刘承胤投降清廷的陈友龙在湖南靖州也举起反清大旗，表示要归顺南明。

陈友龙降清纯属是因为追随主将被迫投降，后随着清军南下的脚步来到湖南，驻扎在靖州一带，随后便宣布了反清。陈友龙是一员悍将，湖南境内的将官皆不是他的对手，陈友龙率军先后攻下靖州、武冈、宝庆等府州。督师何腾蛟没有考虑救援赣州，却急于抢夺收复湖南的功劳。对于同样反清的陈友龙，何腾蛟却恨之入骨——当年清军为了让陈友龙断绝后念，命他带兵攻打何腾蛟的老家，并俘虏了何腾蛟的家人。

得知陈友龙在反清后迅速拿下湖南大部分土地，何腾蛟更加担心陈友龙会居功自傲，不把他这个督师放在眼里。于是派部下郝永忠偷袭陈友龙部，陈友龙根本没想到会遭到友军偷袭，猝不及防的迎头痛击导致他一路溃败。南明军队的内讧给了在湖南被打败的清军以喘息的机会，也让陈友龙攻打长沙的计划流产。

抢夺了收复宝庆的功劳，何腾蛟还报了自己的杀亲之仇，根本没考虑到后期没有一支可以收复湖南全境和救援江西的部队这种事。于是，在陈友龙部失败后，他不得不请驻扎在夔东的忠贞营出面来充当收复长沙的急先锋。这支部队原属于大顺军，在修整了近一年后，忠贞营拿出了自己的战斗力，长驱直入，一直打到长沙城下。

就在这时，何腾蛟却紧急把忠贞营撤换下来，调到江西，让自己的亲军上阵，企图拿下攻占长沙的首功。何腾蛟亮出的话是：长沙是我丢的，也必须由我夺回来。但让他没想到的是，清军精锐部队此时已经逼近湖南。

等到清军方面的主力进入湖南后，何腾蛟还没能组织起一次强有力的进攻。听闻清军已经抵达湖南时，他顿时慌张起来，其部下更是直接选择弃城逃跑。清军兵不血刃拿下了林市，从俘虏的士兵口中得知了何腾蛟等人的下落后，又马不停蹄包围了湘潭，而何腾蛟所谓的亲军早在清军抵达湘潭之前便已南撤，只留下何腾蛟和几百士兵。何腾蛟被俘后，拒不投降，被杀于湘潭流水桥旁的小山坡下。

据说何腾蛟死前直呼"可惜"，但也为时已晚，湖南大好的形势却因他一己之私，归于灰暗，南明军队损失惨重，湘潭遭遇屠城之灾，城内惨不忍睹。

孙可望与李定国的永历帝争夺战（上）

湖南、江西战场的接连失利让身处肇庆的永历政权再次感受到了危机，相比之下，孙可望在云南的发展可谓是欣欣向荣。但孙可望本人并不满足于此，他在云南的地位并没有得到真正意义上的承认。手握重兵的李定国和刘文秀各自为战，并不只听孙可望的命令。于是为了提高自己的威望，孙可望主动向永历朝廷伸出了援手，并且开出了包括爵封秦王等在内的一系列要求。

何腾蛟死后，堵胤锡接替了他的职位出任督师。他本人对联合农民军抗清是很欢迎的，但是对于孙可望提出的封王爵的说法不敢表态。因为永历朝封的最高爵位仅至公爵。他一方面设宴款待孙可望派来的使者，一方面又极力上疏朝廷封孙可望为二字王。因为照明制，一字王为亲王，多是宗室子弟受封。获准许可后，正准备撰写诏书给孙可望，敕封他为平辽王。虽未让孙可望满意，但是孙可望还是接受了这一封赏，准备出云南展开自己的抗清活动，此时他也算"师出有名"了。

孰料1649年时，清军已经再度攻占桂林、广州，两广之地得而复失。在梧州避难的永历帝十分狼狈，浔州守将陈邦富准备投降清朝，只想把他当作"献礼"送给清军。仓促之下，永历帝只得破格封孙可望为秦王。由此得以进入云南，依赖大西军。孙可望经过多方考虑，将永历帝等人安置在了贵州的安龙府。南明朝廷这时终于放下了对农民军的歧视，孙可望也终于获得了他想要的招牌。

须知，孙可望并不是真心想要尊崇南明皇帝，只是想打着这个旗号扩充自己的实力，顺便震慑与他有嫌隙的李定国等人。此时的军国政策均由孙可望一人说了算，给永历帝的行在皇宫甚为简陋，供给也甚少。但此后，孙可望等人率领的大西军总算是出滇抗清了。

在孙可望的部署下，南明曾经短暂收复过广西、湖南部分地区。但由于后期孙可望的个人野心膨胀，加上与李定国、刘文秀之间不可调和的矛盾，导致全面收复湖南功败垂成，大西军也面临四分五裂的局面。

孙可望本人则积极筹划着"禅让"的戏码，虽然永历帝的号召力让他暂时不能废黜这个皇帝，但他的小动作已经让永历帝本人感受到了危机。于是他不断写信给李定国等人，希望他们能出面将自己救出安龙，摆脱孙可望的掌控。

李定国本人是有复明的宏图大志的，他还在积极策划攻打广东，与郑成功会师的战略方案。他也明白永历帝的重要性，于是在1654年冬的新会之战失败，李定国与郑成功会师的计划告终后，便亲率士兵至安龙接驾。

南明：小朝廷最后的挣扎 ▶▶

孙可望与李定国的永历帝争夺战（下）

在孙可望的监视下移驾又谈何容易，须知贵州是孙可望的势力范围。而孙可望在得知李定国将至安龙时，也派人至安龙接永历帝至贵阳。永历帝当然不会同他们走，只得不停找理由拖延时间，等待李定国的到来。就在孙可望派来的叶国祯正强势逼迫永历帝前往贵阳时，李定国统率的大军到了。

此时的李定国对于永历帝来说无异于救世主，李定国见到永历帝也泪流满面，表示万死不辞也要将皇帝送至安全的地方——云南昆明。经过一番磨难，永历帝终于入滇，逃离了孙可望的掌控。这场"皇帝争夺战"看似是李定国赢了。

说回李定国的两广战场，他的突然撤退导致广西防御力几乎为零。缓过劲儿的清军一鼓作气拿下了广西大部分州县，李定国军事战略被摧毁了一半。此后无法与广东的起义军联络，郑成功的闽浙武装入粤的通道被切断，抗清组织不能连成一片，军事实力被大大削弱。广西大部分地区被清军占领，也对四川、云南地区造成了极大的威胁。

自此，孙可望与李定国、刘文秀等一心复明的大西将领之间的隔阂愈加明显，最后到了拔剑相向的地步。在他们的关系恶化到如此地步之前，李定国和永历帝都做了不少努力来弥补，企图使孙可望回心转意。但孙可望被野心蒙蔽了双眼，丝毫不顾当前局势危若累卵，于1657年在贵阳集结大军完毕，便直扑云南而来。

但孙可望师出无名，他针对的人中有永历帝。加上其部下与李定国、刘文秀等人均是大西旧识，曾经同甘共苦过，也不愿意与兄弟刀剑相向。于是阵前纷纷倒戈，总指挥白文选还以视察前线为由亲自到李定国的营中通报消息。双方一番合计后，李定国、刘文秀决定提前出兵，打得孙可望的大军措手不及，而其麾下将士也多不愿再战，纷纷喊出"迎晋王（即李定国）"的口号，战场形势瞬间逆转，孙可望仓皇逃窜回到贵阳。本以为回到贵阳后能重整旗鼓再来，没想到他留守贵州的冯双礼也早已"叛变"，孙可望彻底无处可去，只得带领几十随从投降清廷。

大西军的分崩离析，对于南明小朝廷来说无异于晴天霹雳。此时局势尚能稳定一时，但李定国和刘文秀之间也不是完全同心同德的，李定国在经历了孙可望的叛降后，对刘文秀也不是彻底推心置腹加以信任的。于是就出现了刘文秀奏请永历帝移驾贵州，鼓舞前线士气时，李定国闹脾气的事情。永历帝无奈，答应推迟两个月赴贵阳。结果到了1658年时，李定国将坚守湖广、四川等地的将领撤回了云南，移驾之事就这么黄了。而且李定国对于原属孙可望的部队也没能一视同仁，这就更加造成了南明内部的分歧。

孙、李之争就这样以大西军内部的瓦解和南明内讧而告结束，得到孙可望投降的清军解除了后顾之忧，开始计划大规模进攻西南地区，兵分三路向边境开赴，准备一举拿下云南，彻底消灭南明。

郑成功收复台湾

南明军在西南一带抗清的同时，远在福建沿海一带的郑成功也多次组织在东南的抗清活动，但均以失败告终。1659年十二月，进攻南京的战役再度失败后，郑成功便把目光转移到了与福建遥相呼应的台湾岛上。

这座孤岛于大明天启年间被荷兰殖民者占有，作为通商的要道和基地。还不时派出船只劫掠大陆出海船只，将岛上的居民当做奴隶卖到海外。虽然引起了大明统治者的不满，但由于明廷疲于应对北方沿边的各种侵扰，无力应对海峡事宜,台湾就这样彻底沦为荷兰人的基地,长期为他们所占有。

此时,郑成功下决心从荷兰人手中收复台湾主要是出于对保证后勤供给需要的考虑。他目前漂泊在海上,没有一块稳固的后方能提供所需的物资,他需要一块能够解决几十万大军军粮的基地。同时,他多年的海上关系又让他能多方探听到荷兰人在台湾的兵力部署情况,并做出相对应的战略安排。

公元1661年,郑成功便率领军队抵达澎湖,巡视过后,只留陈广、杨祖等四人镇守澎湖,其余战舰部队便浩浩荡荡地朝台湾开去。因为之前有了准确的荷兰人的火力部署情报,郑成功的船队绕过荷兰炮台,在岛上的中国人帮助下成功登岛。

此时荷兰人只有一千余人驻守在热遮拦和普罗民遮两座城堡内,靠着船坚炮利,对中国人的固有偏见使得这些荷兰人认为郑成功的部队也只是花架子,只要他们一开炮,这些中国人就会抱头鼠窜。让他们没想到的是,这群士兵非但没有落荒而逃,还顶着炮击全线出击。不多会儿,迎击的一百多荷兰人全部战死。少数逃窜的荷兰人则回去搬救兵,并向上司报告了这次战斗。

经过郑成功海、陆两路的夹击,这些荷兰人已经被打怕了,不敢再主动迎击,选择躲在普罗民遮城堡里等待救援。而此时,郑成功率领的大军则趁机登陆了台湾岛,包围了这座城堡,并切断了它与外界的联系。同时还控制了附近的村落,防止这里的原住民帮助荷兰人。并不断向城堡内的荷兰士兵发出警告,责令他们投降,若不投降就点火。被切断了外援的两座城堡四面环海,寸草不生,周围又都是举着火把的郑成功军队。荷兰方面的司令官无奈只得投降,并献出了城堡的一切物资。

而据守热遮拦中的荷兰人并不甘心放弃这座岛屿,于是在与郑成功方面谈判时提出要求保留荷兰人在台湾的一个港口,可以通往其他岛屿和入海航道,同时郑成功部队可以不受阻碍地进入全台湾其他岛屿。

郑成功很明白这是荷兰人的缓兵之计,他严厉拒绝了荷兰人提出的要求,并命他们投降后返回荷兰。而城堡中的荷兰人靠着物资还垂死挣扎,目的是等待援军，当援军真正到达后，司令官考乌见到郑成功部队的军姿后，立即找了个借口返港，此后荷兰方面再也没有派出任何援军来重新夺回台湾了。而城堡内的荷兰人开始成批地病倒，他们终于不再考虑任何附加条件，决定把城堡交给郑成功的部队。

到1662年，双方签订了协议，荷兰人自此从台湾岛全部撤走，并带走了他们的物资和相关档案。自此，郑成功收复了台湾，开始了在台湾的经营。

穷途末路：永历朝廷的覆灭

南明在湖广、四川边境的大军尽撤，清廷方面却同时从陕西、广东、湖广境内开赴贵州，明军上下离德，根本不能全力应付来犯清军，甫一交战，就全线崩溃了。

李定国当即决定放弃贵州，但这也预示着云南也即将不保，于是放弃昆明之后往哪撤离成了一大问题。对于这个问题，永历朝君臣产生了分歧。一部分人主张撤入四川，但也有人主张西迁。李定国在马吉翔的鼓动下，放弃了入川的计划，改为向滇西进发。如此，主张入川的臣子觉得滇西交通不便且人口稀少，生产力不发达，不仅朝廷前途渺茫，就连自己的前途都是未知数。于是纷纷脱离了南明，改换姓名，在朝廷行至永平县时便躲了起来。

还没等他们在滇西站稳脚跟，清军在昆明修整半年后，又追了上来。到了1659年，朱由榔身边的马吉翔等人为了保住身家性命，不断向朱由榔散布危言。朱由榔听信他们的话，决定舍弃大陆，直接进入缅甸境内寻求保护。此时，跟随他们同行的还有黔国公沐天波。

在一番颠沛流离后，朱由榔一行人终于到达了缅甸国境的关口。因黔国公沐氏长年镇守云南，黔国公的名号在缅甸还比较响亮。故由沐天波派人前去交涉，缅甸士兵也十分恭敬。但听说永历帝的随从有两千人，且都携带武器，要求他们解除武器后，方准入境。这些大臣为了保命，便满口答应了。但也有人表示担忧，解除武装后，便再难自保。马吉翔等人一心想的都是进入外邦后总不会再被清人追捕，根本没有想到其他事宜。

而李定国这边还在云南积极组织抗清活动，听闻永历皇帝及其随从进入了缅甸境内，慌忙派高允臣前去，还想把朱由榔等人给追回来。但高允臣一入缅关即被杀害。李定国瞬间深感头疼，皇帝进入异国他乡，他自己这边也不能全心全意抵抗清军的进攻，还要顾及永历帝这边的情况。

对于缅甸来说，明朝虽是宗主国，但此时永历帝一行人明显是来逃难的。缅甸国王便傲慢自居，甚至连使者都不见，只派一人前去与永历帝等人传递消息。而在验证身份时，派来的通事发现永历帝带来的敕书上盖的玉玺大小与神宗时期颁给缅甸国王的敕书上的大小不一致，瞬间对朱由榔的身份产生了怀疑。就在这时，沐天波拿出了自己历代相传的征南将军印，才打消了缅甸方面的疑虑。

咒水之难：朱由榔被俘身亡

寄人篱下的日子十分不好过，但朱由榔手下的那帮人却没有这种忧患意识，十分不顾国体，招揽缅甸妇女，夜夜笙歌。这种行径导致缅甸方面的大臣很是嫌恶。永历帝为了维护仅有的一点儿体统，下令官员要轮流巡夜。这些人居然以此为由，大兴赌博，遭到呵斥后，丝毫没有悔改的意图，换摊继续。

岂料到了1661年，缅甸方面发生了政变。缅王的弟弟莽白杀掉哥哥，自立为王。由于王位得来不正，莽白企图通过向永历皇帝讨要贺礼的手段来稳固自己的地位。但永历帝显然没有意识到自己的处境，以其王位来路不正为由，并不给贺礼。这让莽白大为光火，纵观当前国内形势，再看永历君臣的行为，他觉得永历皇帝既然不肯承认自己，那就没有存在的必要了。于是派使者告知永历君臣至咒水盟誓，想借这个机会杀掉他们。

永历君臣自然知道这是个圈套，没有人敢去赴这场盟约。但此时是寄人篱下之时，即使不去，也会被胁迫去。于是马吉翔等人为了保命，提出要黔国公沐天波同去。他们认为，有沐天波在，缅甸方面便不敢生事。但等他们到了咒水时，却被三千缅兵包围，沐天波被拖出这个包围圈。尽管奋起反抗，但包括沐天波在内的前来咒水的官员全部被杀。同时有一队缅兵到永历帝居所，将剩余的宗室集中起来看守。

此时的云南境内，李定国在大磨盘战役中失利，退往中缅边境。他这时已经无法指挥在四川和云南残余的明军，也彻底失去了和郑成功的联系。加上此时永历帝身在缅甸，南明在大陆可谓已经没有立足之地。

清军占领云南后，首先考虑的便是将身处缅甸的永历帝给押送回来。于是在平西王吴三桂的建议下，清军决定以出兵缅甸为要挟，向缅甸方面施压交出永历帝。

到了1661年，清廷方面大军压境，逼近缅甸的阿瓦一带。缅甸国王瞬间惊慌起来，一面修书给清军，希望他们能退兵至中缅边界。一面立即前往永历帝的驻地，几乎是抢一般的就把永历帝及其亲眷押送至河岸边，清军早已等候在那里。又怕永历帝见到清军投水，清军先锋官还派刚在云南投降的王会在岸边接驾。永历帝就这样被蒙在鼓里送到了清军的大营里，等他醒悟过来，大骂王会，可为时已晚。

到了次年三月，永历帝及其亲眷被吴三桂的大军押送回昆明。出发前，永历帝以为会把他押送回北京受审，于是对吴三桂提出了一个请求：希望回到北京以后，见过历代先帝的陵寝以后再死。吴三桂当时伏在地上不敢说话，半天才回了一句话，且不敢直视永历帝。据说此后回去的途中，他再不敢面见永历帝朱由榔。

四月间，吴三桂等人给清廷上疏，认为若押回京城，路途遥远，恐发生意外，请求就地处决，得到了批准。于是，南明最后一位皇帝就这样被弓弦勒死在了一个小庙外。大明的淡彩，到此终于画上了最后一笔。

1368年	朱元璋称帝，改应天府为南京，定为都城，建国号为明，年号洪武。
1376年	因"空印案"诛杀数百官员。
1380年	丞相胡惟庸结党谋反，案发，受牵连官员达万余人。丞相制度自此被废，权分六部。
1382年	设置锦衣卫，直接对皇帝负责。其诏狱可不经过三法司会审直接处理案件，明朝特务机构自此始。
1385年	"郭桓案"发，六部左右侍郎以下官员均被处死。
1392年	太子朱标去世，立太孙朱允炆。
1393年	"蓝玉案"发，受牵连功臣及官员达万余人。
1397年	"南北榜案"发，此后定科举南北分别取士之先例。
1398年	太祖朱元璋病逝，朱允炆继位。
1399年	燕王朱棣发动"靖难之役"，打出"清君侧"的旗号由北平南下。
1402年	朱棣攻入南京，南京城破，朱允炆下落不明。同年，朱棣称帝。
1403年	将北平改为北京，开始迁都北京。
1405年	郑和率领船队首次下西洋，开始了长达二十余年的多次远洋航海活动。
1406年	朱棣派兵征讨安南，一度将安南划归明朝疆域范围。
1421年	正式迁都北京，并改南京为留都。
1424年	朱棣死于榆木川，同年，太子朱高炽继位，是为仁宗。

1425年	仁宗去世，朱瞻基继位，是为宣宗。
1426年	剿灭汉王朱高煦叛乱。
	设立内书堂，命人教宦官读书，自此打破宦官不准读书的规定。
	内阁地位被提高，内阁票拟制度初步确立。
1433年	郑和第七次下西洋结束，从此大明再也没有如此规模的远洋航行。
1435年	宣宗去世，英宗朱祁镇继位。
1449年	瓦剌南下入侵宣府、大同，土木堡之变爆发，英宗被俘。
	同年，郕王朱祁钰继位为帝，改元景泰。
	于谦组织各镇军队进行北京保卫战，瓦剌首领也先败退草原。
1450年	英宗归来，被安置于南宫。
1457年	以宦官曹吉祥为首的一批大臣发动"夺门之变"，英宗重新继位为帝，改元天顺。
1461年	大将石亨与宦官曹吉祥等人发动叛乱，史称"曹石之变"。
1464年	英宗去世，太子朱见深继位，是为宪宗。
	同年，废除人殉制度。
1477年	设置西厂，由宦官汪直担任提督。
1482年	汪直失意，西厂被解散。
1487年	宪宗去世，太子朱祐樘继位，是为孝宗，改元弘治。
1505年	孝宗去世，朱厚照继位，是为武宗，改元正德。
1506年	宦官刘瑾掌权，从此权倾朝野，把持朝政。
1510年	刘瑾倒台，被凌迟处死。
1519年	宁王朱宸濠叛乱，被王守仁带兵平定。
1521年	武宗去世，召藩王子朱厚熜继位，是为世宗，改元嘉靖。
	同年，持续三年之久的"大礼议"之争开始。
1523年	倭国使者于宁波发生争贡事件，市舶司被撤销，终止了与倭国的封贡贸易。

1530年	内阁大学士桂萼提出"一条鞭法"。
1542年	壬寅宫变,世宗朱厚熜差点丧命宫女之手。
1548年	徽人汪直开始作为独立船主,往来于浙东海岸。
1550年	鞑靼部俺答汗南下,兵临北京城下,史称"庚戌之变"。
1551年	汪直的商船部队大规模发展,汪直船队一度成为"海上霸主"。
1553年	葡萄牙人借晾晒货物之由,在澳门取得了租借地的权力,从此开启了占据澳门的岁月。
1559年	汪直被斩首于杭州府。
1561年	戚继光率领"戚家军"出战,台州大捷。
1565年	戚继光、俞大猷联合剿灭福建东南沿海一带的倭寇,这一地区的倭寇基本上被消灭殆尽。
1567年	世宗去世,裕王朱载垕继位,是为穆宗,改元隆庆。
1569年	隆庆开关,解除了大明持续了二百余年的海禁。
1571年	鞑靼部首领俺答汗归顺大明,被封为顺义王,史称"隆庆和议"。
1572年	穆宗去世,太子朱翊钧继位,是为神宗,改元万历。
1573年	在神宗的支持下,张居正改革正式开始。
1581年	"一条鞭法"在全国范围内推广实施。
1582年	张居正去世,同年,张家遭到抄家,新法全面被废止。
1586年	贵妃郑氏生子,神宗有意立为太子,国本之争开始。 神宗开始辍朝。
1592年	哱拜叛乱,宁夏之役爆发。 丰臣秀吉率兵进犯朝鲜,第一次朝鲜之役爆发。
1593年	朝鲜之役和谈开始。
1596年	杨应龙播州之乱。
1597年	和谈破裂,第二次朝鲜之役。
1598年	第一次"妖书案"起,以戴士衡的被杀告终。

1603年	第二次"妖书案"起,以皦生光被杀结案。
1615年	发生"梃击案",太子朱常洛地位逐渐稳固。
1618年	萨尔浒之战,明军自此在辽东失去进攻主动权。
1620年	神宗病逝,太子朱常洛继位,是为光宗,年号泰昌。
	红丸案发,光宗去世。
	光宗去世后,发生了"移宫案",廷臣救出被挟持的长子朱由校后,迫使李选侍搬出乾清宫。
	长子朱由校继位,改元天启,是为熹宗。
1622年	广宁失守,辽东地区全部沦陷。
1623年	荷兰人占领澎湖,澎湖海战爆发。
1625年	袁崇焕坚守宁远,宁远大捷。
	魏忠贤发起"六君子诏狱",大肆屠杀东林党人。
1626年	王恭厂大爆炸,导致京城地区死伤众多,损失惨重。
1627年	皇太极攻打锦州,同时攻打宁远,明军坚守成功,宁锦大捷。
	熹宗朱由校去世,信王朱由检登基,改元崇祯,是为思宗。
1628年	宁远兵变。
	陕西民变,王嘉胤举起反抗大旗,大规模农民起义自此始。
1629年	驻守皮岛的毛文龙被袁崇焕处死。
	己巳之变,辽东后金军首次兵临北京城下。
	李自成发动农民起义。
1630年	京城被围危机解除,袁崇焕被以"通敌叛国"罪行处死。
	张献忠加入高迎祥的农民起义军。
1631年	皇太极派兵攻打大凌河,祖大寿投降。
	吴桥兵变,孔有德、耿仲明等人降清。
	李自成起义军失败,加入高迎祥的起义军。
1635年	闯王高迎祥攻占凤阳,并焚烧凤阳皇陵及皇觉寺。

	松山之战，祖大寿彻底降清。
1636年	高迎祥兵败被杀，李自成被奉为新闯王，带兵进入商洛山一带，农民起义军进入低谷时期。
1637年	张献忠接受熊文灿招抚，投降明军。
1639年	张献忠复叛，转战河南西部山区。
1640年	李自成开始进攻中原地区，并拿下除开封以外的其他主要大城。
1642年	张献忠占领武昌，建立"大西"政权。
1643年	李自成进入湖广地区，攻下襄城，改为襄京，称大元帅。
1644年	李自成攻下西安，正式称王，建立大顺政权，改元永昌。 同年，攻陷北京，在北京称帝。 崇祯皇帝朱由检煤山自缢，史称"甲申之变"。 吴三桂降清，并带领清军入关。清军进攻山海关，吴三桂入关与李自成大战，李自成逃出北京。 张献忠入川，在成都称帝，改元大顺。 福王朱由崧在南京被拥戴为帝，南明政权建立，改年号为弘光。 "大悲案"起，南明党争自此拉开序幕。
1645年	"假太子案"，最终以假太子被捕入狱告终。 童妃案。 睢州之变，南明在黄河一线的防线全面崩溃。 弘光政权覆灭。 唐王朱聿键在福建被拥戴为监国，后称帝，改年号为隆武。 鲁王朱以海在浙东被拥戴为监国。 云南沙定洲叛乱，张献忠余部孙可望率军进入云南。
1646年	朱聿键被杀，隆武政权覆灭。 桂王朱由榔在梧州登基，改元永历。
1649年	永历政权逃往云南，永历帝被孙可望安置在贵州安龙府。

*1659*年　　永历帝朱由榔逃亡缅甸。

*1661*年　　咒水之难，永历帝朱由榔被俘后被杀，南明政权彻底覆灭。

*1662*年　　郑成功收复台湾。